高等职业教育“十三五”精品规划教材

大学生心理健康教育

尹　静　主审
刘桂斌　主编

天津大学出版社
TIANJIN UNIVERSITY PRESS

内 容 提 要

《大学生心理健康教育》是为进一步贯彻落实中共教育部党组《关于印发〈高等学校学生心理健康教育指导纲要〉的通知》的相关要求而编写的教材，旨在帮助每一个大学生更好地适应大学生活以及提前做好走向社会的准备。本书涵盖了自我意识、人格、人际交往、学习心理、情绪管理和压力管理等多个领域，突出体现了实用性和针对性的特点。通过本书的学习，大学生不仅能够正确地认知自我，应对可能面临的各种心理困扰、矛盾和冲突，更好地适应大学生活，而且能为未来的人生道路打下健康的心理基础。

图书在版编目(CIP)数据

大学生心理健康教育 / 尹静主审；刘桂斌主编. —天津：天津大学出版社，2019.7（2022.7重印）
高等职业教育“十三五”精品规划教材
ISBN 978-7-5618-6457-9

Ⅰ.①大… Ⅱ.①尹… ②刘… Ⅲ.①大学生—心理健康—健康教育—高等职业教育—教材 Ⅳ.①G444

中国版本图书馆CIP数据核字(2019)第147231号

出版发行 天津大学出版社
地　　址 天津市卫津路92号天津大学内(邮编:300072)
电　　话 发行部:022-27403647
网　　址 www.tjupress.com.cn
印　　刷 廊坊市海涛印刷有限公司
经　　销 全国各地新华书店
开　　本 185mm×260mm
印　　张 13.5
字　　数 325千
版　　次 2019年7月第1版
印　　次 2022年7月第3次
定　　价 35.00元

编　委　会

前　言

身心健康是生活幸福、事业成功的前提。随着经济的发展、社会的进步、物质生活水平的提高,人们虽然在身体健康方面得到了比较有力的保障,但在心理健康方面有了更多的需求。

对大学生而言,心理健康是大学生实现人生理想和成才目标的前提,心理健康是大学生培养健康人格的基础,心理健康是大学生学懂科学文化知识的必要条件,心理健康是大学生快乐生活的基本条件。大学生可以通过了解心理健康常识来增强心理健康意识、预防心理疾患,通过学习心理健康技巧和方法来调节情绪、增强自信、克服障碍、挖掘潜力、实现自我。掌握心理健康知识不仅能帮助大学生应对可能面临的各种心理困扰、矛盾和冲突,更好地适应大学生活,同时也能为走好未来的人生道路打下健康的心理基础。

本书以大学生心理问题为切入点,以满足学生心理健康需要为起点,以学生的心理发展为关注点,内容安排努力贴近学生、贴近生活、贴近实际,以实现助人快乐、受助成长、互助和谐、自助实现为目标,遵循理论联系实际的编写原则,并以主体性、发展性和助人、自助等心理健康教育的原则为指导,旨在适应教育形势的变化,服务高职高专学生的心理成长需要。在本书中,我们通过"学习目标"使读者对每章内容有一个基本的了解;随后以"心理课堂"呈现每章的内容,其中增加了部分案例帮助大家理解相关知识,此外"心理互动"板块,涉及了一些心理测试和心理活动,既可为教师教学所用,也可供学生课下自助提升心理素质,最后的"心理拓展"环节为学生推荐了相关的电影和书籍,供大家课后欣赏和学习。

本书旨在帮助每一个大学生更好地适应大学生活以及提前做好走向社会的准备。本书涵盖了自我意识、人格、人际交往、学习心理、情绪管理等多个章节,在内容和形式上,本书都突出体现了实用性和针对性的特点,针对学生在大学生活中通常面临的各种问题,提供可供选择的具体方法和步骤。希望本书能够陪伴在校大学生顺利度过大学的时光,成为学习和个人成长过程中不可或缺的资源。

本书共分为10个章节,各个章节和编者分别是:第一章,大学生心理健康导论由颜頔编写;第二章,大学生的自我意识及其培养由四川应用技术职业学院庞龙编写;第三章,大学生人格成长由刘桂斌编写;第四章,大学生学习心理由余嘉编写;第五章,大学生情绪管理由钟杰编写;第六章,大学生人际交往由黄琳编写;第七章,大学生恋爱心理与性心理由刘桂斌编写;第八章,大学生压力管理与挫折应对由洪斌编写;第九章,大学生心理咨询与心理危机应对由张阳编写;第十章,大学生职业生涯规划与发展由吴昊编写。全书由尹静主审,刘桂斌策划、统稿并担任主编,四川应用技术职业学院庞龙、滇西科技师范学院张阳任副主编。

本书参阅、借鉴并引用了国内外大量的资料,在此谨向这些成果的作者表示最诚挚的感谢和敬意。

本书的顺利出版得到了天津大学出版社的大力支持,在此表示敬意和谢忱！由于时间和编者水平所限,本书难免有不足之处,诚恳希望广大读者朋友批评指正。

心理健康是毕生的学问,我们愿与大学生一道,共同探索其中的奥秘,努力让自己的精神世界变得丰盈而美好。祝愿所有的大学生朋友都能拥有一个健康、快乐、充满活力的心灵,在人生的道路上越走越好!

编者

目　录

第一章　大学生心理健康导论

【学习目标】

1. 提高对心理健康的认识，掌握心理的特点和实质。
2. 了解大学生心理发展的特点、心理健康的标准及常见的心理问题。
3. 能够客观地评估自身心理健康状况和准确地认识自身存在的心理健康问题。

【心理课堂】

小明出生于江西农村，祖辈以务农为生，只有一个叔叔通过外出打工赚钱。叔叔很宠爱小明，把他当作自己的儿子一样关心照顾。经过努力，小明顺利地考入了四川某高职院校，这在全家甚至全村看来已经很不错了，但是小明不这么想："我其实很有实力，将来路还很长，社会对人的要求也越来越高，我毕业以后一定还要继续提升。"带着这样的想法，他为自己制定了明确的目标。为此他拼命学习，给自己的定位是"班里第一"，日后"专升本"。可是一切不是那么容易的，他逐渐感觉到非常累。就在他为自己心有余而力不足的状况担忧的时候，一次发烧将他击倒，几天后康复的他，人瘦了很多，脸色也有些苍白。每一个见到他的同学都关心地问："为什么脸色这么不好看？是不是身体不适？"这让他担心自己患了什么疾病。于是，他开始频频地去医院，并做了相关的身体检查。虽然检查结果显示一切正常，但他还是怀疑。渐渐地，他觉得自己的大脑开始不灵活了，上课时也集中不了精神，学习远远达不到应该有的效率，更不用说实现自己出类拔萃的目标了。他焦虑不安，愁容满面，感觉无助，甚至产生了无望感。不得已，他向学校心理咨询中心的老师寻求了帮助。

以上的案例虽然是一个个案，但也代表了一些大学生的困扰。大学生由于经历简单、生活阅历浅，同时面临着学习、就业与社会竞争的压力，其身心处于剧烈的变化中。如何面对挫折，如何适应环境变化，如何调整自己的不良情绪，如何悦纳自我和他人，如何确立自我认知等，都是大学生必须面对和处理好的问题。只有在大学校园里为学生们普及心理学知识，才能帮助他们保持健康的心理状态，不断优化自身的心理品质。

第一节　心理健康概述

一、健康及心理健康

（一）健康的含义

传统观点认为，健康是指人体生理机能正常，没有缺陷和疾病。但是随着社会的进步、生活节奏的加快和竞争的加剧，人们的健康观发生了很大的转变，人们开始认识到心理因素、社会因素在健康与疾病及其相互转化中的不容忽视的作用。1989 年世界卫生组织对健康给出了新的定义："健康不仅是没有疾病，而且还包括躯体健康、心理健康、社会适应良好和道德健康。"显然，人们对健康的理解，已经由传统的生物医学模式转变为现在的生理－心理－社会学模式，认为健康不仅指身体健康，还包括心理健康、社会适应良好及道德健康。健康新定义如图 1-1 所示。

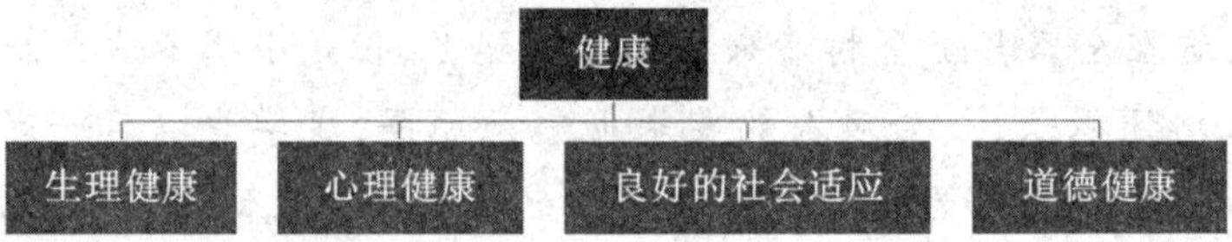

图 1-1　健康新定义

（二）心理健康的含义

心理健康是指一种持续且积极发展的心理状态，在这种状态下，主体能作出良好的适应，并且能充分发挥其身心潜能。从广义上讲，心理健康是指一种高效而满意的、持续的心理状态。从狭义上讲，心理健康是指人的基本心理活动的过程和内容完整、协调一致，即认识、情感、意志、行为、人格完整和协调，能适应社会，并与社会保持同步。因此，1946 年第三届国际心理卫生大会指出："心理健康是指在身体、智能以及情绪上能保持同他人的心理不相矛盾，并将个人心境发展成为最佳的状态。"

如果个体能够适应发展着的环境，具有完善的个性特征，且其认知、情绪反应、意志行为处于积极状态，并能保持正常的调控能力；在生活实践中，能够正确认识自我，自觉控制自己，正确对待外界影响，从而使心理保持平衡协调，那么该个体就具备了心理健康的基本特征。

二、大学生心理健康的标准

（一）智力正常

智力正常是大学生学习、生活与工作的基本心理条件。智力是指人的观察力、注意力、记忆力、想象力、思维力、创造力及实践活动能力等的综合，包括在经验中学习或理解的能力、获得和保持知识的能力、迅速而成功地对新情境作出反应的能力、运用推理有效地解决问题的能力等。大学生的智力是否正常，常表现在其是否正常地、充分地发挥了自我效能，即是否有强烈的求知欲，是否乐于学习，是否能够积极参与学习活动。

（二）自我意识明确

自我意识明确就是要求大学生自我观察良好。首先，对自己的能力、性格、缺点能作出较恰当的评价，对自己的认识比较接近客观实际；其次，自尊心、自信心适度，既能不妄自尊大，也能不妄自菲薄，善于“自我接纳”；最后，有良好的自省自检能力，能正确认识和处理个人与环境的关系，能正确审视和检查自己的言行，能及时修正自己的需要和欲望。

（三）情绪积极

情绪积极的标准是心情愉快和情绪稳定。其包括的内容有：愉快情绪多于负性情绪，乐观开朗、富有朝气，对生活充满希望；情绪较稳定，善于控制与调节自己的情绪，既能克制又能合理宣泄自己的情绪，情绪的表达既符合社会的要求又符合自身的需要，在不同的时间和场合有恰如其分的情绪表达，情绪反应与环境相适应，反应的强度与引起这种情绪的情境相符合。

（四）人格完整

人格是个体比较稳定的心理特征的总和。人格完整是指有健全统一的人格，个人的所想、所说、所做都是协调一致的。人格完整包括：人格结构的各要素完整统一，具有正确的自我意识，不产生自我同一性混乱，以积极进取的人生观作为人格的核心，并以此为中心把自己的需要、目标和行动统一起来。

（五）意志健全

意志健全者在行动的自觉性、果断性、顽强性和自制力等方面都表现出较高的水平。意志健全的大学生在各种活动中都有自觉的目的性，能适时地作出决定并运用切实有准备的方式解决所遇到的问题，在困难和挫折面前，能采取合理的反应方式，能在行动中控制情绪且言而有信，而不是行动盲目、畏惧困难、顽固执拗。

（六）人际关系和谐

良好而深厚的人际关系，是事业成功与生活幸福的前提。其表现为：乐于与人交往，既有广泛而深厚的人际关系，又有知心朋友；在交往中保持独立而完整的人格，有自知之明，不卑不亢；能客观地评价他人和自己，善取人之长补己之短；宽以待人，乐于助人；积极的交往态度多于消极的交往态度，交往动机纯正。

（七）适应能力强

个体应与客观现实环境保持协调，既要进行客观观察以取得正确认识，以有效的办法应对环境中的各种困难,又要根据环境的特点和自我意识的情况努力进行协调,或改变环境适应个体需要,或改造自我适应环境要求。

(八)心理行为符合年龄特征

心理行为符合年龄特征是大学生心理健康的鲜明的外在表现。心理健康的大学生应该具备精力充沛、勤学好问、反应敏捷、喜欢探索等特征。过于老派、过于幼稚、过于依赖他人以及严重偏离自己所处的年龄阶段和角色要求均为心理异常的表现。

第二节　常见的心理问题

一、大学生心理健康状况的判定

人的身高、体温可以分别用尺子、体温计准确测量,但是心理健康的状况用什么来测量呢?一个人玩扑克牌游戏玩得正开心,同伴走过来拿走他的扑克牌,他立刻大哭大叫,你认为他正常吗?也许你认为他不正常,但是如果他是一个四五岁的孩子,你还这样认为吗?因此,人的心理健康标准是相对的,判断一个人的心理健康状况必须考虑其年龄、性别、社会身份、情境等各种因素。某些行为发生在孩子身上是正常的,发生在成人身上则是反常的;某些行为发生在女性身上是可以接受的,而发生在男性身上则是难以容忍的;某些行为在特定的社会背景和环境下是正常的反应,而在其他情况下出现则被视为超常规行为。一般来说,心理健康状态与精神疾病状态之间不是非此即彼的关系,而是一个发展变化的过程。具体来说,心理问题分为心理正常和心理异常,心理正常又可分为健康状态和不良状态,心理异常分为神经症、心境障碍、人格障碍和精神分裂症,如图 1-2 所示。

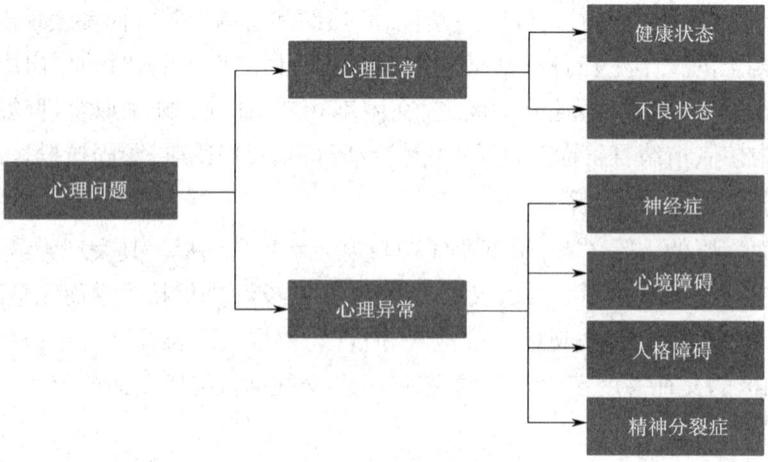

图 1-2　心理问题的分类

二、心理正常

（一）健康状态

健康状态是指人在一个时间段里快乐的感觉大于痛苦的感觉，心理活动与周围环境协调，不出现与周围格格不入的现象，能胜任家庭角色和社会角色，能在一般社会环境下充分发挥自身能力，利用现有条件实现自身价值。

（二）不良状态

不良状态是介于健康状态和异常状态之间的亚健康状态，是由个人心理素质（如过于好胜、孤僻、敏感）、生活事件（如工作压力大、婚恋挫折、人际关系不良）、身体状况不佳等因素引起的。不良状态持续时间较短，一般可在一周内得到缓解，对人的社会功能影响比较小。处于这种状态的人一般能完成日常工作和学习，只是感觉“很累”“没劲”“不高兴”等，且大部分人能通过自身调整，如休息、运动、旅游、娱乐等方式，使自己的心理状态得到改善，少部分人如长时间得不到缓解可能形成一种相对固定的状态，这时就应该寻求心理医生的帮助，使自己的心理状态尽快得到调整。

三、心理异常

（一）神经症

神经症主要表现为由于受到客观事物的刺激，当事人内心出现较长时间（一般大于 3 个月）的心理冲突，主观上有较强烈的痛苦感受，但客观上却没有任何被证实的器质性病理基础。它包括焦虑症、恐惧症、强迫症等，当事人有自知力，能主动寻求帮助，后果较好。其中极少数因治疗不及时或不恰当可能会发展为精神疾病或出现严重行为改变，例如强迫性神经症转变为妄想型精神病。这一类心理障碍在大学生中并不常见，其发病比例为全部心理障碍的 1%~2%。

1. 焦虑症

焦虑是人们在遇到压力、挑战、困难或危险时，自然出现的一种正常的情绪反应。适度的焦虑能让人保持一定的紧张水平，调动能量并作出相应努力，提高学习和工作效率。只有当引起焦虑的原因不存在或不明显，焦虑程度与环境因素不相称，焦虑的持续时间超过一定的范围，以致影响正常的生活、学习、工作时，才可以认定为焦虑症。焦虑症又包括两种形式，一种是广泛性焦虑障碍，又称慢性焦虑症，是焦虑症最常见的表现形式，常缓慢起病，主要表现为经常或持续出现过度焦虑，如精神上过度担心、惶恐不安、来回走动、搓手顿足、肌肉酸痛、头痛、心慌气短、腹泻、尿频、皮肤潮红或苍白等；另外一种是惊恐发作，又称急性焦虑症，患者会突然感到不明原因的惊恐，出现心慌、胸闷、呼吸困难、全身发抖等症状，甚至会体验到濒死感或失控感，发病时间可能持续几分钟到数小时，在发作间歇期，无明显症状。

案例：小雨，女，20岁，汉族，某高校大四学生，性格内敛、腼腆、沉默不爱言语、学习刻苦、对自我要求严格，成绩在班上名列前茅。因近期准备考研，担心考不上而备感压力，内心焦虑不安、整晚失眠、身体疲惫，无法集中精力复习导致学习效率下降，情况持续一个多月，随着考试时间越来越近，有加重趋势，表现出胸闷难过、心跳加速、神经衰弱等症状。

2. 恐惧症

恐惧是一种正常的情绪反应。在正常情况下，我们对某些事物或场合也会有恐惧心理，如鼠、蛇、黑暗而寂静的环境、社交场合。但这些恐惧的发生有一定的合理性，程度较轻，发生的频率较低，不会伴有持续回避行为，对日常生活不会造成影响。恐惧症主要表现为过分和不合理地惧怕外界某种客观事物或情境，患者明知这种恐惧反应是过分的或不合理的，仍难以控制而反复出现。恐惧发作时常伴有明显的焦虑和自主神经症状，如心慌、手抖、出汗、腹泻等。恐惧的对象可能是单一的或多种的，如动物、广场、封闭空间、登高或社交活动等。常出现反复的或持续的回避行为。

根据恐惧的对象，可将恐惧症分为广场恐惧症、社交恐惧症和特定恐惧症。广场恐惧症是恐惧症中最常见的类型，主要表现为对某些特定环境的恐惧，如广场、密闭的环境和拥挤的公共场所等。患者害怕离家或独处，害怕进入商店、剧场、车站或乘坐公共交通工具，患者担心在这些场所出现恐惧感而得不到帮助，无法逃避，因而回避这些环境，甚至不敢出门。社交恐惧症主要表现为社交场合诱发的恐惧和焦虑，如脸红、出汗、发抖、不敢注视别人的眼睛等，并对社交场景持久地、明显地回避和害怕。特定恐惧症主要指由某一类事物、情境所引起的恐惧和焦虑，例如怕狗、怕血、怕黑、恐高等。恐惧发作时还常伴有抑郁、强迫、社交焦虑、非现实感等症状。

案例：小磊，男，19岁，大学二年级学生，他认为自己是一个怪人，很少与人交往，也从不与人多讲话，与人讲话时不敢直视对方，眼神躲闪，像做了亏心事一样。一说话脸就发烧，心怦怦跳，皮肤起鸡皮疙瘩，好像全身都在发抖。他与同学关系一般，不愿与班上同学接触，觉得别人讨厌自己，自己内心感到很孤独，情绪时好时坏。这些既影响了学习，又让他感到非常痛苦。

3. 强迫症

强迫症是以强迫症状为主要表现的一种神经性心理障碍。强迫症状是不由自主地出现一种观念、欲望或行为，明知没有必要却仍然控制不住地那么想、那么做，如果硬性控制就会觉得内心不安。其实，强迫症状是焦虑症状的一个变种，同恐惧症状一样，都是一种焦虑不安的症状。强迫症状多种多样，可以发生在所有心理活动中，主要表现为以下两类。

1)强迫观念

脑海中反复出现某一概念或相同内容,明知没有必要,却无法摆脱,可表现为反复回忆既往琐事,无法摆脱;反复思索无意义的事情,明知无意义却不能摆脱,脑中总是出现一些对立的思想,反复怀疑自己的行动是否正确。

案例:小红,女,21岁,某高职院校大三学生,自高中起就产生了强迫思想,经常会忍不住回忆刚才在想什么,如果回忆不起来,就感到焦虑,并由此产生念头接龙。"我刚刚在想什么",我在想"我刚刚在想什么",我在想"我在想'我刚刚在想什么'",无法控制自己的想法和念头,内心很痛苦。

2)强迫行为

复杂化、程式化地做某种表面看来似乎有目的的行为,如反复检查门窗是否关好,反复洗手、洗衣物,反复数高楼大厦的门窗、楼梯、门牌号等;或不相信自己,为了消除疑虑而反复询问他人;或表现为某种复杂的特定的仪式。

案例:小杨,男,18岁,某高职院校大一学生,自述有强迫行为,主要表现为反复地关水龙头,反复地摆放物品,物品都有固定的位置,不可以随意移动,看书时画线,用直线就会一直用直线,写作业写错字时就会反复写好多遍。自己无法控制自己的这些行为,内心感到很痛苦。

(二)心境障碍

心境障碍是一组以情感障碍为突出表现的心理疾病,具有反复发作、自行缓解的病理倾向。缓解期精神活动几乎完全正常,不残留人格缺陷。虽可能多次发作,但无精神衰退之虑。临床上主要有抑郁症和躁狂症两种基本类型。如果两种类型同时发生在同一个人身上,则称为"躁狂抑郁症",简称"躁郁症"。

1. 抑郁症

抑郁症是情感性障碍中最常见和最重要的临床类型,亦是当今威胁人类生命和健康的最常见的心理疾病,被称为"人类第一心理杀手",抑郁症患者数量占全部人群的5%左右。抑郁症主要以情绪(心境)严重低落、反应迟钝、记忆力下降、睡眠障碍、食欲减退等为主要特征,且持续至少两周,并伴有相应的思维和行为改变,造成社会功能受损或本人痛苦的不良后果。许多轻、中度抑郁症并不存在精神病性症状,常以深埋的内心痛苦和情绪压抑为主要临床表现。他们外表正常,社会功能和人格完整性无明显损害。大多数病人有积极求医的迫切愿望,与医务人员配合良好,主动接受医疗,自制力良好。通过积极治疗,病人能够较快地恢复健康。

案例:小凡,某高校大一新生,入学已3个月,在过去的一个月里,他总是无缘无故地情绪低落,想哭却哭不出来。一天之中,早上的情绪最为低落,晚上失眠,到转天早上的时候仍然赖在床上,无精打采。到中午的时候,才可勉强起床。他发觉自己失去动力，失去兴趣，对自己最喜爱的电脑游戏或上网与朋友聊天都失去举趣。甚至连日常自理，例如洗澡、刷牙及洗脸等都觉得力不从心，坐在电视机前却不知自己在看什么节目。

2. 躁狂症

以情感高涨或易激惹为主要临床特征，伴随精力旺盛、睡眠减少、言语和活动增多、意志行为增强、好管闲事，严重时伴有幻觉、妄想、紧张等精神病性症状。患者通常感觉良好，对自己的病情没有自知能力。

案例：小刚，19岁，某高校大二学生，平时脾气不错，人缘也不错，但是入夏以来，同学们发现他脾气变大了，性格变得固执，说的话也多了，经常会为了一点小事就和同学们吵架、打架。每天晚上睡得很少，但是精力却依然很充沛，不知疲倦。

3. 双相障碍

双相障碍是心境（情感）障碍的一种类型，也称双相心境（情感）障碍，是指抑郁与躁狂交替发作，或者以混合发作为特征的一类情绪障碍。躁狂发作需持续一周以上，抑郁发作需持续两周以上。

（三）人格障碍

人格障碍是指人格特征显著偏离正常，使个体对环境适应不良，影响其社会功能。一般情况下是指某些人从幼年时期起逐渐发展形成的人格组成部分的不协调、不平衡。这种人智力很正常，心理变化突出表现为情绪不稳定、意志薄弱、人际关系不好、行为表现与众不同，而且往往偏离社会常规。后果是这些人的社会适应能力大为减弱，有些行为可能会对社会造成危害。具有病态人格的人比具有正常人格的人更容易患精神疾病。常见的人格障碍有偏执型人格障碍、强迫型人格障碍、反社会型人格障碍、表演型人格障碍等。

1. 偏执型人格障碍

偏执型人格障碍会有敏感、过分挑剔、喜欢猜疑、好争斗、嫉妒等行为，对自己的评价过高，对挫折和失败过分敏感。在原生家庭中经常被父母指责、否定以及拒绝的人容易形成偏执型人格。

2. 强迫型人格障碍

强迫型人格障碍通常会表现为过于追求井然有序和完美主义，过分谨慎，过分认真，刻板固执，难以适应新环境。如果在原生家庭中，父母管教严厉，缺乏弹性，那么孩子做事就会思前想后、小心翼翼，容易形成强迫型人格。

3. 反社会型人格障碍

反社会型人格障碍又称为无情型人格障碍，表现为漠视并侵犯他人的权利，对人冷酷无情，缺少同情心，缺乏愧疚感，对挫折的忍受性低，有暴力行为。如果在原生家庭中，父母婚姻严重不和谐或者对孩子实施暴力、严厉的惩罚甚至虐待孩子，那么孩子则容易形成反社会型人格。

4. 表演型人格障碍

表演型人格障碍又称为寻求注意型人格障碍或癔症型人格障碍，是一种以用过分感情用事或夸张言行吸引他人注意为主要特点的人格障碍，主要表现为自我戏剧化——夸张、虚荣、浅薄、自我夸张、不成熟、过度依赖、自私等。如果在原生家庭中，父母对孩子缺乏关爱与期望，那么孩子则容易形成表演型人格。

（四）精神分裂症

精神分裂症是一组病因未明的重性精神病，多数表现为缓慢起病，病人的思维混乱、情感变化大、意志力低下、行为古怪，而且人格严重偏离正常，不能与社会常规保持一致。病人不认为自己精神不正常，也就是无自知力，不能主动就医，往往是被周围的人发觉后强制就医。临床上的表现有很多类型，大学生精神分裂症患者中以妄想型及青春型最为常见。下面简要介绍精神分裂症的若干特征性症状。

1. 评论性幻听

幻听是没有现实刺激作用于听觉器官时出现的知觉体验。评论性幻听即幻听的内容为描述或评论患者正在进行的思考和行为。有时，幻听连续地对患者的一举一动进行评论，或命令他做某种事，如拒绝进食、伤人、自伤。如一位患者听到屋外她的同学在谈论她，说她不合群、自私，虽然没有一个人听到这些声音，但患者坚信这些人的存在，反复外出找说话的人，并常与窗外争辩。

2. 争辩性幻听

患者听到两个或多个不同的说话声，他们的意见有分歧，似乎在争辩，谈话内容以斥责、讽刺、嘲笑甚至威胁、辱骂或命令为主。

3. 思维鸣响

思维鸣响即幻听内容就是患者当时所想的内容。如患者想喝水就出现“喝水，喝水”的声音，想看书时即出现“看书去”的声音。患者看书时有时也听到将书的内容念出来的声音。患者的体会是“自己的思想变成了声音”。

4. 思维阻塞

患者感到思维的进程突然中断，无以为继。这与我们突然想不起来的情况不同。一方面，我们清楚地知道自己的记忆有问题；另一方面，我们仍能继续思考，力图想起来，通常伴随着焦虑。思维阻塞的患者并无焦虑，他不认为自己的记忆力出现了问题，而是某种无形的力量把他的思维切断，使他突然丧失了思考能力。

5. 思维被撤走、被插入

患者在思考的进程中，突然感到接着就要想到的内容被某种无形的力量抽走了；

或感到某些思想不是自己的，而是某种无形的力量强行插进来的。

6. 被动体验

被动体验包括躯体被动体验、情感被动体验和冲动被动体验，指患者在说话、运动、发生某种情感或内心冲动时，感到不是出自自己的意志，而是由某种无形的力量引起的。

二、大学生心理问题形成的原因

（一）个体原因

1. 心理发展的矛盾性

大学生生理上的急剧变化冲击着心理的发展，身心发展在这个阶段失去平衡。大学生在心理上的成熟感与半成熟现状之间存在矛盾。身体的急速成长、性机能的快速成熟使他们从心理上产生自己已经发育成熟的体验，认为自己的思想和行为已达到成人水平，应该被社会、环境和周围的成人平等相待。但是由于心理发展速度相对缓慢，心理水平尚处于幼稚向成熟发展的过渡阶段，实际上其认知能力、思维方式、社会经验等处于半成熟状态，于是就出现了自己认为的心理发展水平与现实的心理发展水平之间的矛盾，从而产生心理问题。

2. 心理成熟滞后，承受挫折能力不强

大学生心理发展速度相对缓慢，成就感与挫折感经常交替出现。大学生通常想要表现出成人式的果敢和能干，如果获得成功或良好成绩，就会享受超越一般的优越感与成就感；如果遇到失利或失败，就会产生自暴自弃的挫折感。这两种情绪体验常常交替出现，一时激情满怀，一时低沉沮丧，为大学生带来了情绪上的波动，使其表现出挫折耐受力不强的特点。

3. 面对多重压力，心理调节能力较差

其实大学生还面对着心理断乳与精神依赖之间的矛盾。成人感使他们的独立意识强烈起来，他们要求在精神生活方面摆脱父母的羁绊，而有自己的独立自主的决定权。但事实上，大学生在独立的大学生活中，并不能独立面对将会遇到的种种难关和多重压力，在面对许多复杂的矛盾和困惑时，他们依然希望得到成人在精神上的理解、支持和保护，自我调节的能力还需要进一步提高。

4. 交往能力欠缺，缺乏社会支持

大学生在心理闭锁性与开放性之间存在矛盾。心理的闭锁性使他们往往将自己的内心世界封闭起来，不向外袒露，这是由成人感和独立自主意识导致的。此外，他们认为成人不理解他们，而对成人产生不满和不信任，这又增加其闭锁性的程度。但是，与此同时，诸多苦恼又使大学生备感孤独和寂寞，他们很希望与他人交流、沟通，

并得到他人的理解。这种开放胸怀的需求促使他们与同龄朋友推心置腹。其实他们也希望在一定程度上向自己认为可信赖的成人朋友倾吐心声。

（二）社会原因

1. 片面追求“成功”的社会价值观导向

目前，有些大学生在消极价值观的影响下，片面追求“成功”。他们认为“人生的目的就是追求个人的幸福和快乐”“人生的价值在于拥有金钱、地位和权力”“为赚钱可以不择手段”“遇到危险情境，不必多管闲事”。也有些同学依然留恋过去那种“轻松、悠闲”的缺乏竞争的环境，把与世无争、难得糊涂、活得潇洒当作人生的最佳选择，他们并不执着于为什么活着，而在乎怎样活着。学业不思精勤，生活倾向享乐，吸烟、酗酒、不得体的两性交往等现象都折射出这些大学生缺乏竞争意识、害怕吃苦、感情欲求膨胀的价值取向。在这种情况下，大学生平静的心理自然会受到冲击，一些意志薄弱的学生面对这种挑战时就会产生消极的心理状态。

2. 只注重学习成绩的应试教育的影响

当代大学生为了在激烈的高考竞争中取胜，全身心投入学习，家长给予过度保护。进入大学后，环境发生了改变，离开了长期依赖的家长和老师，面对新的集体、新的生活方式、新的学习特点，一些学生出现了独立与依赖的矛盾。由于以往应试教育的影响，有的学生不能适应大学的学习方式，不会主动地学习，面对理想与现实的较大反差，会产生失意、压抑、焦虑甚至出现神经衰弱症等。另外，素质教育在我国经过十几年的发展，虽然取得了巨大成绩，但仍然没有摆脱应试教育的桎梏，没有真正解决好教育与时代发展要求同步、与社会要求相符合的难题。有的学校强调知识教育、专业教育，不重视学生全面素质的培养，突出智育成分，忽略思想、道德教育及社会实践。许多学生“两耳不闻身外事”，参与各种有益的社会活动的意识薄弱，进一步导致其初探社会时面临多方面的心理困扰。

3. 父母离异、亲子关系失和带来的心理压力

从高校心理咨询室接到的学生咨询可知，很多大学生心理问题的产生追本溯源与其所在家庭的亲子关系、父母关系密切相关。绝大多数大学生虽已经离开父母在外求学，但是亲子关系仍然与大学生的身心发展有紧密的关系。一方面，大学生深层次的亲密依恋、安全感与归属感来自早年的亲子互动；另一方面，随着自身的成长，大学生的自我意识越来越强烈，对新的生活模式与行为方式有了更多的选择，但他们的处世态度、情绪表达方式、人际交往方式等，往往会延续幼年时期从父母那里学来的经验。同时，在学生走入社会的过程中，来自家庭的鼓励和支持是不可替代的力量。对于每一个人，亲情是永远的牵念，如果亲子关系失和或父母离异的情况在大学生身上出现，无疑将会影响大学生的心理健康状态。

第三节　心理健康的维护

一、积极自助

（一）积极参加心理健康教育活动

心理健康教育活动的意义就在于它更能迎合学生的心理，潜移默化地帮助学生提高心理素质，开发学生心理潜能，消除学生的心理障碍，增强其承受挫折、适应环境的能力。

大学生应该积极参加形式生动活泼、内容充实的心理健康教育活动，在活动中加强互动和交流，增加自身关注身边生活的体验，关注自我心灵的宣泄、放松和成长。全方位地加强和提高自身适应环境、管理自我、学习成才、人际交往、交友恋爱、求职择业等各方面的能力。

（二）积极进行人际交往

建立良好的人际关系，不仅是大学生顺利适应大学生活的客观需要，而且是大学生自身发展和实现个体社会化的需要。在人际交往中除了注重与人交往的原则外，主动交往很重要，特别是面临人际危机时，主动解释、消除误解对于重新建立良好的人际关系具有重要的意义。在社会交往中，那些主动发起交往活动、主动去接纳别人的大学生，在人际关系上往往较为自信、轻松。而对于交往主动性欠缺的大学生而言，除了缺乏自信之外，许多主观的误解与认识偏差也是影响其人际交往的重要原因。因此，大学生一定要树立自信，主动和同学、老师交往。

大学生必须克服不正确的认知与先入为主的想法。一方面，要正确地认识自我，合理评价自我，既不自负，也不自卑，既看到自己的长处，也看到自己的不足，从而为构建良好的人际关系奠定基础。另一方面，要正确认识他人，克服由首因、晕轮等效应引起的认识片面化等现象，全方位地看待他人。大学生在交往中往往会喜欢和有良好个人形象的人交往。因此，大学生在与他人交往时，应恰当地修饰自己的容貌，注意在不同场合下选择样式和色彩符合自己的服装，形成自己独特的气质和风度；力求以真诚、友善、热情、诚恳的态度以及优雅的仪表、风度、气质给人留下良好的印象。同时，大学生应追求外在美与内在美的协调一致，因为随着时间的推移、交往的加深，外在美的作用逐渐减弱，道德、才能等内在气质的作用逐渐加强。

（三）学会管理和调整情绪

情绪管理的能力是影响大学生未来就业和发展的重要心理素质。如果大学生在校期间没有形成良好的情绪管理能力，那么在面临激烈的竞争压力或者一系列的挫折时，就不能迅速地调整自己的情绪，积极乐观地投入到新的活动中去，错失很多机遇。积极的情绪犹如清新的空气，让人心旷神怡、精神抖擞。消极的情绪就像一片片乌云笼罩着人的心扉。虽然消极的情绪在某种程度上也有其社会适应等功能，但是积极的情绪能让人感觉良好，能拓展人的思维，可以抑制消极情绪，更有益于身心健康。因此，对大学生来说，培养积极的情绪，提高自己的情绪管理能力，是通向幸福的必要途径。

积极的情绪主要有喜悦、感激、自豪、宁静、兴趣、希望、敬佩、爱等多种表现形式。积极的情绪可以通过学会宽容、幽默与微笑，建立和维持牢固的友谊，坚持身体锻炼，与大自然多接触和乐于助人等方式进行培养。

（四）学会应对挫折

事实上，面对挫折，大学生会在不同程度上表现出耐受和排解的能力。心理学上将这种能力称为“心理承受力”。对不同类型的挫折，人们的心理承受力不同，比如有的人能经受严酷的自然折磨，但却不能容忍对自己人格的侮辱。许多人面对同一种挫折，心理承受力也各不相同。例如几位同学在同一次考试中都不及格，有的人就会认真去找原因继续努力；有的人很不在乎，不认真对待；也有的人可能怀疑自己的学习能力，失去信心，因一念之差纵身跳楼的事件也在高校发生过。因此，了解和提高大学生的心理承受力是提高大学生心理素质的重要环节。

另外，面对挫折，大学生还应积极寻求社会支持。依靠一个人的力量有时不一定能应付各种挫折。遇到紧急情况或遭受重大挫折时，一方面要尽量放松全身肌肉，努力保持头脑冷静；另一方面要及时争取可能得到的一切社会支持，如同学、老师、医生等的帮助。要学会宣泄情绪、转移注意力，这是一种最快捷有效地解决问题的办法。

二、主动求助

（一）关注自己的心理健康状况，主动寻求心理支持

每个人一生中都会遇到各种心理问题，对于一名大学生，重视和维护心理健康非常必要。各类自然灾害、人为事故、交通意外、暴力事件等，除直接影响人们的正常生活外，还会引起明显的心理痛苦，严重的可引起精神障碍。人们要时刻关注自身的心理健康状况，才能真正拥有健康。

但不可否认的是，不少人仅靠自我调整难以摆脱心理困扰，他们需要更多的理解和关怀，心理辅导、心理援助、心理咨询等都是非常必要的救助方式。因此，大学生必须学会主动寻求心理支持，帮助自己调节心理压力。在高校中，大学生可以向心理咨询中心老师、各院系辅导员或学生心理委员和寝室长寻求心理支持。

（二）正确理解心理咨询，愿意解决发展中的问题

心理问题普遍存在，只是往往人们自己意识不到。例如，7~12 岁的小学学龄儿

童和13~18岁的少年常见的心理问题有学习问题（如考试焦虑、学习困难）、人际交往问题（如学校环境适应不良、逃学）、情绪问题、性心理发育问题、行为问题（如恃强凌弱、自我伤害、鲁莽冒险）、网络成瘾、吸烟、饮酒、接触毒品、过度追星以及过度节食、厌食和贪食等；19~55岁的中青年常见的心理问题有与工作相关的问题，如工作环境适应不良、人际关系紧张、工作压力等，还有与家庭相关的问题，如婚姻危机、家庭关系紧张、子女教育问题等。

其实，心理问题包含发展问题和健康问题，遇到发展问题不愿意排解往往才会导致健康问题的出现。尤其有一部分人对心理咨询不理解，错误地认为只要做了心理咨询就意味着自己有心理疾病或有精神疾病。大学生要转变对心理咨询的认识，鼓励自己说出自己的郁闷。每个大学生都要承认，接受心理咨询是成长的过程，个人的能力都是有限的，每个人都会面对自己无法跨越的沟壑，寻找一份助力，借助他人的力量，在最艰难的时候站起来，就能走得更远。

（三）掌握科学地鉴别心理问题的方法，及时分辨心理问题

大学生在关注自身心理健康状况和主动寻求帮助、接受心理咨询的同时，还要掌握科学地鉴别心理问题的方法，学会鉴别心理状况。

事实上，心理的“正常”和“异常”间没有明确的和绝对的界限。一般认为，人的心理是一个“正常”与“异常”相互依存和转化的连续谱。因此，生活在现实社会中的每一个人都在一定程度上存在心理问题，即人的心理问题普遍存在，只是程度不同而已，如图1-3所示。

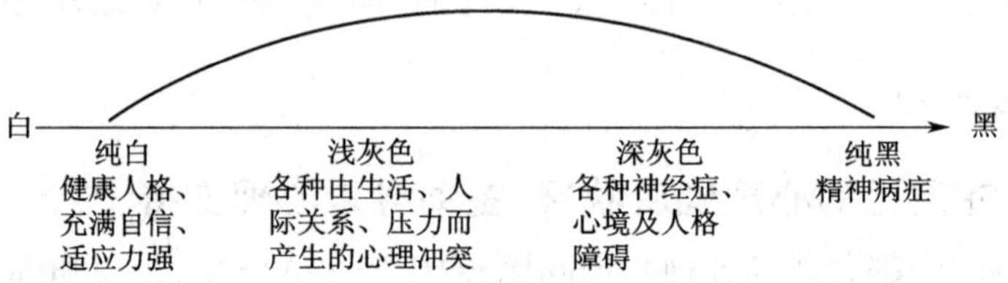

图1-3　心理问题的不同程度

【心理互动】

一、心理测试——SCL-90

（一）测试说明及题目

临床症状自评量表，又称为90项症状清单（SCL-90），该量表共有90个项目，包含较广泛的精神病症状学内容，从感觉、情感、思维、意识、行为直至生活习惯、人际关系、饮食睡眠等，均有涉及，并采用10个因子分别反映10个方面的心理症状情况见

表 1-1。

指导语：请仔细阅读每一个题目，根据自己最近一周内下列问题影响你或使你感觉到苦恼的程度，在相对应的空格内打“√”。“没有”记 1 分，“轻微”记 2 分，“中等”记 3 分，“偏重”记 4 分，“严重”记 5 分。

表 1-1 SCL-90 测题

序号	题目	没有	轻微	中等	偏重	严重
1	头痛	1	2	3	4	5
2	神经过敏，心中不踏实	1	2	3	4	5
3	头脑中有不必要的想法或字句盘旋	1	2	3	4	5
4	头晕或昏倒	1	2	3	4	5
5	对异性的兴趣减退	1	2	3	4	5
6	对旁人求全责备	1	2	3	4	5
7	感到别人能控制你的思想	1	2	3	4	5
8	责怪别人制造麻烦	1	2	3	4	5
9	忘性大	1	2	3	4	5
10	担心自己衣饰不整齐及仪态不端庄	1	2	3	4	5
11	容易烦恼和激动	1	2	3	4	5
12	胸痛	1	2	3	4	5
13	害怕空旷的场所或街道	1	2	3	4	5
14	感到自己精力下降，活动减慢	1	2	3	4	5
15	想结束自己的生命	1	2	3	4	5
16	听到旁人听不到的声音	1	2	3	4	5
17	发抖	1	2	3	4	5
18	感到大多数人都不可信任	1	2	3	4	5
19	胃口不好	1	2	3	4	5
20	容易哭泣	1	2	3	4	5
21	同异性相处时感到害羞不自在	1	2	3	4	5
22	感到受骗，中了圈套或有人想抓你	1	2	3	4	5
23	无缘无故地感觉到害怕	1	2	3	4	5
24	自己不能控制地大发脾气	1	2	3	4	5
25	怕单独出门	1	2	3	4	5
26	经常责怪自己	1	2	3	4	5
27	腰痛	1	2	3	4	5
28	感到难以完成任务	1	2	3	4	5

续表

序号	题目	没有	轻微	中等	偏重	严重
29	感到孤独	1	2	3	4	5
30	感到苦闷	1	2	3	4	5
31	过分担忧	1	2	3	4	5
32	对事物不感兴趣	1	2	3	4	5
33	感到害怕	1	2	3	4	5
34	你的感情容易受到伤害	1	2	3	4	5
35	旁人能知道你的私下想法	1	2	3	4	5
36	感到别人不理解你,不同情你	1	2	3	4	5
37	感到人们对你不友好,不喜欢你	1	2	3	4	5
38	做事情必须做得很慢以保证做正确	1	2	3	4	5
39	心跳得厉害	1	2	3	4	5
40	恶心或胃不舒服	1	2	3	4	5
41	感到比不上别人	1	2	3	4	5
42	肌肉酸痛	1	2	3	4	5
43	感到有人在监视你,谈论你	1	2	3	4	5
44	难以入睡	1	2	3	4	5
45	做事必须反复检查	1	2	3	4	5
46	难以作出决定	1	2	3	4	5
47	怕乘电车、公共汽车、地铁或火车	1	2	3	4	5
48	呼吸困难	1	2	3	4	5
49	一阵阵发冷或发热	1	2	3	4	5
50	因为感到害怕而避开某些东西、场合或活动	1	2	3	4	5
51	脑子变空了	1	2	3	4	5
52	身体发麻或刺痛	1	2	3	4	5
53	喉咙有梗塞感	1	2	3	4	5
54	感到前途没有希望	1	2	3	4	5
55	不能集中注意力	1	2	3	4	5
56	感到身体的某一部分软弱无力	1	2	3	4	5
57	感到紧张或容易紧张	1	2	3	4	5
58	感到手或脚发重	1	2	3	4	5
59	感到死亡的事	1	2	3	4	5
60	吃得太多	1	2	3	4	5
61	当别人看着你或谈论你时感到不自在	1	2	3	4	5

续表

序号	题目	没有	轻微	中等	偏重	严重
62	有一些不属于你自己的想法	1	2	3	4	5
63	有想打人或伤害他人的冲动	1	2	3	4	5
64	醒得太早	1	2	3	4	5
65	必须反复洗手、点数目或触摸某些东西	1	2	3	4	5
66	睡得不稳不深	1	2	3	4	5
67	有想摔坏或破坏东西的冲动	1	2	3	4	5
68	有一些别人没有的想法或念头	1	2	3	4	5
69	感到对别人神经过敏	1	2	3	4	5
70	在商场或电影院等人多的地方感到不自在	1	2	3	4	5
71	感到做任何事情都很困难	1	2	3	4	5
72	感到一阵阵恐惧或惊恐	1	2	3	4	5
73	感到在公共场合吃东西很不舒服	1	2	3	4	5
74	经常与人争论	1	2	3	4	5
75	单独一个人时神经很紧张	1	2	3	4	5
76	别人对你的成绩没有作出恰当的评论	1	2	3	4	5
77	即使和别人在一起也感到孤独	1	2	3	4	5
78	感到坐立不安心神不定	1	2	3	4	5
79	感到自己没有什么价值	1	2	3	4	5
80	感到熟悉的东西变陌生或不像真的	1	2	3	4	5
81	大叫或摔东西	1	2	3	4	5
82	害怕会在公共场合昏倒	1	2	3	4	5
83	感到别人想占你便宜	1	2	3	4	5
84	为一些有关"性"的想法而苦恼	1	2	3	4	5
85	你认为应该因为自己的过错而受惩罚	1	2	3	4	5
86	感到要赶快把事情做完	1	2	3	4	5
87	感到自己的身体有严重问题	1	2	3	4	5
88	从未感到和其他人亲近	1	2	3	4	5
89	感到自己有罪	1	2	3	4	5
90	感到自己的脑子有毛病	1	2	3	4	5

（二）分数统计

（1）总分：90 个项目得分之和。

（2）阳性项目数：单项分≥2 的项目数。

（3）因子分：因子分 = 某一因子的各项目总分 / 某一因子的项目数。见表 1-2。

表 1-2　因子分计分表

因子	项目	项目数	总分	因子分（总分 / 项目数
躯体化	1,4,12,27,40,42,48,49,52,53,56,58	12		
强迫	3,9,10,28,38,45,46,51,55,65	10		
人际关系敏感	6,21,34,36,37,41,61,69,73	9		
抑郁	5,14,15,20,22,26,29,30,31,32,54,71,79	13		
焦虑	2,17,23,33,39,57,72,78,80,86	10		
敌对	11,24,63,67,74,81	6		
恐怖	13,25,47,50,70,75,82	7		
偏执	8,18,43,68,76,83	6		
精神病性	7,16,35,62,77,84,85,87,88,90	10		
其他	19,44,59,60,64,66,89	7		

（三）测试结果

按全国常模结果，总分超过 160 分，或阳性项目数超过 43 项，或任一因子分超过 2 分，需考虑筛选阳性，做进一步检查。表 1-3 为全国部分地区大学生 SCL-90 常模，供参考。

表 1-3　全国部分地区大学生 SCL-90 常模

因子 统计指标	躯体化 （F1）	强迫 （F2）	人际关系敏感 （F3）	抑郁 （F4）	焦虑 （F5）	敌对 （F6）	恐怖 （F7）	偏执 （F8）	精神病性 （F9）
平均分	1.45	1.99	1.98	1.83	1.64	1.77	1.46	1.85	1.63
标准差	0.49	0.64	0.74	0.65	0.59	0.68	0.53	0.69	0.54

各因子得分越高，反映出该因子所代表的问题越严重，各因子具体解释如下。

（1）躯体化：主要反映主观的身体不适感。

（2）强迫：主要是指那些明知没有必要但又无法摆脱的强迫思想和行为。

（3）人际关系敏感：主要指某些个人在人际交往中的不自在感和自卑感，尤其是在与其他人相比较时更突出。

（4）抑郁：主要表现为生活兴趣的减退，动力缺乏，活力丧失，还表现出失望、悲观以及与抑郁相联系的认知和躯体方面的感受，另外，还包括有关死亡的思想和自杀观念。

（5）焦虑：主要指烦躁、坐立不安、神经过敏、紧张以及由此产生的躯体征象。

（6）敌对：主要从思想、感情及行为3方面来反映敌对的表现，包括厌烦的感觉、摔物、争论直到不可控制的脾气暴发等各方面。

（7）恐怖：主要指对出门旅行、空旷场地、人群、公共场所、交通工具以及社交的恐惧。

（8）偏执：主要指投射性思维、敌对、猜疑、妄想、被动体验和夸大等。

（9）精神病性：主要是反映各式各样的急性症状和行为，即限定不严的精神病性过程的症状表现，包括幻听、思维播散、被洞悉感等症状。

（10）其他：主要反映睡眠及饮食情况。

二、心理活动——价格观大拍卖

（一）活动目的

（1）让成员体会和感受人与人之间的价值观是不相同的，价值观不相同，个人行为和想法就会不同，引导学生在人际交往中学会关注对方的想法和行为。

（2）通过价值观的拍卖活动，引出健康及心理健康的重要性。

（二）具体操作

拍卖的价值观见表1-4。

表1-4　拍卖的价值观

美丽	责任
财富	自由
权力	能力
爱情	友情
亲情	智慧
名誉	快乐
诚信	健康

（1）同学们先思考自己的价值观，自己最想要的东西是什么，并拿出纸笔将下面的东西按其重要性排列，并且对它们全部定价，你们认为它值多少钱就定多少。例如：亲情3 000元，快乐3 000元，健康3 000元等。

（2）每个人有一万元，每项“价值观”都有不同的底价，每次喊价不得低于1 000元，总值不能超过一万元。

（3）不必都买，买自己认为对自己最有意义、最看重的价值。

（三）讨论

（1）你是否买到自己认为最重要的价值观项目？

(2)你最想买的项目是什么？为什么它对你而言是重要的？

(3)健康对你们来说是不是重要的,为什么重要？

【心理拓展】

一、推荐电影:《美丽人生》

《美丽人生》是一部由罗伯托·贝尼尼、尼可莱塔·布拉斯基、乔治·坎塔里尼等人主演的二战题材影片,影片主要讲述了一个原本幸福的犹太家庭在二战期间被法西斯抓进了纳粹集中营,慈爱的父亲为了孩子幼小的心灵免受纳粹的摧残,利用自己的想象力编造了一个谎言,他告诉孩子他们正在一个游戏当中,父亲的行为使这个被死亡阴云笼罩之地充满了阳光,让孩子的童心没有受到伤害。影片不仅展现了如山一般的父爱,同时也表达了人们对生活的乐观主义态度:心若阳光,何处不美丽？

二、推荐书籍:《心理学与生活》

《心理学与生活》是一本优秀的、经典的心理学书籍,是美国斯坦福大学多年来使用的教材,也是在美国许多大学里推广使用的经典教材,被 ETS(美国教育考试服务中心)推荐为 GRE(美国研究生入学考试)心理学专项考试的主要参考用书,还是被许多国家大学的“普通心理学”课程选用的教材。本书内容涉及感觉、知觉、意识、智力、动机、情绪等多方面的内容,内容通俗易懂,更加深入生活,把心理学理论与知识联系到人们的日常生活与工作,是一本了解心理学与自己的极好的读物。如果对心理学感兴趣,不妨把这本书作为入门书籍。

第二章　大学生的自我意识及其培养

【学习目标】

1. 了解自我意识的概念和结构，了解大学生自我意识存在的问题及调整方式。

2. 掌握大学生自我意识发展的规律，正确区分自我意识状态和解决好认识自我的难题。

3. 能够发现自我、发展自我及完善自我。

【心理课堂】

一位画家把自己的一幅画送到画廊里展出，他别出心裁地放了一支笔，并附言："观赏者如果认为这画有欠佳之处，请在画上做上记号。"结果画展后，画面上标满了记号，几乎没有一处不被指责。过了几日，这位画家又画了一幅同样的画拿去展出，不过这次附言与上次不同，他请观赏者将他们最欣赏的妙笔都标上记号。当他再取回画时，看到画面又被涂满了记号，原先被指责的地方，却都换上了赞美的标记。画家陷入了沉思……

我们很难统一每个人的看法，每个人都有自己的思想和认识，如果不想被别人的观点和看法所左右，就必须有清晰的自我认知，并能够很好地接纳自己。只有能正确认识到自己的优势和不足，才能在学习和生活中扬长避短，发挥自己的潜能。

第一节　自我意识概述

一、自我意识及其结构

（一）自我意识的含义

人类对自我意识的真正研究始于欧洲的文艺复兴运动。笛卡儿首先提出了"自我意识"的概念。我们的全部个性、行为甚至能力都是建立在这个基础之上的。不少人并不能真正认识自己，更不能客观地评价和对待自己，导致和他人交往时出现很多问题，造成自己和他人心理上的困扰。

自我意识是指个体对自己各方面的认识，即个体对自己身心状态及自己与周围世界的关系的觉察和认识。正确认识自我是个体发展的最重要的前提。

（二）自我意识的结构

自我意识的结构，指的是自我意识的基本表现形式和心理成分构成。自我意识的结构可以从形式、内容及存在形式3个方面做一个划分。

1. 根据形式划分

在形式上，可以把自我意识分为自我认知、自我体验和自我调控3个层次。

自我认知是自己对自己身心特征的认识，即“我是一个什么样的人”。自我认知是自我意识的认知成分，也是自我意识的首要成分，又是自我调节控制的心理基础，它又包括自我感觉、自我概念、自我观察、自我分析和自我评价。

自我体验属于情绪范畴，它主要是一种自我的感受。如“我能悦纳自己吗?”“我对自己是否满意?”自我体验是自我意识在情感方面的表现。自尊心、自信心是自我体验的具体内容。自尊心指个体在社会比较过程中所获得的有关自我价值的积极的评价与体验。自信心是根据自己的能力是否适合所承担的任务而产生的自我体验。自信心与自尊心都是和自我评价紧密联系在一起的。

自我调控主要表现为人的意志行为。“我应该做什么?”“我如何成为理想的那种人?”“我如何改变自己?”自我调控是自我意识的意志成分，主要表现为个人对自己的行为、活动和态度的调控。它包括自我检查、自我监督、自我控制等。

2. 根据内容划分

在内容上，可以把自我意识分为生理自我、社会自我和心理自我3个层次。

生理自我是自我意识最原始的形态，主要是个体对自己身体、性别、年龄、身高、外貌等方面的认识。1周岁末，儿童开始将自己的动作和动作的对象、自己和自己的动作区分开来，并在与自我的交往中，根据自己的姓名、身体特征、行动和活动能力来看待自己，并作出一定的评价。生理自我在3岁左右基本成熟。

社会自我是自我概念的重要组成部分，主要是对自己的地位、角色和经济状况等方面的认识。个体通过追求名誉、地位等，争取得到他人的好感以获得自豪感。已有研究证明，社会自我在青少年晚期变得非常突出，并占据着重要的位置。

心理自我指对自己的知识、能力、情绪、兴趣、性格、气质、行为模式等方面的认识和体验。心理自我形成需要10年左右，一般从青春期到成年。发展到此阶段，个体能知觉和调节自己的心理活动，并根据社会需要和自身发展的要求调控自己的心理与行为。

3. 根据存在形式划分

在存在形式上，可以把自我意识分为现实自我、镜像自我和理想自我3个层次。

现实自我是个体从自己的立场出发，对自己当前总体实际状况的基本看法。它说的是现实生活中个体的真实情况，即目前的心理、生理、社会等方面的最真实的表现，也包括目前别人眼中的个体是什么样的情况。

镜像自我也称投射自我，是指个体想象自己在他人心目中的形象或他人对自己的基本看法；在与他人互动的过程中，通过感知他人对自己的反应和评价，建立起自己的自我意识、自我形象和自我评价。他人犹如一面镜子，我们正是从他人这面镜子里发现了自我，根据镜子里的这些形象是否符合自己的期望而产生满意或不满意的心情。同样，通过他人这面镜子，也就是通过他人的反应和评价，我们看到自己的风度、行为、性格等是否合适，是否需要修正。我们对他人眼中自己形象的想象，对他人关于这一形象评价的想象以及某种自我感觉，构成了自我认识。

理想自我则是指个体想要达到的比较完美的形象。它就是个体对自己的定位标准、目标。通俗来讲，就是我希望、期待我是什么样的人，是个人对“应当是”或“必须是”等的理想状态。

从自我观念存在的形式来看，现实自我是一种能被人感知到的客观存在，而镜像自我和理想自我是在个体大脑中的一种客观存在，容易受到个体的主观因素的影响，往往不稳定、易变化。研究表明，当现实自我和镜像自我一致时，个体会产生加快自我发展的倾向；反之，个体会感到别人不理解自己，或试图改变现实自我。当理想自我建立在个体的实际情况基础之上且符合社会要求和期望时，它就会指导现实自我积极适应并作用于内外环境，从而使自我意识获得快速发展。反之，如果理想自我、现实自我和社会要求三者之间有矛盾，就会引起个体内心的混乱，甚至会引起严重的心理疾病。

二、自我意识的特性

自我意识是人类所特有的心理系统，它具有意识性、社会性、能动性、同一性等特点。

（一）意识性

意识性是指个体对自己以及自己与周围世界的关系有着清晰、明确的理解和自觉的态度，而不是无意识或潜意识。根据马克思主义哲学可知，这种自我意识是主体我对客体我的一切主观能动的反映。

（二）社会性

自我意识是个体长期社会化的产物。这不仅因为它是在社会实践中产生的，而且因为它的主要内容是个体社会属性的反映。对自我本质的意识，不是意识到个体的生理特性，而是意识到个体的社会特性，意识到个体的社会角色，意识到个体在一定的社会关系和人际关系中的地位和作用，这是自我意识发展到成熟阶段的重要标志。

（三）能动性

自我意识的能动性表现在个体不仅能根据社会或他人的评价、态度和自己的实践信息来形成自我意识，而且还能根据自我意识调控自己的心理和行为。

（四）同一性

研究表明，一般需要经过 20 多年的发展，直到青年中后期才能形成比较稳定、成熟的自我意识。虽然这种自我意识有可能因个体实践的成败和他人的评价的改变而发生变化，但到青年期以后，个体对自己的基本认识和态度会保持同一性。正因为自我意识的同一性，个体才会表现出前后一致的心理面貌，从而使自己与其他人的个性区别开来。

三、自我意识的作用

个体的自我意识与个体的成长息息相关。自我意识在个体成长和发展中具有导航、自我控制、内省调节等功能。

（一）导航作用

目标是个体发展的导航机制。一个人要想成就一番事业，就必须从自身实际出发，制定明确的目标，只有这样才会激发自身的潜能。人通过正确地自我认识，确立较为合理的“理想自我”，就为个人将来的发展确定了目标，对个人的认知、情感、意志、行动会产生很大影响，是个体发展的动力。对于自我意识健全的个体而言，在从事一项活动之前，活动的目的和结果就以观念的形式存在于其头脑之中了，并且个体依此作出计划，指导自己的活动，从而达到预期的目标。

（二）自控作用

如果一个人有了发展目标而不付诸行动，那么结果仍然会一无所获。个体要想将来有所建树，必须要有科学的目标，自立、自主、自信、自制的意识，并对自己偏离目标的情感和行动加以调节和控制。在通往成功的大道上，很多人与成功失之交臂，并不是因为缺乏机会和才华，而是因为缺乏自我控制的意识和能力。自我控制是自我意识发挥能动作用的一个重要表现，它是目标的保护神，是成功的卫士，是自我意识的一项很重要的功能。缺乏自我控制意识和能力的人，是盲目、情绪化的人，缺乏恒心与毅力的人，终将一事无成。

（三）内省作用

自我意识健全的个体，不仅能够确立符合个体实际情况的“理想自我”，而且能够通过自我控制来实现预期目标。而由于主客观条件的制约，“理想自我”的实现常常会遇到各种障碍，致使个体产生不同程度的挫折感。这时，自我意识就会对自己的认识、情感、意志、行为等进行反省，找到受挫折的主客观原因，并重新调整认识，形成新的“理想自我”,使其与“现实自我”趋于统一。内省和调节就是个体成长中所进行的自我监督和自我教育,每个人要想实现“理想自我”,就需要有积极的自我意识,随时对自我的认识、情感、意志和行为加以反省和调节。

第二节　自我意识的产生和发展

一、自我意识发展的规律

(一)生理自我的形成

生理自我的形成期为1~3周岁。此时,幼儿已经把自己从一个客体的我逐步转化为一个主体的我来认识,一般对自己的身体、动作以及个人的所有物等都有一定的认识,所以人们把此阶段称为生理自我的形成期。

(二)社会自我的形成

社会自我的形成期为3~12周岁。该阶段个体尚未了解自己的心理状况,自我评价、自我控制能力很弱。但他们已经认识到自己是一个主体,也能认识自己的行为,但是不了解情绪是自己的一种主观感受,他们通常依靠成年人的评价或观点来认识外部世界。

(三)心理自我的形成

心理自我的快速发展期为12~18周岁。在这个时期,个体首先对自己或他人的内心世界,如人的性格、气质、能力、爱好、理想等内在品质产生兴趣,渴望了解自己或他人的心理;其次学会用自己的观点评价事物,将自己的思想和行为涂上个人色彩;然后有较高的追求,产生了与价值观或社会要求一致的理想自我;最后抽象、概括思维能力有明显的提高,能对一些具体事物或情境,作出一些理性思考。

(四)自我意识的分化、矛盾和统一

自我意识的分化、矛盾和统一时期为18周岁以上。这段时期正是大学期间:大一主要处于自我意识分化时期,大二和大三是内心矛盾冲突最尖锐、思想斗争最激烈的时期,大三、大四是自我意识趋于统一的时期。大学生不同时期的自我意识的表现,充分显示了“分化→统一→再分化→再统一”这一规律。

1. 自我意识的分化

自我意识的分化是自我意识走向成熟的标志,它使大学生主动迅速地关注自己的内心世界和行为。由此而来的种种激动不安、焦虑、喜悦和自我沉思也增多了,他们要求有自己的一片空间和世界,渴望能够得到别人的理解和关注,以满足个人的需求。

2. 自我意识的矛盾

自我意识的分化使大学生意识到自己不曾注意的许多关于“我”的细节。同时，理想自我与现实自我的矛盾冲突，使得自我不能统一、自我形象不能确立、自我概念不能形成，还给大学生带来内心的痛苦和不安。他们对自我的评价往往是矛盾的，对自我的态度常常是不稳定的，对自我的控制常常是不果断的。归纳起来，当代大学生自我意识的矛盾冲突主要表现为如下几个方面：一是理想自我与现实自我的矛盾，二是独立与依附的心理冲突，三是交往与封闭的心理冲突。

3. 自我意识的统一

自我意识的分化所带来的痛苦不断促使大学生寻求自我意识统一的方法。自我统一性主要指主体我与客观我的统一，自我与客观环境的统一，理想我与现实我的统一，也表现为自我认识、自我体验、自我控制的和谐统一。个体在社会背景、生活经验、智力水平、追求目标等方面存在差异，因此大学生自我意识分化和统一的途径不同，其结果和类型也不同，主要有自我肯定型——积极的统一，自我否定和自我膨胀型——消极的统一，自我萎缩型——难以统一。

二、大学生自我意识的主要类型

（一）自我肯定

这类大学生自我意识中的理想自我既比较符合社会发展要求和社会期望，又比较切合大学生自身的实际情况，是经过积极努力能够达到的。这种类型的自我意识的显著特点就是不断地提升现实自我，使之与理想自我达到统一。

（二）自我矛盾

理想自我与现实自我之间的冲突是大学生自我意识矛盾最突出、最集中的表现。心理学研究表明，理想自我与现实自我的差距与矛盾会随着年龄的增长而有所变动。大学时期理想自我与现实自我之间的差距最大，典型表现是自我认识、自我体验和自我调控能力缺乏稳定性、一贯性和持久性。

（三）自我否定

这种类型的大学生通常对自我意识中现实自我的评价过低，使得理想自我和现实自我的差距非常大，以致他们认为经过努力也无法实现理想自我；或尽管两者之间距离不大，但个人自我控制能力较弱，前进的动力不强，心态不够积极，直接制约理想自我的实现。自我否定类型的大学生通常认为自己无法改变现实自我，只有放弃理想自我，服从现实自我，从而埋没或浪费了自己应有的才华。

（四）自我扩张

这类大学生往往盲目自信、心高气傲、自吹自擂、自我放大。这种类型的自我意识的共同点是对现实自我的估计过高或虚假判断，使之与理想自我趋于统一。

（五）自我萎缩

当大学生感到理想自我很难实现，甚至永远无法实现，而现实自我往往提高非常缓慢，甚至无法改变，以致无法容忍时，就会出现自暴自弃、自责内疚等消极情绪，这就是大学生自我意识的萎缩。这类大学生非常清楚地认识到理想自我的缺失，对现实自我又非常不满，以致感到非常自卑，出现自轻、自贱、自责等严重的不良心理或一定程度的行为障碍。

三、大学生自我意识发展的主要特征

（一）自我认识自觉、符合实际，具有客观性

通过对种种问题的反思和反省，借助积累的各种知识和社会生活经验，大学生逐步形成了一个比较完整的、丰富的、客观的自我认识。

大学生的自我评价建立在自我认识的基础之上。所谓自我评价，是指个体对自己是否满意的一种心理体验。随着大众传播媒体对当前社会形势全方位和持续深入的介绍，大学生社区服务和"三下乡"活动的开展以及各种社会调查的进行，大学生对理想自我和现实自我的认识和评价更趋清晰、客观。

（二）自我体验敏感、强烈，具有丰富性

大学生的自我体验是在自我认识和评价的基础上产生的。处在青年期的大学生自我体验总体上是比较丰富的。自我体验带有直觉性和情境性。如大学生有时从顿悟和苦思冥想中产生自我情绪体验，有时也容易受到小说、电影、美术等文艺作品和突发事件的影响。

此外，大学生对涉及自我的一切事物都非常敏感，在学习和各项活动中争强好胜，一旦受挫和失败就会产生内疚和压抑的情绪。成功与失败都会引起大学生强烈的情绪反应。

（三）自我调控主动、持久，具有积极性

自我调控的确立，是大学生自我意识成熟的重要标志之一。大学生在自我调控方面不仅积极主动，而且能够按照一定的标准和要求长期有效地调控自己的心理、语言和行为，使之服务于理想自我的实现。

大学生自我调控能力的明显提高主要表现为自我意识的自觉性、坚持性、独立性和稳定性等都有较大的发展。一方面，一些大学生强烈要求独立、自立和自制，渴望摆脱父母、老师的束缚，不喜欢有人过多地干预、指责、干扰和控制他们的言行；另一方面，他们乐于接受新思想，喜欢与别人相处。

（四）自我形象设计强烈、丰富，具有完善性

多数大学生对自己的未来充满了信心、向往和期待，希望能过上一种自由自在、符合自己愿望的生活，因此许多大学生都有非常强烈的自我设计的欲望。

自我形象具有丰富性、完整性、社会性和稳定性。

第三节　常见的自我意识偏差及调适

一、过度自卑心理的问题及调适

（一）自卑心理对大学生的影响

1. 自卑心理对大学生学习方面的影响

自卑心理直接影响大学生的情绪，而这种消极情绪会大大降低学习效率。因为自卑的学生怀疑自己的能力，在困难面前畏惧不前，缺乏竞争意识，所以也就失去了许多宝贵的机会。

2. 自卑心理对大学生身心健康的危害

长时间的自卑会带来情绪上的压抑。一方面使学生消沉、放纵自己；另一方面使学生自怜、自怨、自艾、自责及挫折感增强，严重时可能并发抑郁症、焦虑症、人格分裂等心理疾病，同时还对身体健康造成严重的损害。长期自卑的学生，大脑皮层活动减弱，体内各器官的生理功能降低，同时免疫系统抗病能力下降，容易患感冒、胃病及产生头疼、记忆力减弱等症状。

3. 自卑心理对大学生人际关系及社会产生的负面影响

自卑的学生因为对自己的评价较低，所以也会认为别人轻视、看不起自己，于是对别人的态度和评价斤斤计较。这种敏感和对人刻薄的态度往往表现为不愿与人交往，常常拒绝甚至敌视别人善意的帮助，无端制造人际关系矛盾。长时间的自卑心理还容易使一部分学生走上极端，他们或消极厌世，或愤世嫉俗，甚至会走上犯罪道路，对他人造成伤害，给社会带来不良影响。

（二）大学生形成自卑心理的原因

导致大学生自卑的因素非常多，而且复杂，既有不可改变的客观因素，也有自身难以把握的主观因素。总的来说有以下几方面。

1. 社会环境因素

随着经济的迅速发展，社会竞争也日趋激烈，人们的工作和生存压力增大。信息化的时代、快节奏的生活，考验着每一个人，当然也影响和困扰着敏感的大学生，致使他们中的一些人产生认知行为上的偏差。有许多大学生从大一起就开始考虑将来的

出路问题——毕业后怎么办？为此，有相当一部分学生不惜花很多精力、财力去准备让自己感到烦躁的各类考试。

2. 家庭环境因素

家庭是社会的细胞，父母是不能选择和改变的客观事实。大学生出身于不同的家庭，而每个家庭的境况又千差万别，因此家庭对个人的成长有着巨大的影响，而且影响也各不相同。如父母对子女管教特别严格，望子成龙心切，这样的家庭出来的大学生，往往表现出性格上很不自立，尤其在人际交往过程中会出现懦弱、自卑等现象。

3. 个体自身因素

由于早期生活背景及成长道路的不同，大学生在生理发育、文化素养、智力、气质、能力等方面均有一定的差异。有的学生的自卑心理诱因是生理发育方面的，如五官不够端正、身体有残疾或缺陷等；有的学生的自卑心理诱因是思想认识、文化素养方面的，如对自己缺乏客观合理的过高期望，特别是拿自己的缺点与别人的优点做比较，就会越发感到自己不如别人，从而产生更加消极的自我暗示；有的学生的自卑心理诱因是性格、气质方面的，如内向、孤僻等；还有的学生的自卑心理诱因是缺乏成功的经验，承受挫折能力差，如感到自我设计的蓝图难以实现时，便产生强烈的挫折感。

（三）大学生自卑心理的调适

大学生自卑心理的调适方法主要有两个方面：一是找他人求助，二是自我调控。

1. 自我认知法

这里的自我认知，就是通过全面、客观、辩证地看待自己和别人，认识到人不可能是十全十美的。要学会正确地评价自己，按照自己的能力水平确定发展目标。要接纳自己的缺点，悦纳自己的长处，将自己的兴趣、爱好、能力及特长全部列出来，哪怕是很细微的东西也不要忽略，然后再和他人做比较。既不要妄自菲薄，也不要妄自尊大，要以积极的心态摆脱自卑的阴影，重新找回自信。

2. 补偿表现法

“补偿”是一种掩盖和弥补自己某些心理缺陷和不足，保持心理平衡的有效方式。实际上就是通过努力，以某一方面的成就来补偿自身的缺陷。有自卑心理的大学生要善用“补偿”的方式充实自己，以勤补拙，以长补短。对于客观存在的缺陷或不足，如果能改变（比如由口吃、学业不佳引起的自卑），应该让自卑化为全力以赴的动力而加以改正。

“表现”就是适当表现自己。如果对某个问题胸有成竹，就要敢于发表自己的想法，努力克服“只想不做”的思想。同时多做一些力所能及的事情，在小事中循序渐进地增强自信。要学会助人为乐，关心帮助他人，这样能使自己获得精神上的满足，从而克服自卑感。

3. 情绪宣泄法

宣泄是人的一种正常的心理和生理需求，也是一种心理防卫形式。宣泄方法主要是创造一种情境，使心理压抑的大学生可以自由地表达受压抑的情感，从而释放心理压力。

倾诉宣泄是一种排遣感情和进行自我心理调节的方式。主动寻求帮助，向家人、老师、朋友倾诉胸中抑郁，尤其是找心理咨询师咨询，可以很快摆脱自卑心理的干扰。

另外，做体能运动及参加文体活动，寄情山水风光、文学创作、音乐书法等，也可以将郁积在心中的不良情绪宣泄殆尽。写日记、写不寄出的信，或到荒郊野外痛哭、大声叫喊，也可以达到宣泄的目的。冲热水澡也是一种极好的宣泄方法，洗澡时要注意外洗污垢内洗心灵垃圾——各种烦恼与不快，洗完后身心舒畅，精神振奋。

4. 自我暗示法

暗示法是一种现代心理治疗、心理训练中广泛运用的调节身心机能的方法。分为他人暗示和自我暗示两种。所谓自我暗示，从心理学角度讲，就是通过语言、形象、想象等方式，对自身施加影响的心理过程。这种自我暗示，常常会于不知不觉中对自己的意志乃至生理状态产生影响。当面临某种情况感到自信心不足时，不妨自己给自己壮胆："我行，我能行！我一定会成功！"自我暗示最好选择在早晨刚醒、中午午休和晚上入睡前，这样效果更好。

积极调控身心，逐步培养自信心，是克服自卑心理的关键。"只有充满自信的人，才能在任何地方都把自信沉浸在生活之中，并实现自己的意识。"自信心强的人，必定能克服自卑，战胜自卑。

二、自我中心心理的问题及调适

（一）自我中心心理对大学生的影响

每个人心中都或多或少地有一点"本我"的私心，只不过有些人只有"本我"，没有"他我"，处处以自我为中心。自我中心是人的一种个性特征，在交往中是一种严重的心理障碍。自我中心者为人处世以自己的需要和兴趣为中心，只关心自己的利益得失，而不考虑别人的兴趣和利益，完全从自己的角度和经验去认识和解决问题，似乎自己的认识和态度就是他人的认识和态度，盲目地坚持自己的意见。自我中心心理对大学生的影响主要表现在以下 3 个方面。

1. 导致大学生少关心别人，与他人关系疏远

由于自我中心的人时时事事都从自己的利益出发，不顾别人，无事不登三宝殿，而不求于人时，则对人没有丝毫热情，似乎人人都是为他服务的。实际上，人类的交往是互惠的，"人人为我，我为人人"，对于这种自我中心的人，任何人都不愿以大的代价去获得小的收益。

2. 使大学生产生固执己见、唯我独尊的观念

自我中心的人在人群中总是以自己的态度作为别人态度的“向导”,认为别人都应该与其持有一样的态度,而且这种人在明知别人正确时,也不愿意改变自己的态度或接受别人的态度,因而难以从态度、价值观的层次上与别人进行交往,整个交往的水平很低。

3. 造成大学生自尊心过强、过度防卫、有明显的嫉妒心

自我中心的人有很强的自尊心,不愿损伤自己的自尊、强烈地维护着自己,因此他们不希望或不愿意别人在自己之上,对别人的成绩、成功非常地嫉妒,对别人的失败幸灾乐祸,不向别人提供任何有益的信息。

(二)大学生形成自我中心心理的原因

大学生自我中心心理的形成有多种因素,家庭的娇纵、学校教育的缺失、社会的不良影响、人生经历平顺、缺少人际交往等都是主要的原因。

1. 家庭的娇纵

大学生形成自我中心的性格,与家人从小对他们的娇纵有很大的关系。这些人往往是独生子女,或是家中唯一的男孩,或是最小的孩子。父母、亲人对他们宠爱有加,有求必应,尽可能满足他们的一切要求,一家子围着他们转。有的是放纵不管,只养不教。这样,就养成了他们以“我”为中心,骄傲自大,别人动不得他们一根“毫毛”,只允许他们伤害别人的不良性格。

2. 学校教育的缺失

国家要求学生德智体美全面发展,但不少学校只注重智育,忽视其他教育。尤其是不重视人生观、价值观方面的教育和道德教育、法律教育。一些学生在进入大学时已有“自我中心”性格的雏形,由于缺乏深入细致、富有成效的人际关系教育、情感教育、集体主义教育、责任意识教育等,不能正确认识和处理人际关系,致使这种性格得不到改变,反而在各种不良因素影响下畸形发展,更趋成型。

3. 社会的不良影响

随着市场经济的发展,一些不良思想乘虚而入,个人主义等通过各种渠道影响着当代的大学生。特别是一些书籍、电影和网络传媒,宣扬极端个人主义、自我中心、我行我素、损人利己的思想和个性。目空一切、不可一世、漠视生命、冷血凶残、为所欲为的不良个性,对部分学生的人生观、价值观产生很坏的影响,一些学生逐渐形成自我中心的性格。

4. 人生经历平顺

当代的大学生基本上都是“90”后和“00”后,家庭条件大多比较好,部分是独生子女，人生经历简单而平顺，基本上没有经受挫折和逆境，不了解人生的复杂和艰辛，不知道如何处理人与人之间的关系。这就容易导致有些学生以为世上一切都尽遂人意，可以支配一切，一切以“我”为中心，一旦遇到违逆个人意愿的事情，他们就无法承受。

5. 缺少人际交往

一些大学生从小自我封闭，不喜欢与人交往，不了解别人，不了解社会，也不懂得尊重别人，只顾自己，慢慢就产生自以为是、自视过高，自我膨胀的观念，形成自我中心的性格。

（三）大学生自我中心心理的调适

1. 在班级建设中建立个体认同的共同目标

自我中心的解除必须要在团体活动中实现。学校的班级就是一个社会性团体，它能为大学生自我中心的解除提供大量的集体活动。大学生在班集体生活中体验团结、协作；同时，班集体也为他们学习倾听、全面思考提供机会。在班级建设中，教给大学生一些有效的互动技巧是必要的，如学会倾听、在谈话中寻求共同点等。有效的社会性交往和社会性互动是建立个体认同的共同目标的有效途径。

2. 培养同理心，提高社会视角转换的能力

社会视角转换是一种社会认知技能，指人在日常交往中有目的地摆脱自我的限制，在自我与交往对象之间转换观察问题的角度，进行观点的比较，设身处地地体验他人的思想情感，以获得较为客观的认识或结论。进行社会视角转换的训练，有以下几种方式：创设情境，反复体验，组织开展以培养同理心为目标的主题团体辅导活动，让成员通过商讨、体验，完成共同的发展任务；角色扮演，在某个冲突性场景中让个体前后扮演两个冲突的角色，体验不同角色的内心冲突；换位思维，针对某一矛盾情境，让个体分别站在矛盾的双方说明自己的理由和局限性，训练换位思维的能力；进行作文训练，让个体描写矛盾双方的心理活动，以提高其社会视角转换能力。

3. 提升思维水平，培养辩证思考的能力

自我中心最初在个体身上的表现是认知的局限性。因此，思维水平的提高能够帮助个体解除自我中心。辩证思考是一种思维方式，也是一种思维水平。它能使人从事物相互对立又相互统一的两个方面去分析、评价，从而摆脱偏见，获得科学的认识；在待人处事中了解对方的“主观自我”，即他对自己的认识与评价，从而实现对对方客观、全面的认识。因此，培养辩证思考的能力能够帮助大学生避免思维的片面性和狭隘性，学会全面思考。

4. 进行行为训练，矫正不良行为方式

行为主义认为行为是环境因素的产物。具有自我中心特点的不良行为的矫正可以通过改变环境因素实现。观察学习、对良好行为的奖励和对自我中心行为的惩罚等都是矫正自我中心的方法。但值得注意的是，行为训练必须结合认知改变、情感体验进行，才能取得预期的效果。

5. 培养克己容人的态度

克己容人是人际沟通的心理条件，指人在日常交往中主动地接纳他人，给予他人尊重、理解与帮助。能够克己容人的人在人际交往中有更大的吸引力。克己容人集中体现在他人的情感相容，能克服自己的好恶与偏见，对同学宽容、理解；允许别人犯错误，更欢迎他们的改正与进步；竭尽全力帮助他人，从而使同学们感受到自己的宽厚与诚意。

6. 接受传统文化的熏陶，培养正确的价值观

中国的传统文化倡导集体主义。在解除自我中心的过程中，可以挖掘传统文化的有利因素，继承传统文化中优秀的部分，培养替他人着想、尊老爱幼、乐于助人的美德。同时，大学生要认识到自我中心体现出来的价值观实质上是个人主义和极端的利己主义，只有树立正确的价值观，才能消除自我中心心理的影响。

三、从众心理的问题及调适

（一）从众心理对大学生的影响

从众行为对大学生的影响既有积极意义，也有消极意义，主要体现在以下几个方面。

1. 从众是个体适应社会生活的必要手段

一个民族需要共同的价值与道德观、共同的行为方式，作为负有社会化责任的大学校园更是如此。对于大学生而言，如果不能与班集体里的同学保持一致，那他就会被群体视作异类。反之，采取从众行为融入群体中去，便可以减少心理冲突，获取心理上的平衡。有很多大一新生就存在这样的情况，由于刚踏入大学校园，离开家长贴身的照顾，时感孤独寂寞，为了和同学打成一片便采取从众行为。

2. 理性的从众行为有利于大学生道德社会化

群体是社会道德内化为个体道德的重要载体，也是影响个体的具体形式。个体往往对照周围的人来决定自己的行为、感知自己的价值，并通过整体反馈的价值取向，来调整自己的价值取向。当代大学生的心理特点为：独立意识增强，但仍有较强的依赖性；社交需求强烈；求知欲旺盛；自我期望值高，等等。这些心理特点决定了大学生对所属群体具有较强的归属需要，而要获得归属感，从众就是一个必然选择。大学生对所属群体的从众，有益于具有开创性的大学生群体亚文化的形成及发展，促进社会主流道德的发展和完善，并产生德育的群体效应。

3. 盲目地从众使个体失去个性和创造性

从众行为是在群体压力下发生的，盲目从众会使自己失去个性，限制自己创造性思维的发展，从而失去接受挑战的机会。大学时代是追求个性、完善人格的时期，盲目地从众会使思维形成依赖性，遇事不动脑筋就随从于别人。尤其是那些在班级、宿舍中处于劣势，容易放弃已见而从众的学生，就更不可能在大学期间完成真正锻炼自我的任务。久而久之会形成强烈的依赖性，自我意识弱化，独立性较差，毫无主见。即便是从众“错了”，也会因为比自己强的人也错了而获得自我解脱的平衡感，这就相当令人感到悲哀了。

4. 被动从众诱发大学生心理障碍

一味从众也容易导致大学生出现心理障碍。从众的直接表现便是趋之若鹜。从众心理人皆有之，但以被动为前提的从众只会让自己失去独特的个性和价值，带来的只有迷茫和无措。

（二）大学生产生从众心理的原因分析

1. 整体环境因素

1）传统文化中的“群体归属”意识

中国传统文化中“忠”和“孝”的异化导致了中国民众普遍存在着人格依附，个性在中国社会中一向没有地位。人们把个体看作群体的一个细胞，一个极微弱的部分，个人应该绝对地遵从群体。人的才能和价值表现在他人的评价上，是群体给予的，而不是本来就有的。这使中国人尤其注重周围人的评价和社会的舆论。从某种程度上讲，社会舆论和公众评价对中国人性格的形成起着很大的作用。有学者提出，中国文化是与西方“罪感文化”不同的“耻感文化”。罪感实际上是一种过错感，人们依靠对行为的理性判断，认识到自己某些行为中的过错，再对自己的行为进行约束。相反，在耻感文化中，人们则是依赖别人的反应引起自己的羞耻心，再由羞耻心对自己的行为进行控制。这种通过羞耻感实现个体社会化的手段，不利于个体独立判断能力的培养。一项关于中国青年价值观的本土化研究得出这样的结论：“中国青年的价值选择总是与他人、特定的情境紧密相连，其‘个人’或‘自我’的概念总是与团体或他人相互依赖。”

2）特殊的社会大环境

转型期多元化的社会价值观念，使大学生茫然而无所适从。加上全球化浪潮的涌动，各种文化流派纷呈，传统的价值观念与行为规范正处于解构和重构之中，新的价值观念与行为规范尚未明确，许多新问题是父母和家庭所解决不了的。价值取向多元化导致情境的模糊性，这种模糊性可能是客观存在的，也可能是人为造成的。在模糊情境中，人们不自觉地以他人的确定行为为准则作出与他人一致的行为或行为反应倾向。我国高等教育大众化给人们带来更多的受教育机会，高校的培养方式、教学理念以及师生关系的变化，促使大学生的价值观趋向多元化，从而导致了大学生行为决策情境的模糊性。

3）大学扩招导致大学生整体质量下降、师资力量不足

一方面，高等教育大众化背景下大学生的生源质量下降。我国的高等教育多年的大规模扩招，使得精英教育被大众教育取代。一部分学生学习目的不明确，缺乏判断力、审美感和自信心，没有主见，人云亦云，易于盲目模仿他人行为。另一方面，高等教育大众化背景下大学生的独立性较差。目前，我国教育体制强调升学率，忽视了对学生独立人格的培养，加之独生子女大学生越来越多，他们事事依靠父母，进入大学后，依然存在这种依赖心理，这部分学生易于依附同学、盲目从众。

此外，随着我国高等教育发展到大众化阶段，大学生的数量大幅度增加，但我国高校教育资源的增长水平并没有同步增加。教育资源不足，尤其是师资力量的不足使大学教育由原来的"精耕细作"模式变成了"批量生产"模式。在新的价值观念与行为规范尚未明确时，大学生会遇到新的、更复杂的问题，他们亟须教师的开导和帮助。但是，教师不可能对每一位学生都悉心教导，不少大学生会感到茫然无助，因此他们倾向于通过模仿学生群体或社会群体的思维模式来解决问题。

2. 群体因素

1）正式群体的影响

群体是沟通个人与社会的桥梁，从众心理是一种属于群体心理范畴的心理现象。社会心理学家认为，在群体中多数人的观点和意见会对少数个人产生心理影响，这种意见会产生一种无形的力量，使每一个成员自觉或不自觉地保持着与大多数人的一致性。当一个人的意见与大多数人的意见和行为不一致时，他就会感到紧张，这种紧张来自对偏离群体的恐惧。所以，如果一个人不愿意处于孤立的境地，他就会在群体的压力面前，顺从大多数人的意见，也就是从众。大学生正是通过宿舍、班级、学校等不同规模的群体，保持与社会的联系与沟通。大学生心理，必然受到所属大学生群体心理的制约和影响。

2）非正式群体的影响

非正式群体是指出于共同的爱好、兴趣、志向、特长以及其他共同因素，在感情和友谊的维系下自发形成的小群体。这种群体是自发形成的，没有成文的规章制度，但群体内部有自己的规则。大学生正处于青年期，心理发展还不很成熟，具有较强烈的合群心理；而高校生活基本上以集体形式进行，活动空间相对封闭，因此，大学生很容易组成非正式群体。为了融入这样的小团体，大学生必须遵守小团体内部不成文的规定，有时不得不放弃自己的个性、主张，表现出与大部分学生一致的心理和行为。

3. 个体因素

年龄、性别、学习及生活经历等都是产生从众心理的因素。不同类型的个体，其

从众行为的程度有着不同的表现。普遍来说，年龄大的低于年龄小的，文化程度高的低于文化程度低的，外向自信的低于内向自卑的，男性低于女性，阅历丰富的低于阅历浅的。美国心理学家针对大学生从众心理提出，具有以下特点的人容易产生从众心理：智能较不发达，思维过程缓慢，缺乏己见，坚韧性不强，应激能力较差，情绪沮丧，有明显的自卑感，自信心不足，自尊心不强，人际交往消极被动，容易受人暗示，依赖性强。大学生由于自身的世界观、人生观还不成熟，很容易在外界的干预下放弃自己的主张而盲从别人的意见，难以形成自己的意见，从而产生从众行为。

（三）大学生从众心理的调适

1. 广泛参与活动

由于活动天地狭窄，大学生与他人打交道少，所以容易被上述种种原因左右，从而产生从众心理。如果大学生扩大自己的活动范围，广泛与人交往，就可以克服消极的从众心理。

2. 提高知识水准

俗话说，无知出偏见，真知出灼见。这是很有道理的。事实表明，无论哪种原因造成的从众，都是由不确切而扭曲的信息导致的。因此，透彻地了解事实有助于克服消极从众心理。大学生具有努力学习、增长知识、加强文化修养，才能有效避免从众。

3. 培养自尊心与自信心

一个自尊心强、自信心足的人，表面服从或盲目从众的可能性是很小的。因此，青年人要想避免或克服消极的从众行为，就应当培养自尊心与自信心。但是，过分的自尊或自信对克服从众是不利的。真正自尊的人，必须尊重他人，还必须严于律己、宽以待人。同样，真正自信的人，一定要以自己相应的“实力”为基础，不断地提高自己的真实本领。只有对自尊与自信采取如此态度，才有助于避免与克服消极的从众行为。

4. 提高自制性与独立性

一个善于控制自己、具有独立自主精神的人，是不大会产生消极的从众行为的。因此，大学生必须提高意志的自制性与性格的独立性，才能避免与消除盲目从众或表面服从的心理。一个具有自制性的人，一方面善于迫使自己去执行已经采取的决定，并能战胜与执行决定相对抗的一切因素；另一方面还善于抑制消极情绪与冲动行为，并能适时地调控自己的行动。一个独立性很强的人，遇事有主见，不人云亦云；行动有目标，不亦步亦趋；做人有信念、有理想，即使在十分困难的情境中，也不会放弃原则，作出违背良心的事情来。

四、完美主义心理的问题及调适

(一)完美主义心理对大学生的影响

1. 对心理状态的影响

完美主义者具有强迫型人格,总是强迫自己达到完美的目标。而完美往往是可望而不可即的,目标越高压力越大。如果完美的目标不能达到,就会产生一种挫败感,压力和挫败感导致自我否定等消极思想的产生,这样就削弱了一个人自信乐观的精神。

2. 对思维方式的影响

完美主义者总是喜欢说:“我要么不做,要么就做到最好。”他们看问题往往只有完美或不完美、成功或失败两个点,这是一种极端的思维方式。他们一味追求完美,将思维局限于自己的完美计划,忽略别人的建议。这就导致了他们容易固执、钻牛角尖。完美主义者还喜欢说:“这件事情我本应该做得更好。”他们对自己的要求过高,在不能达到完美标准的情况下,总是喜欢强调“应该如何”而不是强调“事实如何”。

3. 对行为方式的影响

根据二八法则,百分之八十的事情只需要百分之二十的时间去完成,而其余百分之二十的事情却需要百分之八十的时间去完成。完美主义者却希望用百分之百的时间获取百分之百的完美。完美主义者喜欢制订周密繁多的计划以做到万无一失,而执行计划却往往半途而废。这是由于他们只知道追求完美,不善于选择,所以计划的实施总是不能达到预想的完美标准。所以,一个完美主义者的计划并不是一个完美的计划,过度计划会导致行为瘫痪。

4. 对人际关系的影响

水至清则无鱼,人至察则无徒。一个完美主义者往往对别人的能力不够信任,认为别人无法达到他所要求的完美标准,而且完美主义者在严格要求个人的同时,也会严格要求别人;以强迫性人格影响自己的同时,也以强迫性人格影响别人。对别人的苛求导致了别人的反感,从而对个人的人际关系产生消极影响。

(二)大学生完美主义心理的原因分析

“完美主义就是要求十全十美”,这样的表述是毫无意义的。完美主义,最根本、最简单的形式是一体两面的一对诉求:趋近好的和远离坏的。幼儿的特征就是“非好即坏”的二分法思维。而成人的世界就复杂多了,当一个人更多地以二分法思维面对现实世界时,其结果必然就是,在趋近与逃避之间斗争,在完美与全否之间切换。

因此,对于好坏事实的判断与公认标准的差距,是一个重要的症状划分标准。“完美”在事实上不可得,但却顽固地要求完美,于是完美主义者只能以内部平衡的方式营造某种完美的假象。但是,当他们再也无法在现实的冲击中,维持自欺欺人的完美假象时,将不可避免地滑入另一个认知极端,即全盘否定一切。

正是因为完美主义，人们才能借着反省的名义，把对自己的不满意放大成自卑，然后进行讨伐，人为制造心灵世界的战争。于是，把促使自己进步的动力，变成了自我惩罚的凶器。

(三)大学生完美主义心理的调适

1. 接受“瑕疵”

没有“瑕疵”的事物是不存在的，盲目地追求一个虚幻的境界只能是劳而无功。生活中绝不可能一帆风顺，遇到挫折和处于低谷时，自信和乐观尤为重要，切不可自暴自弃。学会换个角度看问题，正因为生活中有让你感到沮丧、绝望的问题，你才会付出更多努力，才更懂得珍惜所得到的，即便事情不尽如人意，即便失败，也不要气馁，那和成功一样，构成丰富的人生体验。人只有经受住失败的痛苦，才能到达成功的巅峰，不要为了一件事未做到尽善尽美而自怨自艾。

2. 正确认知自我

既不要把自己的能力估计得太高，也不要过于自卑。要依靠自己的长处培养自尊、自豪和工作兴趣，不要在自己的短处上去与人竞争。不要对自己太苛刻，不要为了让周围每一个人都对你满意而处处谨小慎微，必要时要有“我行我素”的气魄，做事要对得起自己的努力和良心，不要太在意他人对自己的评价。否则，遇到挫折就可能导致身心疲惫。

3. 设定短期合理目标

实际上，当你不追求完美，而只是希望表现良好时，往往会出乎意料地取得最佳成绩。寻找一件自己完全有能力做好的事，然后去把它做好。这样你的心情就会轻松自然，行事也会较有信心，感到自己更有创造力且更有成效。你的生活也会因此而丰富充实起来，变得富有色彩。

4. 学会放松和排解不快情绪

情绪的过分紧张和焦虑，会影响一个人解决问题的能力。而生活中常常会遇到一些始料不及的事，应学会调节自己的情绪，保持生活的规律和睡眠的充足，以饱满的精神状态面对并解决问题。学会通过倾诉和寻求帮助来排解不愉快，生活中绝大多数人都有一颗助人为乐的心，找一个听你诉苦的朋友不会是太难的事。

五、逆反心理的问题及调适

(一)逆反心理对大学生的影响

1. 使大学生的行为具有盲目性

逆反心理过强的大学生，凡事都横加抵制和反对，想干就干，不顾后果，不听任何劝阻，情绪主宰一切。自己不感兴趣或不高兴的事，不管正确与否都进行抵抗，甚至反其道而行之。这样的大学生在人际交往中必然会产生很多的心理困扰，而长时间的行为与社会不协调则会导致心理疾病。

2. 大学生对学校要求产生抵触

受逆反心理的影响，大学生有时会对学校的老师和学生干部心存偏见，以漠视、抵触、敌对的态度对待学校老师的劝导和要求。这种无视和对抗社会行为规范的表现易使大学生作出触犯法律的行为，同样会造成大学生孤僻、冷漠心理的形成。

3. 大学生容易放纵自我

存在逆反心理的大学生思想放纵、行为肆意、做事无准则，不考虑什么该做、什么不该做，只图一时的痛快。这必然会成为大学生心理问题的元凶。

（二）大学生逆反心理的原因分析

大学生的逆反心理并不是凭空产生的，而是在长期的生活和学习中受主观因素和客观因素的共同影响才形成的。

1. 主观因素

从主观因素这个角度来说，逆反心理与大学生的生理和心理有着密不可分的关系。

（1）大学生在生理方面的发育趋于成熟，其性别意识、性意识也逐渐得到强化，进而形成强烈的个性意识、自我意识、独立意识和成人意识。这些意识使他们觉得自己已经是成人，理应自我管理，可以摆脱家长和老师多方面的约束。面对老师的教育和父母的教诲，他们有意或无意地回避，甚至有时会觉得非常反感和不耐烦。这些都是逆反心理的表现。

（2）大学生思维的批判性较以前有了很大的发展，思维方式、思维视角向着逆向思维、多向思维和发散思维的方向发展，为逆反心理提供了心理基础和可能。

（3）大学生的感性大于理性，其情绪的两极化表现得非常强烈。在受到客观条件的刺激或者他人的暗示时，他们对一件事物的认知很容易动摇，从一个极端走向另一个极端，从而在认知上出现片面、偏激、固执和极端化现象，这也会导致逆反心理的产生。

2. 客观因素

从客观因素这个角度来看，影响大学生逆反心理的因素包括家庭因素、学校教育因素、社会环境因素以及同辈群体因素等。

（1）家庭因素的影响。家庭是大学生成长的主要环境，不同家庭的教育方式会培养出不同的心理品质和个性。在独生子女家庭，孩子是父母的掌上明珠，在家庭中占据中心地位，受到家人的过分关心和爱护，相当一部分的大学生有心理脆弱、以自我为中心等弱点，在面对挫折时不能积极地面对，反而萌生一些相对消极的想法。还有一些大学生生活在单亲家庭中，因缺乏关爱而变得孤僻，看待事物很偏激。此外，家长无形中给孩子的压力使得大学生很容易出现逆反心理。很多家长喜欢相互比较，诸如“谁的孩子考上名牌大学”“谁的孩子获得什么奖”，总是对孩子寄予过高的期望，喜欢把自己的喜好强加在孩子身上，并以为他们好为借口控制孩子的发展方向，这样便会导致大学生产生烦躁、自私甚至是厌世的逆反心理。

（2）学校教育因素的影响。某些老师过于注重分数，不能客观评价学生的性格、能力，不能一视同仁而是一味偏向学习好的学生。当学生犯错误时，老师不能站在学生的立场考虑，不顾及他们的心理感受，只是生气地批评，甚至记过，挫伤了学生的自尊心，使得学生对老师产生一种不信任感和厌恶感，在情感上与老师对立，采取“反抗”和“我行我素”的方式对待人和事。教育者的教育方法过于生硬、呆板，思想上相对保守，观念上比较陈旧，与学生前卫、先进的想法相矛盾，导致师生之间的分歧愈来愈大，结果即是学生对学校的教育产生逆反心理。

（3）社会环境因素的影响。社会舆论、大众传媒和社会风气会给大学生带来很大的冲击力。大学生的社会经验不足，辨别能力不强，无法正确认识大众传媒中充斥的一些负面东西，认为那是潮流，然后盲目地接受并崇拜。此外，一些不良的社会风气也同样为逆反心理的滋生提供了充足的养料。

（4）同辈群体因素的影响。同辈群体指的是同龄或是年龄相近的人组成的群体。同辈群体之间有共同的兴趣爱好和聊天话题，心理上容易产生共鸣，因此大学生喜欢通过与同龄人交往来满足自我需要和实现自我价值。久而久之，同辈群体的价值观和行为方式会成为他们判断是非曲直的重要标准，直接影响他们对事物的看法。而同辈群体中的不良价值观和行为倾向会对大学生的心理产生不良的影响，使得一些原本正常的大学生产生逆反心理。

（三）大学生逆反心理的调适

逆反心理已经严重威胁到当代大学生的心理健康。因此，不能再听之任之，让其泛滥，必须采取一些切实有效的方法消除大学生的逆反心理，帮助他们以一种积极向上的心态面对生活、面对他人。

1. 家长的教育方式要适当

家长要根据实际情况，采用正确的教育方式，从自身和孩子的双重角度上考虑问题，遵循适度原则，即对子女的期望要适中，既不可过高也不可过低，鼓励他们从事自己喜欢的事情，在他们失意时支持他们，让他们感受到家庭的温暖。有教育学家指出：“在家庭教育中，严厉与慈爱是最难解决的问题，正如奎宁一样，正如食物一样，爱的要求要有分量。”父母对孩子的爱要有分寸，既不要溺爱，也不要毫不关心，这对纠正大学生的逆反心理是很重要的。

2. 提高大学生的心理素质

学校应经常举行一些心理讲座，加强对大学生的心理健康教育；开展心理咨询，及时为他们排忧解惑，以达到提高大学生心理素质的目的。同时，有针对性地对大学生进行思想政治教育，帮助他们树立正确的人生观、价值观和世界观，避免让他们被现实生活中的一些错误的观念误导而走向错误的道路。

3. 改变传统的教育观念

教育者需要改变传统的教育观念,摒弃陈旧落后的教育方式,掌握更多适合当代大学生的新式教育方法,引导学生在学习过程中大胆运用逆向思维。同时,教育者要提高自身的职业道德修养,保持良好的教育心态,充分尊重和信任学生,正确对待学生出现的问题,耐心教育,重视心理上的疏导,把自己置于学生的心理位置去认识、体验和思考问题,选择适当的方法处理,拉近老师和学生之间的心理距离。很多大学生做事都有冲劲,但是一旦遇到挫折就会信心大失,这时候老师应该引导学生正确看待挫折和失败,从中吸取教训,为成功积累经验。

4. 净化校园环境和社会环境

学校应强化校风建设,消除校园中的各种不良风气。健全文化市场法律法规,加强文化市场的管理和整顿,坚决整顿不利于大学生成长的文化产品经营单位。

第四节　自我意识的培养

自我意识对大学生的成长和发展起着重要的作用。从某种意义上说,一个大学生有什么样的自我意识,其人格就会向什么方向发展。当一个大学生自认为是个正直的人时,他就会坚持真理、维护正义、见义勇为,而不去做那些他认为不正直的事。当一个大学生见到别人的不幸就感同身受般地痛苦时,他就会情不自禁地去帮助别人,而不会熟视无睹、无动于衷。当一个大学生立志要做一个对社会、对国家有贡献的人时,他就会勤勤恳恳地为人民服务,而不会见利忘义,去做有损祖国和人民利益的事情。培养自我意识是引导主体按社会要求自觉地进行自我意识的教育,是大学生完善自己个性、实现自我价值的重要途径。

一、全面认识自我

认识自我是形成自我意识的基础,如果一个人能够全面地、正确地认识自己,客观、准确地评价自己,就能够量力而行,确立合适的奋斗目标,并为实现这一目标而不懈努力。而大学生只有打破自我封闭,拓宽生活范围,增加生活阅历,扩展交往空间,积极参加活动,扩大社会实践,才能找到多种参考系,并凭借参考系多方面、多角度地认识自我,做到既不自卑也不过于自信,既不骄傲也不过于谦虚,充分发挥自己的聪明才智,实现自己的人生价值。认识自我可通过以下途径来进行。

(一)通过他人的评价来认识自我

他人对自己的评价,是认识自我的一条重要途径。大学生一般很在乎别人对自己的看法,尤其是有影响力的评价者。他们对别人评价的反应有两种可能:一是积极地接受别人的看法，二是也许认为别人的评价不符合自己的实际情况。评价者的特点、评价的内容将会影响到他们对评价的接受程度，开展同学之间的互评，教师给予具体而有个性的评价，都有助于自我意识的提高。但应注意评价的准确性、全面性、公正性，不切合实际的、片面的、不公正的评价，也可能导致自我认识的误区。当然，大学生应正确对待他人对自己的评价，从分析他人对自己的评价中进一步认识自我，而不应对别人指出自己的缺点耿耿于怀，更不应对自己的优点沾沾自喜。

（二）通过与他人的比较来认识自我

人总是不由自主地将自己和他人进行比较，在比较的过程中发现自己的优势，明白存在的问题，判断自己能力的高低、道德品质的好坏以及追求的目标是否恰当等。因此，对大学生进行自我意识的培养时，要引导他们不仅与自己情况差不多的人比较，更要敢于与周围的强者比较。通过比较来认清自己的优势和劣势，达到取长补短、缩小差距的目的。

（三）通过自我比较来认识自我

人们不仅可以通过与他人比较来认识自我，也可以通过与自己的过去相比较认识自我。因此，对大学生自我意识的培养，一方面应鼓励学生超越自我，不要满足于现有的成绩；另一方面要引导学生确立恰当的追求，不要一味地跟自己过不去。

（四）通过活动表现和成果来认识自我

大学生可以通过参加活动展现自己的聪明才智、意志特征和道德品质，通过活动认识自己，用“实践”来检验自己。因此，在培养大学生自我意识的过程中，要引导他们正确分析自己的活动表现和成果，客观地认识自己的知识才能和兴趣爱好，进一步发挥自己的长处，弥补自己的短处。

（五）通过心理测量来认识自我

大学生通过心理测量，可以了解自己的性格特征、智力水平、情绪状态及适应能力等。使用各种专业的心理量表，在专业人士的指导下进行心理测量，也是一种科学、准确地了解自己的方法。

二、积极认可自我

大学生如果以积极的态度认可自己，便会形成自尊；如果以消极的态度拒绝自我，便会形成自卑。自卑者往往片面地夸大自身的缺点、短处，甚至否定自我存在的价值，极大地阻碍了正确自我意识的形成。

（一）积极而准确地评价自我

积极而准确地评价自我是大学生产生自信、克服自卑的关键。俗话说：“金无足赤，人无完人。”每一个人都有自己的优点和缺点、长处和短处，对自己的长处要充分发挥，对自己的短处要正确对待，既不能护短，也不应因某些短处而灰心。一般来说，人的短处有两种：一种是可以改变的，如脾气不好、缺乏毅力等，对此要有闻过则改的精神；另一种是无法补救的，如其貌不扬，对此要面对现实，有勇气接纳自己的不足，同时注意提高自己的内在修养，在学问上狠下功夫，培养内在美，以“内秀”补偿“外丑”。

（二）正确对待挫折和失败

一个人在成长过程中，难免会有失败。俗话说：“从哪里跌倒，从哪里爬起来。”因此，大学生应正确地对待学习、生活中的种种困难与挫折，从困境中走出来，总结教训，吸取经验，提高自己的能力，认可自己的能力，实现自己的理想。

三、努力完善自我

自我完善是个体在认识自我、认可自我的基础上，自觉规划目标，主动调节自身行为，积极改造自己的个性，以适应社会发展的要求。

（一）确立正确的理想自我

正确的理想自我是在自我认识、自我认可的基础上，按社会需要和个人特点来确立的自我发展的目标。大学生要积极探索人生、理解人生，树立正确的人生观、价值观和世界观，为理想自我的确立寻找合适的人生坐标，从个人与社会的联系中认识有限人生的价值和意义。

（二）努力提高现实自我

不断战胜旧的自我，重塑新的自我，既要努力发展自我，又绝不能固守自我。既注重自我价值的实现，又不仅仅追求个人价值，要在为他人和社会服务、为国家和民族做贡献的过程中实现自我价值。当然，提高现实自我是一个长期的过程，只有坚持不懈、持之以恒，才能使现实自我不断地向理想自我靠拢，并最终实现自己的人生目标，这一过程就是大学生努力完善自我的过程。

总之，自我意识的发展是一个漫长的过程，大学阶段是自我意识发展的重要阶段，因此正确认识自我意识发展的特点，引导大学生全面认识自我、积极悦纳自我、努力完善自我具有重要意义。

【心理互动】

一、心理测试——自我意识量表

（一）测试说明及题目

自我意识量表（表 2-1）由心理学家 Feningstein、Scheier 和 Buss 于 1975 年编制，主要用来测量一个人的内在自我和公众自我。请阅读以下题目，并根据每一个陈述与你自己实际情况的符合程度，在你认为合适的数字上打“√”。

表 2-1　自我意识量表

序号	题目	A:完全不符合	B:不完全符合	C:不太清楚	D:比较符合	E:非常符合
1	我经常试图描述自己	0	1	2	3	4
2	我关心自己做事的方式	0	1	2	3	4
3	总的来说，我对自己是什么样的人不太清楚	4	3	2	1	0
4	我经常反省自己	0	1	2	3	4
5	我关心自己的表现方式	0	1	2	3	4
6	我能决定自己的命运	0	1	2	3	4
7	我从不检讨自己	4	3	2	1	0
8	我对自己是什么样的人很在意	0	1	2	3	4
9	我很关心自己的内在感受	0	1	2	3	4
10	我常常担心我是否给别人留下一个好印象	0	1	2	3	4
11	我常常考察自己的动机	0	1	2	3	4
12	离开家时，我常常照镜子	0	1	2	3	4
13	有时，我有一种自己在看着自己的感受	0	1	2	3	4
14	我关心他人看我的方式	0	1	2	3	4
15	我对自己的心情变化很敏感	0	1	2	3	4
16	我对自己的外表很关注	0	1	2	3	4
17	当解决问题时，我清楚自己的心理	0	1	2	3	4

（二）分数统计

第 3 题和第 7 题为反向题，即选 A 得 4 分，选 B 得 3 分，选 C 得 2 分，选 D 得 1 分，选 E 得 0 分；其余各题为正向题，即选 A 得 0 分，选 B 得 1 分，选 C 得 2 分，选 D 得 3 分，选 E 得 4 分。

内在自我	1	3	4	6	7	9	11	13	15	17	合计

续表

公众自我	2	5	8	10	12	14	16				合计

（三）测试结果

此量表可以测出你是偏向于内在自我，还是公众自我。注重内在自我的人对自己的感受比较在乎，他们常常坚持自己的行为标准和信念，不太会受到外界环境的影响；注重公众自我的人由于太看重外界他人的影响，所以担心别人对自己有不好的评价。

两项分别统计，看哪一项的得分更高，得分越高表现越强烈和明显。对于大学生而言，内在自我的平均得分为26，而外在自我的平均得分为19。

二、心理活动——我是谁

（一）活动目的

通过本活动，学生能够更好地认识自我、发现自我。

（二）具体操作

1. 观看视频《武林外传》中"吕秀才说死姬无命"的片段，关注吕秀才提出的几个问题。

2. 写出20句"我是 ×××"，可以从生理自我、心理自我和社会自我3个方面描写。

（1）生理自我：身体状态、外貌特征、年龄、身高、体重等。

（2）心理自我：气质、性格、智力、能力、价值观等。

（3）社会自我：身份、地位、社会关系等。

我是 我是 我是 我是 我是 我是 我是 我是 我是 我是	我是 我是 我是 我是 我是 我是 我是 我是 我是 我是

评估一下对自己的陈述是积极的，还是消极的，并在每句话的后面加上"+"或

"-",看看是积极的多,还是消极的多,分别体现在哪些方面。如果是"+"多于"-",说明你的自我接纳状况是良好的,反之,说明自我接纳状况是不够的,需要继续自我反省,是什么原因造成的?有没有改善的可能?

(三)讨论

作为一名大学生,你觉得应该通过哪些方法认识自我?

三、心理活动——探索理想自我

(一)活动目的

本活动可以让学生更好地探索理想自我,确定理想自我的标准。

(二)具体操作

假设你现在已经拥有了超能力,可以任意变化,那么你会如何选择?

如果要变成一个古代人,你希望是________,因为____________。

如果要变成一种动物,你希望是__________,因为____________。

如果要变成一种树,你希望是____________,因为____________。

如果要变成一种花,你希望是____________,因为____________。

如果要变成一种颜色,你希望是__________,因为____________。

如果要变成一种建筑,你希望是__________,因为____________。

(三)讨论

如果要实现理想自我,应该从哪些方面着手?

【心理拓展】

一、推荐影片:《三傻大闹宝莱坞》

《三傻大闹宝莱坞》由印度宝莱坞制作,于 2011 年 12 月 8 日在中国内地上映,创下了宝莱坞电影上映首日、上映首周和全球票房的最高纪录。影片讲述了法罕、拉加与兰彻三个人在大学发生的故事,电影的主人公兰彻是一个聪明但又与众不同的大学生,他无法接受学校的各种教育理念和规章制度,经常会作出一些"离经叛道"的事情。兰彻的特立独行引起模范学生——绰号"消音器"的查尔图的不满,他们约定 10 年后再一决高下,然而毕业时兰彻却选择了不告而别。

本片中兰彻的所作所为让观众意识到做自己的重要性,告诉我们要做自己,要有勇气,要追逐爱,要活成自己想要的样子。作为一名大学生,即将走入社会,更好地认识自我、活出自我、接纳自我和改正自我的不足是大学生活中完善自我最为重要的任务。

二、推荐书籍:《少有人走的路:心智成熟的旅程》

此书由美国心理医生 M. 斯科特·派克编著,是一本通俗的心理学著作,也是一本伟大的心理学著作。在《纽约时报》畅销书榜单上,它停驻了近 20 年的时间。作者第一次说出了人们从来不敢说的话,提醒了人们从来不敢提醒的事,这就是:几乎人人都有心理问题,只不过程度不同而已;几乎人人都有程度不同的心理疾病,只不过得病的时间不同而已。人生是一场艰辛之旅,心智成熟的旅程相当漫长,但是并没有让我们感到恐惧,相反,却带领我们去经历一系列艰难乃至痛苦的转变,最终达到自我认知的更高境界。

第三章　大学生人格成长

【本章导读】

1. 了解人格的含义，增进对人格的认识。
2. 了解大学生的人格特点及常见的人格障碍。
3. 了解健全人格的标准，掌握构建健全人格的方法。

【心理课堂】

小A是个很聪明的学生，从小到大都非常优秀，上大学后也是如此，每年都拿奖学金。但是她也有自己的困扰，就是性格很内向，不善言辞，更不喜欢在众人面前表现自己，所以在人群中很难引起别人的注意。她很担心这样的性格未来会影响工作。她也在考虑是否再读几年书，趁这段时间把性格改变一下。

小B在重点大学上学，所学专业是机械专业。虽然学习成绩还不错，但是他感觉自己人际交往能力差，又难于改变。和同学比起来，他的动手能力和英语交流能力都很弱。他很自卑，对于自己的前途并不看好，所以整个人都陷入了痛苦之中。

上述两个同学主要表现出来的是性格和能力方面的问题。如果没有健全的人格，不仅会面对人际、情绪上的困扰，而且也无法适应竞争的社会环境。拥有健全的人格不但会得到周围人的尊重，而且能够实现自己的人生理想。

第一节　人格概述

一、人格定义

人格又称为个性，原意为演员在舞台上戴的面具，类似于中国京剧中的脸谱，后来心理学借用这个术语用来说明：在人生的大舞台上，人也会根据社会角色的不同来更换面具，这些面具就是人格的外在表现，面具后面是真实的自我，它可能和外在的面具截然不同。概括来讲，人格就是一个人在其生活、实践活动中所表现出来的，比较稳定的，带有一定倾向性的心理特征的总和。

二、人格的特点

1. 独特性

正如德国哲学家莱布尼茨所说,凡物莫不相异,天地间没有两个彼此完全相同的东西。人格亦是如此,世界上没有两个人格完全相同的人,每个人都具备一些自己独特的风格。这体现了人格的独特性。

2. 功能性

俗话说,性格决定命运。人格特征决定了人生轨迹。人格的功能性是指人格内容与特征会在人的生存与生活中发挥特定作用,在连续的时间和空间内指向某种生活方式。

3. 稳定性

人格一旦形成,就具备了比较稳定的特性。人格的稳定性表现在跨时间的一致性和跨情境的一致性。在生活中暂时、偶然表现出来的心理特征,不能认为是一个人的人格特征。

4. 发展性

虽然说人格一旦形成,就很难改变,但也并非是一成不变的,人格具有可塑性,会随着环境的改变、年龄的增长等而发生改变。

5. 整体性

人格的整体性是指构成人格的各种心理成分,如气质、性格及能力等,并不是孤立存在的,而是有机地结合在一起。人格中任何因素的改变都会引起其他因素的改变。

三、影响人格形成的因素

1. 遗传因素

人格的形成,离不开遗传因素的影响,并且遗传因素对人格的作用程度因人而异,通常在智力、气质这些特征上较为显著。

2. 自然环境因素

橘生淮南则为橘,生于淮北则为枳。自然环境对人格的形成也起到一定的作用,但对人格的形成不起决定性的作用,更多表现为暂时的影响。

3. 家庭因素

不同的教养方式对人格的形成具有较大影响。美国心理学家鲍姆林德对家庭的教养方式进行研究,总结出了 4 种不同的家庭教养方式。

一是专制型:父母在子女教育中过分支配,控制子女的一切。在这种环境下成长的孩子容易形成消极、被动、依赖、服从、懦弱甚至不诚实的人格特征。

二是放纵型:父母溺爱子女,让孩子随心所欲,使教育进入失控状态。在这种环境下成长的孩子多表现为任性、幼稚、自私、野蛮、无礼、独立性差、唯我独尊、蛮横胡闹等。

三是忽视型：父母对孩子既缺乏关爱，又缺少行为方面的要求和控制，因此亲子间的互动很少。这种教养方式下的孩子与放纵型教养方式下的孩子一样，具有较强的攻击性，很少替别人考虑，对人缺乏热情与关心。这类孩子在青少年时期更有可能出现不良行为问题。

四是权威型：父母与子女在家庭中处于一个平等和谐的氛围中，父母尊重孩子，给孩子一定自主权，并给孩子以积极正确的指导。这种家庭教养方式下的孩子会形成一些积极的人格品质，如活泼、快乐、直爽、自立、彬彬有礼、善于交往、容易合作、思想活跃等。

4. 学校教育因素

在学生人格形成的过程中，学校教育也起着至关重要的作用，体现在以下 3 个方面。一是教师的言行及态度等会影响学生的人格，教师的不公平、不公正会导致学生道德品质的降低。二是同伴的影响，如果能在学校中找到一群志同道合的同伴，能被群体接纳，而不是被排斥，那么就有更有可能形成健康的人格。三是学生可以通过课堂的学习，获取先进的知识和理念，形成科学的世界观、价值观和人生观。

5. 社会文化因素

每个人一出生，便处于一个特定的社会文化当中，这种社会文化的影响是深远的，甚至伴随人的一生。不同的国家、不同的民族有着不同的文化传统，社会文化因素决定了人格的共同性特征，如德国人严谨、法国人浪漫、日本人勤奋。

四、人格的构成

人格是一个复杂的结构系统，包括人格的倾向性和人格的心理特征两个方面。人格的倾向性包含了动机、需要、兴趣、信念等，而人格的心理特征则包含了气质、性格、能力等，如图 3-1 所示。本小节主要讲解动机、需要、气质和性格。

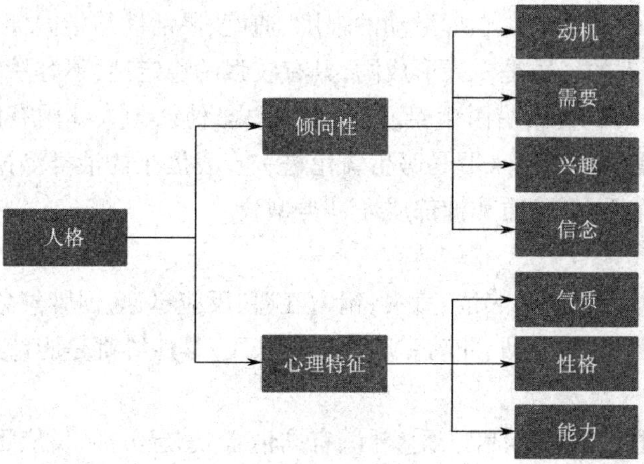

图 3-1　人格的构成

（一）人格的倾向性

动机和需要是人格中最活跃的因素。

1. 动机

动机是激发和维持有机体的行动，并使行动导向某一目标的心理倾向或内部驱动力。动机的产生主要有两个原因：一是需要（need），另一个是刺激（stimulation）。

动机具有3方面的功能：一是激发个体产生某种行为的激发功能；二是使个体的行为指向特定目标的指向功能；三是使个体的行为持续并不断调整的维持和调节功能。

2. 需要

需要是个体内部的一种不平衡的状态，它表现为个体对内部环境或外部环境的一种稳定的要求，并成为有机体活动的动力源泉。但需要不是空洞的，而是有目的、有对象的，并随着年龄、时期的不同而发展变化。由于生理因素、遗传因素、环境因素不同，每个人的需要都有自己的独特性。

关于需要，心理学家形成了很多分析理论，主要包括马斯洛的需要层次理论、麦克利兰的成就动机理论、赫茨伯格的双因素理论。这其中最著名的当属马斯洛的需要层次理论，马斯洛把人类需求像阶梯一样从低到高按层次分为5种，分别是生理需要、安全需要、归属与爱的需要、尊重需要和自我实现的需要。一般来说，某一层次的需要相对满足了，就会向高一层次发展，追求更高一层次的需要就成为驱使行为的动力。

（二）人格的心理特征

人格的心理特征是人的多种心理特点的独特结合，包含气质、性格等。

1. 气质

气质是个体表现出的在心理活动的强度、速度、灵活性与指向性等方面的一种稳定的心理特征。人的气质是先天形成的，具有较强的稳定性，不容易发生改变。

气质学说最早由古希腊医生希波克拉底提出，他认为人体内有四种体液：血液、黏液、黄胆汁和黑胆汁。后来罗马医生盖伦进一步发展了体液类型说，将人的气质划分为胆汁质、多血质、黏液质和抑郁质4种类型。

1）胆汁质

胆汁质的特点是外向、热情、直爽、精力旺盛、反应迅速，但脾气急躁、心境变化剧烈，易动感情，情绪有时激烈、冲动。历史上的张飞、李逵等都是胆汁质的代表人物。

2）多血质

多血质的特点是热情、活泼、爱交际、有同情心、思想灵活、反应迅速、喜欢与人交往，也容易出现变化无常、粗枝大叶、浮躁、缺乏一贯性、注意力容易转移等问题。《西游记》里的猪八戒是多血质的代表人物。

3）黏液质

黏液质的特点是平静，善于克制忍让，生活有规律，不为无关事情分心，埋头苦干，有耐久力，态度持重，不卑不亢，不爱空谈，严肃认真；但不够灵活，注意力不易转移，因循守旧。《西游记》里的沙僧是黏液质的代表人物。

4）抑郁质

抑郁质的特点是情感的体验深刻、有力、持久，为人小心谨慎，思考透彻，感情细腻但是脆弱，性情比较孤僻，行动缓慢，在困难面前容易优柔寡断。《红楼梦》里的林黛玉是抑郁质的代表人物。

2. 性格

性格是一个人在对现实的稳定的态度以及与这种态度相应的、习惯化了的行为方式中表现出来的人格特征。性格是后天形成的，更多体现了人格的社会属性，人格差异的核心就是性格差异。

1）性格的特征

性格的特征包括态度特征、意志特征、情绪特征和理智特征。

性格的态度特征主要指个体在处理与他人、环境、社会等方面的关系时表现的性格特征，如关心他人、乐于助人或者是自私自利、损人利己。

性格的意志特征主要指个体在调节心理活动时所表现出来的性格特征，如独立自主、坚韧不拔或者是优柔寡断、放任自流。

性格的情绪特征主要指个体在产生情绪活动时所表现出来的性格特征，包括情绪的强度、持续性和稳定性等。如情绪稳定、积极乐观或者是情绪波动，消极悲观。

性格的理智特征主要指个体在认知活动中的性格特征，如独立思考、主见性强或者是缺乏主见、人云亦云。

2）性格的分类

根据心理活动倾向性划分，性格可分为内倾型和外倾型。瑞士心理学家荣格认为外倾型的人重视外在世界、爱社交、活跃、开朗、自信、勇于进取，对周围一切事物都很感兴趣，容易适应环境的变化。内倾型的人重视主观世界、好沉思、善内省，常常沉浸在自我欣赏之中，孤僻、缺乏自信、易害羞、冷漠、寡言，较难适应环境的变化。

根据个体独立性，奥地利心理学家阿德勒将性格划分为独立型和顺从型。独立型的人善于独立思考，不易受外来因素的干扰，能够独立地发现问题和解决问题；顺从型的人易受外来因素的干扰，常不加分析地接受他人意见，应变能力较差。

根据心理机能，英国心理学家培因和法国心理学家赖波特把人的性格划分为理智型、情感型和意志型。理智型的人，通常以理智来评价、支配和控制自己的行动；情绪型的人，情绪体验深刻，其言行举止易受情绪左右，缺乏理智；意志型的人一般表现为行动目标明确，主动积极。

根据社会生活方式划分，德国心理学家斯普兰格基于人对某一社会生活领域的兴趣，把人的性格分为6种类型，即经济型、理论型、审美型、宗教型、权力型、社会型。

五、人格的测评

1. 自陈法

自陈法是心理测试中最常用的方法，一般采用客观测试的形式，制定包含一系列问题的问卷或量表，要求被测试者根据自己的实际情况作出相应的回答。自陈法可以开展规模测试，评分比较客观且施测简单，测量分数容易解释，但是受到语言、文化、社会习俗影响很大，有可能引起被测试者的心理防御而导致测试结果不准确。

2. 投射法

投射法是向受测试者提供意义比较含糊的刺激情境，让其自由发挥，分析其反应，然后推断其人格特征。常用的投射法包括词语联想法、绘图法、笔迹测试法等。最著名的投射法是罗夏墨迹测验和主题统觉测验。投射测验的内容多为无精确意义的图片，在测验时不受语言文字的限制，可以被广泛应用于人格的跨文化研究，但投射测验对施测者要求较高，计分困难，难以进行定量分析。

第二节　人格特点及常见的人格障碍

一、大学生的人格特点

根据国内外心理学家对人格素质结构的研究，结合我国当今社会发展的现状和大学生的实际表现，本书认为当代大学生在人格发展中呈现如下几个方面的特点。

1. 有良好的自我意识

首先是能自我认可，基本上能接受一切属于自我的东西，从而形成对自己积极的看法；其次是自我客体化，对自己的所有与所缺都比较清楚和明确，能够理解现实自我与理想自我之间的差别。大多数人都有明确的奋斗目标和愿望，并为之努力。

2. 智能结构健全而合理

大学生具有良好的注意力、观察力、记忆力、思维力和想象力，各种智力能够均衡发展，有机结合并发挥应有作用。没有出现感觉、记忆、思维等方面的障碍。

3. 情感丰富多彩

大学生在情绪上表现出稳定性与波动性、外显性与内隐性、强烈性与细腻性、丰富性与狭隘性并存的状态，情感丰富多彩，积极的情绪、情感体验在学习、生活中占主导。

4. 社会适应能力强

当代大学生对外部世界有着浓厚的兴趣和广泛的活动范围,人际交往范围扩大,积极参与各种形式的社会实践。同时,能容忍别人与自己在价值观与信念上存在的差别,能根据事物的实际情况看待事物,而不是根据自己的主观愿望来看待事物。

5. 富有竞争精神

大学生在学校期间主要以学业为主,能把学业看成生活的重要组成部分,在学业上有较强的进取心,具有竞争意识、开放的思想观念;喜欢创造,乐于实践,勇于创新,甘愿冒险,独立性强,富有幽默感,态度务实。

二、常见的人格偏差

人格偏差,是介于健全人格和人格障碍之间的一种人格状态,表现为人格发展的不良倾向。

1. 懒惰心理

懒惰心理在大学生中比较普遍。在大学以前,学习会由老师和家长督促,而到了大学以后,学习环境、学习状态都发生了变化,学生从紧张的状态转换到了比较放松的状态,极容易产生无目标感、做事拖延、各项任务无法及时完成的问题。

2. 虚荣心理

每个人都有自尊心,同时也希望能够得到别人的认可和尊重,但虚荣心是自尊心过于扭曲的表现,虚荣心强的学生会盲目攀比、好大喜功,自我表现欲过强,过分看重别人的评价,希望能够得到别人的肯定和积极的评价。

3. 自卑心理

有自卑心理的学生从内心觉得自己不如别人,对自己缺乏正确的认识,对自己的评价过低,心理承受能力较弱,缺乏自己的主见。

4. 抑郁心理

有抑郁心理的学生主要表现为情绪低落,莫名地感到悲伤,做任何事情都提不起精神,感觉没有价值,注意力不集中,并可能会伴有失眠等症状。

5. 偏执心理

敏感多疑、不信任别人和固执是偏执心理的主要特点,有偏执心理的人很难接受其他人的意见,固执己见,别人无心的一句话都可能被认为是针对他的。

6. 嫉妒心理

嫉妒是看见别人在能力、成就、才华等各方面高于或者优于自己而产生的一种不良心理状态。嫉妒者往往不择手段地想办法打击其嫉妒的对象,不但对别人造成了不利的影响,而且对本人的身心健康也产生了不良影响。

7. 自我中心

以自我为中心的人，对自己的评价过高，考虑问题从自己的角度出发，不会顾及其他人的感受，只关注自己的利益，只想获取，不想付出，因而易有挫折感，人际关系不良。

第三节　健全人格的塑造和发展

一、大学生人格健全的标准

对健全人格的理解受到人生观、价值观的影响。对于大学生而言，拥有健全的人格可以在推动社会进步的实践中充分发挥自己的才能。具体来讲，大学生的健全人格应该具备以下特征。

1. 积极的自我意识

具有健全人格的大学生应当具备积极的自我意识，自我意识是对自我、对他人及对周围环境关系的认识，这种认识应该是客观的、合理的、实事求是的，而不是盲目自信、自视清高或者妄自菲薄的。

2. 建立良好的人际关系的能力

人格健全的大学生乐于与他人交往，并与他人建立良好的人际关系。能准确地从别人的言语、行为中体察别人的思想、愿望和感受，了解别人对自己的看法和态度。

3. 有效解决问题的能力

人格健全的大学生在遇到问题、面对困难时，应具备解决问题的能力，而不是在面对问题的时候轻易放弃或者依赖别人来解决问题。

4. 乐观向上的生活态度

人格健全的大学生应该热爱生活，有投身于事业和家庭的热情，具有与自己年龄相适应的生活能力。

5. 良好的情绪调节能力

情绪标志着人格的成熟程度，人格健全的大学生应当具备积极的情绪，保持乐观、愉快及开朗的心境，在遇到不良的情绪时，能够合理地进行宣泄、排解和转移。

二、大学生健全人格的塑造和发展

健全的人格是大学生心理健康的基础，也是适应社会发展的必备条件。大学生应该从以下几个方面塑造健全的人格。

1. 建立正确的自我认知

正确的自我认知是形成健全人格的基础。人格健全的大学生，对自己有清楚的认知，能够对自己作出比较客观和全面的评价，理智地看待自己的优势和不足。如果能充分了解自己的个性，找出人格缺陷并进行调整，完善自己的人格，则有助于我们今后更好地适应社会。否则，人格缺陷会影响我们的活动效率，妨碍正常的人际关系，还会给人蒙上一层消极、阴暗的色彩。

2. 实施有效的自我监控

有效的自我监控是形成健全人格的重要途径。人格健全的大学生，能够根据自身实际情况确立适度的自我期望，并根据现实不断地调整自己的目标，也能够自觉控制自己的不良行为。大学生应该培养经受挫折的耐受力，不盲目冲动，不消极低沉。

3. 掌握丰富的知识

丰富的知识是形成健全人格的文化基础。正如培根所言："读史使人明智，读诗使人灵秀，数学使人周密，科学使人深刻，伦理学使人庄重，逻辑修辞学使人善辩，凡有所学，皆成性格。"在大学阶段，学生可以接触到更广泛的知识，不仅能收获书本上的知识，而且能形成良好的人生观、世界观和价值观，促使自身不断得到完善。所以，学习知识的过程是人格优化的过程，为健全人格的塑造提供了保证。

4. 参与实践活动

实践活动是大学生人格形成和完善的必由之路。大学生应该通过各种途径参与各类社会实践活动，切身感受社会、全面了解社会、深刻认识社会，透过社会实践这面镜子充分了解自我、客观评价自我，并学会与他人分工合作、相互配合，学会关心、理解、尊重他人。

5. 积极融入团队和集体

团队和集体是形成健全人格的土壤，也是人格表现的舞台。人是社会化的生物，没有人可以离索群居。人格发展、塑造的过程，正是人格社会化的过程，因此，大学生应该积极参与团队活动，在活动中塑造自我，在团队中形成个性。通过与他人的交流，可以发现自己的不足，接受外界的积极影响，形成健全的人格品质。

6. 培养良好的兴趣爱好

良好的兴趣爱好是形成健全人格的催化剂。大学生要适当培养自己的兴趣爱好，加强素质方面的学习和提高，从而陶冶情操、优化人格。如练习书法和画画可以净化心灵，稳定情绪，克服急躁心理；练习下棋可以开拓智力，活跃思维；经常运动可以磨炼意志等。

【心理互动】

一、心理测试——九型人格

(一)测试说明及题目

下面有108个陈述,在你认为符合你的陈述后面做个记号,然后把同一数字后面的记号统计相加,拥有最多记号的数字很有可能就是你的人格类型号。见表3-1。

表3-1 九型人格量表

序号	题目	对应九型
1	我很容易迷惑	9
2	我不想成为一个喜欢批评的人,但很难做到	1
3	我喜欢研究宇宙的道理、哲理	5
4	我很注意自己是否年轻,因为那是找乐子的本钱	7
5	我喜欢独立自主,一切都靠自己	8
6	当我有困难时,我会试着不让人知道	2
7	被人误解对我而言是一件十分痛苦的事	4
8	施比受会给我更大的满足感	2
9	我常常设想最糟的结果而使自己陷入苦恼中	6
10	我常常试探或考验朋友、伴侣的忠诚	6
11	我看不起那些不像我一样坚强的人,有时我会用种种方式羞辱他们	8
12	身体上的舒适对我非常重要	9
13	我能触碰生活中的悲伤和不幸	4
14	别人不能完成他的分内事,会令我感到失望和愤怒	1
15	我时常拖延问题,不去解决	9
16	我喜欢戏剧性、多彩多姿的生活	7
17	我认为自己非常地不完善	4
18	我对感官的需求特别强烈,喜欢美食、服装、身体的触觉刺激,并纵情享乐	7
19	当别人请教我一些问题时,我会巨细无遗地分析得很清楚	5
20	我习惯推销自己,从不觉得难为情	3
21	有时我会放纵和作出僭越的事	7
22	帮助不到别人会让我觉得痛苦	2
23	我不喜欢人家问我广泛、笼统的问题	5
24	在某方面我有放纵的倾向(例如食物、药物等)	8
25	我宁愿适应别人,包括我的伴侣,而不会反抗他们	9

续表

序号	题目	对应九型
26	我最不喜欢的一件事就是虚伪	6
27	我知错能改,但由于执着好强,周围的人还是感觉到压力	8
28	我常觉得很多事情都很好玩,很有趣,人生真是快乐	7
29	我有时很欣赏自己充满权威,有时却又优柔寡断,依赖别人	6
30	我习惯付出多于接受	2
31	面对威胁时,我一是变得焦虑,一是对抗迎面而来的危险	6
32	我通常是等别人来接近我,而不是我去接近他们	5
33	我喜欢当主角,希望得到大家的注意	3
34	别人批评我,我也不会回应和辩解,因为我不想发生任何争执与冲突	9
35	我有时期待别人的指导,有时却忽略别人的忠告径直去做我想做的事	6
36	我经常忘记自己的需要	9
37	在重大危机中,我通常能克服我对自己的质疑和内心的焦虑	6
38	我是一个天生的推销员,说服别人对我来说是一件轻易的事	3
39	我不相信一个我一直都无法了解的人	9
40	我爱依惯例行事,不大喜欢改变	8
41	我很在乎家人,在家中表现得忠诚和包容	9
42	我被动而优柔寡断	5
43	我很有包容力,彬彬有礼,但跟人的感情互动不深	5
44	我沉默寡言,好像不会关心别人似的	8
45	当沉浸在工作或我擅长的领域时,别人会觉得我冷酷无情	6
46	我常常保持警觉	6
47	我不喜欢要对人尽义务的感觉	5
48	如果不能完美地表态,我宁愿不说	5
49	我的计划比我实际完成的还要多	7
50	我野心勃勃,喜欢挑战和登上高峰的经验	8
51	我倾向于独断专行并自己解决问题	5
52	我很多时候感到被遗弃	4
53	我常常表现得十分忧郁,充满痛苦而且内向	4
54	初见陌生人时,我会表现得很冷漠、高傲	4
55	我的面部表情严肃而生硬	1
56	我很飘忽,常常不知自己下一刻想要什么	4
57	我常对自己挑剔,期望不断改善自己的缺点,以成为一个完美的人	1
58	我感受特别深刻,并怀疑那些总是很快乐的人	4

续表

序号	题目	对应九型
59	我做事有效率，也会找捷径，模仿力特强	3
60	我讲理、重实用	1
61	我有很强的创造天分和想象力，喜欢将事情重新整合	4
62	我不要求得到很多的注意力	9
63	我喜欢每件事都井然有序，但别人会认为我过分执着	1
64	我渴望拥有完美的心灵伴侣	4
65	我常夸耀自己，对自己的能力十分有信心	3
66	如果周遭的人行为太过分时，我准会让他难堪	8
67	我外向、精力充沛，喜欢不断追求成就，这使我的自我感觉十分良好	3
68	我是一位忠实的朋友和伙伴	6
69	我知道如何让别人喜欢我	2
70	我很少看到别人的功劳和好处	3
71	我很容易知道别人的功劳和好处	2
72	我嫉妒心强，喜欢跟别人比较	3
73	我对别人做的事总是不放心，批评一番后，自己会动手再做	1
74	别人会说我常戴着面具做人	3
75	有时我会激怒对方，引来莫名其妙的吵架，其实是想试探对方爱不爱我	6
76	我会极力保护我所爱的人	8
77	我常常刻意保持兴奋的情绪	3
78	我只喜欢与有趣的人为友，对一些闷蛋却懒得交往，即使他们看来很有深度	7
79	我常往外跑，四处帮助别人	2
80	有时我会讲求效率而牺牲完美和原则	3
81	我似乎不太懂得幽默，没有弹性	1
82	我待人热情而有耐性	2
83	在人群中我时常感到害羞和不安	5
84	我喜欢效率，讨厌拖泥带水	8
85	帮助别人达至快乐和成功是我重要的成就	2
86	付出时，别人若不欣然接纳，我便会有挫折感	2
87	我的肢体硬邦邦的，不习惯别人热情的付出	1
88	我对大部分的社交集会不太有兴趣，除非那是我熟识和喜爱的人	5
89	很多时候我会有强烈的寂寞感	2
90	人们很乐意向我表白他们所遭遇的问题	2
91	我不但不会说甜言蜜语，而且别人会觉得我唠叨不停	1

续表

序号	题目	对应九型
92	我常担心自由被剥夺，因此不爱作承诺	7
93	我喜欢告诉别人所做的事和所知的一切	3
94	我很容易认同别人	9
95	我要求光明正大，为此不惜与人发生冲突	8
96	我很有正义感，有时会支持不利的一方	8
97	我注重小节而效率不高	1
98	我容易感到沮丧和麻木更多于愤怒	9
99	我不喜欢那些具有侵略性或过度情绪化的人	5
100	我非常情绪化，一天的喜怒哀乐多变	4
101	我不想别人知道我的感受与想法，除非我告诉他们	5
102	我喜欢刺激和紧张的关系，而不是稳定和依赖的关系	1
103	我很少用心去听别人的心情，只喜欢说说俏皮话和笑话	7
104	我是循规蹈矩的人，秩序对我十分有意义	1
105	我很难找到一种我真正感到被爱的关系	4
106	假如我想要结束一段关系，我不是直接告诉对方就是激怒他来让他离开我	1
107	我温和平静，不自夸，不爱与人竞争	9
108	我有时善良可爱，有时又粗野暴躁，很难捉摸	9

九型	1	2	3	4	5	6	7	8	9
总数									

（二）测试结果

1 号性格的人喜欢每件事都井井有条，做事认真，讲究原则，关注细节，个性严谨，追求完美，有些挑剔，是一个合理、实际、脚踏实地的人。

2 号性格的人外向、主动，喜欢帮助别人，乐于付出，关心和在意别人的感受，不懂得如何拒绝别人，是一个热情、友善、慷慨的人。

3 号性格的人渴望成功，追求成就感，重视目标和结果，希望得到别人的认可和尊重，注重个人形象，是一个有能力、追求成功的人。

4 号性格的人多愁善感，感情丰富，富有同情心，觉得自己与众不同，特别情绪化，是一个直觉、敏感、有创造力及理想化的人。

5 号性格的人追求知识，喜欢思考，特别理智，分析能力和观察能力强，喜欢独处，是一个理解力强、好奇心强、有洞察力的人。

6号性格的人为人忠诚、保守,但多疑、做事犹豫不决,经常会考虑事情的负面因素,有些反6号还喜欢反抗权威,是一个忠诚、值得信赖、勤奋的人。

7号性格的人主动、乐观、追求快乐,兴趣广泛,乐于探索,头脑灵活,追求变化和新鲜感,是一个快乐、热心、思想正面的人。

8号性格的人主动、冲动,独断专制,有正义感、有保护欲望,做事情比较直接,是一个坚强、自信、果断和立刻能采取行动解决问题的人。

9号性格的人乐观、随和,追求和平,不喜欢参与争吵,重视人际关系,做事情犹豫不决,是一个平和、友善、包容和忍耐的人。

(三)讨论

1. 思考一下,9种类型的人在聚餐时分别会有什么样的表现?

2. 如何与不同类型的人进行沟通和交流?

二、心理活动——角色扮演之气质类型的认识

(一)活动目的

通过角色扮演的方式更好地认识4种不同的气质类型。随机安排同学扮演不同的角色,感受所扮演角色的状态。

(二)场景设置

电影院门口,此时距离电影播放已过去10分钟,此时,有4个不同气质类型的人分别来到电影院门前,想进去时,都被保安给拦下了。

1. 情景一

保安:对不起,先生/女士,您迟到了10分钟,现在进去将会影响观众,我不能让您进去。

观众:不让我进?你知道我为什么来这么晚吗?刚才,在剧院门口,一个老太太跌倒了,我把她扶起来,我是做好事,你怎么能不让我进,你信不信我冲进去!

2. 情景二

保安:对不起,先生/女士,您迟到了10分钟,现在进去将会影响观众,我不能让您进去。

观众:哦,我来晚了,(看看表),真的来晚了。咦,听口音你也是四川人吧,我爱人也是,老弟!来,抽支烟抽支烟,跟你说,我在工商局,以后有事尽管找我。

3. 情景三

保安:对不起,先生/女士,您迟到了十分钟,现在进去将会影响观众,我不能让您进去。

观众:哦,迟到了,是不是迟到都不让进?

保安:是的。

观众:那我不进去了,我站这儿可以吧?

保安:您请便。

观众:(一会儿胆汁质的人来了)他咋进去了?

保安:他……他做了好事。

观众:(一会儿多血质的人来了)他咋也进去了?

保安:他……他是老乡,算了算了,你进去吧。

4. 情景四

保安:对不起,先生 / 女士,您迟到了 10 分钟,现在进去将会影响观众,我不能让您进去。

观众:哦,就是就是,迟到了 10 分钟,这不能怪你,都怪我自己来迟了,要是我早到,你一定不会不让我进,好吧,那我走了。

(三)讨论

1. 上述 4 个情景中的观众分别代表哪一气质类型的人?

2. 在日常生活中,应该如何与 4 种不同气质类型的人进行沟通?

【心理拓展】

一、推荐影片:《心理游戏》

本片是大卫·芬奇执导,迈克尔·道格拉斯、西恩·潘领衔主演的一部心理悬疑电影。影片的主人公是一位亿万富翁,他父亲在 48 岁时跳楼自杀,导致他性格孤僻、刚愎自用。他虽然拥有无数钱财,但是过得并不快乐,家庭也破裂了。他在 48 岁生日时收到弟弟的一份礼物、一张 CRS 俱乐部的游戏卡,游戏的内容为迈克尔量身定做,直指他内心深处的童年阴影和婚姻创伤。本片设置了一系列的心理测试,非常精准地把握了主角的心理变化、思维和行为模式。

二、推荐书籍:《天生不同:人格类型识别和潜能开发》

虽然我们经常会说每个人都是独一无二的,但却不知道人与人之间为何会如此不同,这些不同又体现在哪里,因此,我们不但没有正确看待这些差异,利用它们弥补自身的缺陷,反而因之造成了诸多误解、隔膜和障碍。对此,本书的作者系统地解释了人们的天资差异,描述了外倾和内倾、感觉和直觉 4 种主导心理功能,与思维和情感、判断和感知等 4 种辅助心理功能组合在一起形成的 16 种人格类型的特征,可以帮助人们评估自己的人格类型,了解自己与他人人格的优势和劣势,从而突破自我发展的瓶颈和人与人之间的“性格壁垒”,增进彼此之间的理解,在互补的基础上极大化地实现个人和团队的潜能,成功地完成既定的目标。

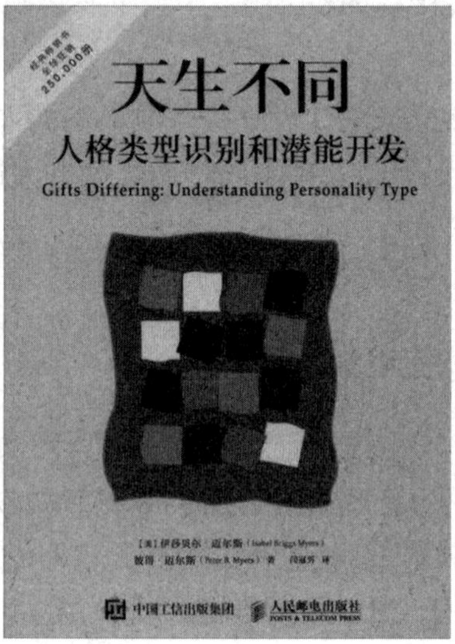

第四章　大学生学习心理

【学习目标】

1. 掌握学习的基本概念，了解学习的认知过程。
2. 了解大学生的学习心理特点及常见的学习问题。
3. 掌握学习方法、学习规律，提升学习能力。

【心理课堂】

小东是一名来自山区的大学生，家庭经济条件较差，学业成绩一直非常优异。但自从上大学后，他感到心中茫然，学习没有动力，生活没有目标，对未来没有规划，上课打不起精神，只想上网聊天玩游戏。有时候想到辍学在家的妹妹和年迈的父母就会痛恨自己不争气，浪费了时间，辜负了父母的期望，但是又没有办法控制和调整自己，虽然给自己制订了学习计划，但是却没有完全按计划执行，对于未来依然很迷茫。

上述小东在学习上的问题也是很多刚进入大学的同学会遇到的。随着大学学习环境、学习氛围的改变，如果不能及时调整学习的方式，提升自己的学习能力，就容易出现上述问题。

第一节　学习概述

一、学习的定义

什么是学习？一般来说，学习是个体通过自身努力获得经验，引起行为变化的过程。学习有广义和狭义之分，广义的学习指人和动物以个体经验的方式发生的个体适应变化；狭义的学习指学生在学校里有计划、有组织进行的，掌握知识、技能并形成一定道德品质的过程。

二、学习的认知过程

学习是一个“从现象到本质，从不甚深刻的本质到更深刻的本质”的创造性的探索过程。科贝利亚茨基把大学生的认知过程划分为 3 个阶段。

第一个阶段是对具体的直观材料的感性认识阶段，学生对抽象概念的象征意义和现实生活有一个初步认识。

第二个阶段是概括材料和作出结论的阶段,学生把新的概念系统化并加以评价,使这些概念加入已学到的某一科目知识和新抽象概念的总系统中,把知识从学习对象变为自己的观念和信念。

第三个阶段是应用知识来解决实际问题的阶段。这一阶段对于培养应用知识的能力以及更深入地认识和评价理论都是非常重要的。不论在实验室或生产实习中,实践对于大学生来说,都是检验所学知识的最主要标准和手段。因此,实践在教学活动中是必不可少的重要环节。

大学生的学习认知活动,包括感知、观察、记忆、思维、想象等认知因素。大学生在感知和观察方面,具有目的性、系统性、全面性和深刻性;在记忆方面,机械识记越来越少,理解性记忆越来越占主导地位;在想象方面,能够围绕一个中心问题或某项实验、实习项目等进行连贯缜密的构思。

三、知识的认知规律

要想丰富自己的感性认识,首先必须了解、掌握和运用以下认知规律。

(一)目的任务越明确,感知越清晰

认知具有选择性。由于客观事物复杂多样,人们不能同时感知全部客观事物,也不能对所有的事物作出反应,而是有选择地把某些事物作为认知的对象。认知选择由两种因素决定:一是以往关于补偿和惩罚的体验;二是刺激物的作用强度。一般情况下,刺激量越大,越易引起认知主体的注意。在学习的过程中,学习目的越明确,认知也就越清晰。

(二)对象越突出,越易于认知

认知具有显著性,在一定的社会刺激下,认知者心理状况与个人所理解的刺激物的意义密切相关,刺激物的意义对主体来说越重要,其认知感越明显。根据这一规律,学生在学习过程中,要学会把不同性质的事物区别开来,以提高认知的效果。

(三)知识越丰富,认知越完善

认知是在过去知识经验的基础上产生的,因此,认知的效果不仅依赖于认知对象的直接作用,也受个人原有知识经验转移的影响。一个人的知识经验越丰富,认知就越完善、越迅速。大学生在学习过程中,要利用自己已有的知识综合学习,这样认知效果才能更明显。

四、大学生学习的特点

（一）专业性

中小学是基础教育阶段，需要学习主要知识领域的基本知识、技能，但这些知识与未来的职业没有十分密切的联系。与中小学不同，大学阶段学习的一个显著特点就是专业性强，无论学习的目的、性质、途径，还是内容和方法，都是围绕专业展开的，都是为未来的职业做准备的。

（二）多样性

中学的学习形式较简单，主要是通过课堂学习来获取知识，而大学的学习形式则复杂多样，除了课堂学习外，还有课外阅读、同学讨论、实验课、各种学术报告和讲座、科研活动、大学生社团活动、社会实践活动及实习、课程设计、毕业设计等形式的学习。丰富多彩的学习形式对于形成和完善大学生的知识结构、提高大学生的综合素质起到了很好的作用。

（三）实践性

实践性教学在大学教育中占据十分重要的地位，在总学时中所占的比例较大，工科院校的实践性教学所占的比例更高。大学中的实践性教学形式主要有实验课、课程设计、教学实习、生产实习、毕业实习和毕业设计等。实践性教学对于培养大学生的实验和工艺操作技能是至关重要的。大学生在实践性教学环节中，通过观察和直接参与实践活动，获得本专业领域的有关感性知识和操作技能，可提升自己的实践能力。

（四）自主性

大学生的学习具有高度的自主性，主要表现在以下几个方面。

（1）大学学习有更多自由支配的时间。据调查，除上课学习外，大学生约有 45% 的学习时间可自由支配。

（2）学习的内容有较大的选择性。除了公共必修课和基础课，对于学校开设的选修课，大学生可以根据自己的兴趣、需要、特长进行选择。这给了大学生很大的选择空间，有利于学生个性的发展。

（3）学习方法的自主。大学生经过十几年的学习，摸索总结了一些适合自己的学习方法和经验，在知识和技能的获取上已不要求完全按教师传授的方法，而有较强的自我选择空间。

（五）探索性

大学生的学习具有研究和探索的性质，不仅表现在完成学年论文和毕业论文、参加学术报告会上，而且表现在所学课程内容上。大学阶段的学习专业性较强，有很多专业问题需要深入探究。因此,他们必须培养发现问题、分析问题并解决问题的能力。

第二节　学习心理特点及问题

一、大学生智力因素发展的特点

(一)大学生的观察力

大学生正处于青年时期,其抽象思维能力和认识水平得到进一步发展,这一时期的观察能力同少年时期相比有很大的提高,主要表现出以下特点:一是观察事物的目的更加明确;二是观察事物的敏感性进一步增强;三是观察事物更趋于系统、全面;四是观察事物具有相对的深刻性和稳定性。

(二)大学生的注意力

与中学生相比,大学生的注意力已有明显的发展。一是注意力的指向性更加明确。大学生学习的目的性和自制能力更强,已能自觉地调节控制自己的注意力,逐渐摆脱了对兴趣的高度依赖。二是注意力的集中性有了明显的提高。注意力的指向性与集中性是紧密相连的,大学生注意力的集中较中学生有了明显的提高,尤其是对那些抽象的公式、定义和枯燥乏味的内容也能集中注意力。三是注意力的品质得到进一步发展。注意力的范围、注意力的稳定性、注意力的分配和转移都较中学生有了进一步的发展,更加趋于协调。

(三)大学生的记忆力

随着年龄的增长以及生理机能和心理机能的发展,大学生的记忆水平有了显著的提高,进入了记忆的黄金时期,其主要特点如下。一是有意记忆成为记忆的主流。人们在少年儿童时期的记忆活动多数是凭着自己的兴趣或是在家长、老师等外界因素督促下完成的,他们的记忆以无意记忆和机械记忆为主。大学生则能根据学习的要求和自己的需要,主动自觉地、有意识地进行记忆。二是意义记忆能力得到了明显的提升。意义记忆是在理解记忆内容的基础上进行的记忆。随着观察能力和理解能力的不断提高,大学生的意义记忆能力也显著提高。三是记忆容量大,记忆的敏捷性和持久性好。这些都为学习活动提供了极好的生理条件和心理条件。

(四)大学生的想象力

一是个人想象力更加丰富,想象涉及的领域日益广泛。二是有意想象已占据主要地位。大学生有较明确的学习目标,因而在学习中的想象也多为有目的、有意识的想象,特别是再造想象更趋完善和精确,创造想象也有很大的发展。三是更加注重理想与现实的结合。大学生都有自己的理想。随着人生经验的积累,思想的日渐成熟,他们越来越关注理想与现实的结合,能根据现实情况和个人能力不断作出正确的判断,完善自己的理想,调整努力的方向,使自己的现实更接近于理想。

(五)大学生的思维力

一是思维的广度和深度进一步发展。大学生知识面比较宽,精力旺盛,思路清晰,喜欢思考问题,他们所思考的问题,涉及面极广且已有一定的深度。二是思维更加敏捷,批判性也不断增强。大学生对知识和经验的积累已达到了相当的程度,为深刻认识事物创造了较好的条件。大学生在思维上的批判性也日渐增强。但大学生的思维仍相对单纯,还需要从多个方面、多个角度去看待问题。三是理论思维能力显著提高。大学生掌握了较多的理论知识,经常自觉不自觉地运用这些理论知识去认识事物、解释现象、解决问题,其理论思维能力得到了锻炼,获得了较大的发展。

二、大学生非智力因素发展的特点

(一)大学生的学习动机

一般来说,大学生的学习动机具有以下特点。

一是学习动机呈现多元化特点。每个大学生的家庭环境、接受的教育、成长经历都有所不同,因此其学习动机呈现多元化的特点。有的是为了报答父母多年来的养育之恩;有的是为了不辜负教师的长期培养和期望;有的是自己对某一学科有着浓厚的兴趣,立志在事业上有所作为;有的是为了改变自己的生活现状,为将来谋求一个理想的工作;等等。在学习过程中,往往是几种动机同时存在,但在一定时期总是有一个主导性动机起支配作用。

二是学习动机具有社会意义。随着对社会认识的不断加深,大学生的社会责任感进一步增强,学习动机中的社会因素也更加突出。

三是学习动机具有可变性。大学生的学习动机会随着社会环境以及个人的经历、思想、需要、兴趣、情绪及家庭等因素的不断变化而变化。

四是学习动机还存在着强弱变化的现象。在学习中,并非动机越强越好,学习动机过强反而影响正常的学习。因此,我们所说的增强学习动机也是有限度的,在学习过程中要保持适当的动机强度,以获得最佳的学习效果。

(二)大学生的学习兴趣

大学生的学习兴趣具有以下特点。一是学习兴趣的内容更加广泛和丰富。大学生为了提高自己的综合素质,除了努力学习专业知识和技能外,还十分注意拓宽自己的知识面，积极参加各种科技文化活动，并对国际政治、国家经济及社会发展的方方面面都有着浓厚的兴趣。二是学习兴趣的目标更加明确而稳定。大学生的兴趣虽然十分广泛，但已有了很强的选择性，已能根据社会发展和自己的理想抱负及具体条件有意识地控制、调节自己的学习兴趣，逐渐形成自己的中心兴趣。三是间接兴趣占据主导地位。大学生在学习中既有直接兴趣，又有间接兴趣。由于大学生所学的专业知识难度较大、内容较深，许多枯燥的内容难以直接引起他们的兴趣，所以间接兴趣在学习活动中占据主导地位。

（三）大学生的情绪和情感

大学生的情绪和情感活动非常丰富，具有鲜明的特点。一是情绪活动易于心境化。同中学生相比，大学生已具有较强的控制情绪的能力，一种情绪体验能保持较长的时间。二是特定情况下的情绪表现具有内向性。一般来说，大学生对外界刺激的反应是迅速、敏感的，而且会较为充分地表现出自己的喜怒哀乐等情绪体验。但在某些特定场合下，有的大学生的情绪表现与内心体验不完全一致，甚至相反。三是情绪易于波动，容易产生激情。与成年人相比，大学生的情绪起伏变化较大，具有明显的波动性。这种波动性与大学生心理发育尚未成熟有关，在外界的强烈刺激下，大学生很容易产生激情，表现出强烈的兴奋和冲动情绪。积极的激情可以激发大学生极大的学习热情，消极的激情则可能导致大学生情绪失控，甚至失去理智，作出违法乱纪的事情。因此，大学生只有充分认识到自身在情绪、情感上的这些特点，才能扬长避短，更好地促进学习。

（四）大学生的意志

大学生的意志品质已呈现出较高的水平，但发展不平衡。一是自觉性有很大提高，但惰性仍不同程度地存在。大多数大学生都能自觉地制订学习、生活计划，并努力朝既定目标行动。但惰性在相当一部分大学生身上存在。二是理智大大增强，但自制力仍显薄弱。大学生已能较理性地思考和行动，但仍有不少大学生常常为自己的自制力弱而深感苦恼。他们感到自己容易受内在情绪和外界环境的干扰，导致自己想做的事做不到，制订的计划不能实现，等等。三是有勇敢精神，但毅力却相对不足。大学生血气方刚，富有正义感，敢想、敢说、敢干，内心充满了为真理赴汤蹈火甚至牺牲自己的大无畏气概。然而，比起他们的勇敢精神，毅力则显不足，做事容易虎头蛇尾。四是果断性增强，但带有冲动性。一般情况下，他们喜欢自己做决定，采取行动时表现得自信、果断，但有时这种果断带有轻率、冲动的特点，情绪色彩较重，容易事后后悔。

二、大学生常见的学习心理问题

（一）厌学

在高职大学生中，厌学是比较普遍的一种学习心理问题，主要表现为上课不认真听讲、无精打采、玩手机、打游戏甚至逃课。因为无法获得成就感、对未来没有抱负和期望，无求知上进的愿望，部分同学甚至退学回家。

（二）自卑

自卑主要表现为学习上的不自信，学习成绩差、高考发挥失常等会使部分学生感觉到自己的人生是失败的，对自己的能力产生了怀疑，对于未来比较悲观失望。大学生一旦产生了自卑心理，在学习上就会感觉吃力，出现成绩下降等问题。

（三）焦虑

学习焦虑是指学生由于不能达到预期目标或不能克服障碍而形成的一种紧张不安、恐惧的情绪状态。部分大学生为自己确定了过高的学习目标或抱负，虽竭尽努力，但仍和目标相差甚远，造成心理压力很大，这时就会出现严重的学习焦虑。

（四）学习倦怠

所谓学习倦怠主要指学习的积极性不足。在高中阶段，学习任务较重，学校管理严格，学生们会为了考上大学而付出较大努力。进入大学以后，无论是学习任务，还是学习氛围都较之前有很大的不同，因此部分学生放松了对自己的要求，学习成绩好坏无所谓，只要及格就行，缺乏求知欲和上进心。

第三节　学习能力的培养与提升

一、明确目标，规划学习

（一）制定明确的目标

目标，是人们欲求获得的成果或将要达到的标准，它是行动的指南。没有目标的生活，恰如没有罗盘的航行。目标对人的行为具有导向作用、激励作用和维持作用。中学时代，考大学是我们追求的目标。一旦考上大学，没有新的目标，就会失去学习的动力，出现“动力真空”。有的同学终日玩乐，不思进取，成绩直线下降。因此，大学新生应尽快树立新的学习目标，如继续深造或找到一份好工作，做好学习规划。无论是哪一种目标，大学生都要根据自己的实际情况，制订一份详细的大学学习计划，并善于将大目标分解成具体详细的小目标。这样，才能在大学学习和生活中体会到成就感和充实感。

（二）合理利用时间

“一寸光阴一寸金，寸金难买寸光阴。”浪费时间等于浪费青春、浪费生命。大学可自由支配的时间多，有的同学就利用空闲时间玩乐，如上网、聊天、玩游戏、谈情说爱、逛街等。由于放松了对学习的要求，等到考试前，该看的书没看，该记的东西没记住，只得“临时抱佛脚”。大学生应该学会高效率地利用时间，根据自己的特点，知道什么事情在什么时间做最有效，什么事情先做，什么事情后做，进行科学合理的安排和有效的管理。

（三）注意劳逸结合

虽然大学生应该珍惜时间，充分利用时间，但同时也存在这样一种现象，有一些大学生学习非常刻苦认真，从早到晚不停地看书、做作业，但学习效果并不理想，甚至导致身体出现各种问题。这是没有做到劳逸结合的结果。古人云：文武之道，一张一弛。大学生要学会分配时间，在保证学习时间的条件下，安排好体育锻炼、娱乐休息和社交活动的时间。

二、掌握科学的学习方法

学习方法是指人们为获取知识和技能而采用的手段和途径。古今中外，许多学有所成、贡献卓著的学者在实践中发现了学习生活的许多客观规律，并逐渐形成和发展成科学的学习方法。

（一）提前预习

课前预习对学生深入理解教材内容是十分重要的。学生通过课前预习，记下预习过程中的疑难问题，可以在上课时集中注意力听老师重点讲解这部分内容。如果没有做好预习，那么在课堂上一旦听不懂某一部分内容，就很容易干扰到听课的思路。

（二）做好笔记

课堂上应将老师强调的重点内容、自己未能完全掌握的知识以及自己的一些思考和想法记下来，课后可以和同学、老师探讨交流，解决存在的问题。

（三）不断复习

复习是不断巩固所学知识的一个过程，只有不断地复习，才能彻底掌握知识。德国心理学家艾宾浩斯通过研究发现了人类的遗忘规律，如图 4-1 所示。从图中我们可以看出，遗忘的进程很快，并且先快后慢。某个时间段学到的知识，如不及时复习，那么一天之后就只剩下原来的 33.7%。随着时间的推移，遗忘的速度减慢，遗忘的数量也就减少。因此要学会即时复习，重复复习。

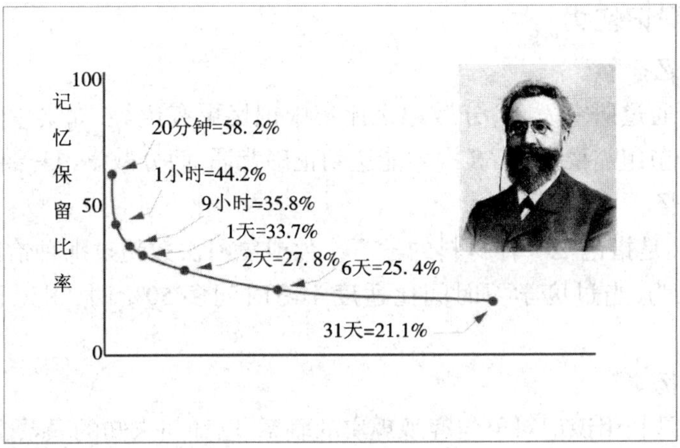

图 4-1　艾宾浩斯遗忘曲线

三、提升学习能力

所谓学习能力，主要指获取知识、增长才干的能力。那么大学生应该培养哪些学习能力呢？

(一)提升注意力

注意力不集中是课堂学习效率低下的根源。导致注意力不集中的因素有很多，有主观的因素，也有外在的因素。那么如何提升注意力呢？一是从思想上重视学习，树立良好的学习态度；二是通过一些方法进行训练，如舒尔特方格法，是全世界范围内最简单、最有效也是最科学的注意力训练方法。通过反复训练，大脑的集中注意力功能就会不断加固、提高。常见的方格表有 25 格、36 格、64 格、81 格、100 格、121 格等。图 4-2 为 81 格的表，在 80 秒内完成为佳。

80	19	42	34	30	26	9	50	41
18	63	37	17	58	57	67	69	36
66	43	70	77	75	16	39	65	81
62	78	53	45	33	59	74	12	5
28	11	4	35	61	51	20	7	3
32	76	49	31	2	46	44	79	54
24	55	56	64	60	40	38	48	73
10	21	68	71	6	29	25	52	13
14	27	1	15	47	8	72	23	22

图 4-2　舒尔特 81 格注意力训练表

（二）增强记忆力

1. 分散记忆

艾宾浩斯通过研究发现，分散记忆比集中记忆更有优势，如集中学习一个包含12个音节的音节组需要阅读68次才能达到正确背诵，而分散学习只要35次。

2. 过度记忆

过度记忆，是指记忆一种材料的学习次数或复习次数超过那种恰能熟练背诵的次数。一般认为，当过度学习时间比适度学习时间多50%时，识记和保持的效果最好。

3. 联想记忆

联想记忆是利用识记对象与客观现实的联系、已知与未知的联系、材料内部各部分之间的联系来记忆的方法。在实际学习过程中，经常会遇到一些枯燥的理论，那么联想记忆法就能帮助我们记忆。联想记忆法包括对比联想记忆法、相似联想记忆法、形象联想记忆及奇特联想记忆法等。

4. 理解记忆

理解记忆就是通过对事物内在的、本质的规律的理解进行记忆。理解是记忆的前提和基础，艾宾浩斯在做记忆实验时发现：记住12个无意义音节，平均需要重复16.5次；记住36个无意义音节，需重复54次；而记忆六首诗中的480个音节，平均只需要重复8次。

（三）培养自学的能力

自学能力是大学生最需要掌握的一种能力。大学教学往往是提纲挈领式的，教师在课堂上只讲难点、疑点、重点或者自己研究最有心得的一部分，其余部分就由学生自己去攻读、理解、掌握。因此对于学生自学能力的要求就提高了。培养自学能力要从以下个几个方面入手：①确定学习目标；②制订学习计划；③安排学习时间；④独立完成作业；⑤检查学习效果；⑥查阅资料，检索文献；⑦批判式学习；⑧培养求知、求真、求实精神，积极探索客观事物发展变化的规律。

四、树立发展式学习理念

发展式学习理念就是将学习当成个人终生发展的任务，在不同的人生阶段指向不同的目标，建立客观、合理的评价体系，确立自我价值，应对学习中的困难，调节心理冲突，在获得知识、能力的同时，也达到心理上的和谐、统一。

在知识经济时代，学习是一个动态发展的过程，学习过程不会随着学校生活的结束而结束，而是伴随着人的一生，在人生的不同阶段都有相应的学习任务。现代社会要求人们终身学习，因而，在大学学会怎样学习，会为将来的终身学习打下良好的基础。只有树立发展式学习理念,懂得学习是发展的一项终身任务,明确个人的发展目标,确立恰当的自我评价体系,才有助于克服困难,获得更多的知识,保持心态的平和。

【心理互动】

一、心理测试——隐藏图形测验

(一)测试要求及题目

下图中有简单图形和复杂图形两种图形,请在下面较复杂的图形中用铅笔勾画出隐藏在其中的简单图形。

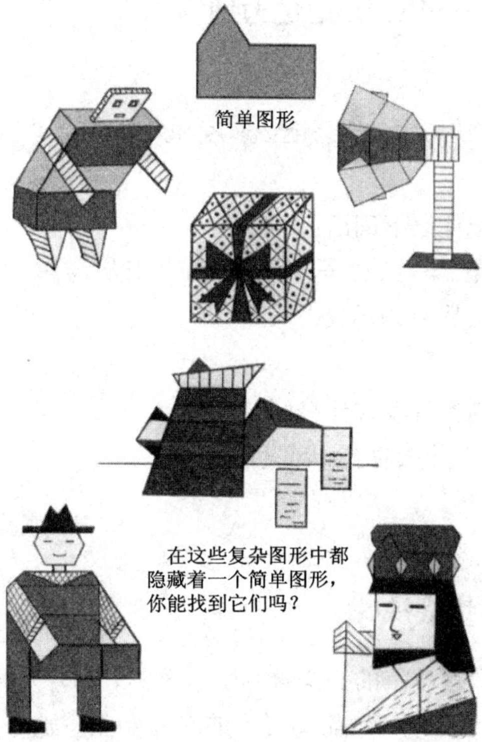

(二)测验结果

如果能轻松地从复杂图形中找出简单图形,说明是场独立者,通常更喜欢自然科学,自然科学成绩好,社会科学成绩差,能够独立自觉地学习,受内在动机支配。如果很难从复杂图形中找出简单图形,则表示是场依存者,通常更喜欢社会科学,自然科学成绩差,社会科学成绩好,容易受暗示,学习欠主动,受外在动机的支配。

二、心理活动——记忆力、观察力培养

（一）活动目的

培养学生获得良好的观察力，善于找出和发现事物间的规律。

（二）具体操作

请用最快的时间记住以下数字：

1 3 5 8 1 3 2 1 3 4 5 5 8 9 1 4 4 2 3 3 3 7 7 6 1 0 9 8 7 1 5 9 7 2 5 8 4

（三）讨论

1. 你是如何记忆的？有没有什么好的方法？
2. 通过这个活动，有什么收获和感想？

三、心理活动——想象力、记忆力训练

（一）活动目的

培养学生良好的联想能力，提高记忆速度和效果。

（二）具体操作

请用最快的时间记住以下词语：

毛毛虫、健美、花菜、桑叶、竹子、梅花、袜子、时装、宇宙、获奖、球场、明星、工人、豆腐、茄子、啤酒、赌场、掌柜、师父、蝴蝶。

（三）讨论

1. 你是如何记忆的？有没有什么好的方法？
2. 通过这个活动，有什么收获和感想？

【心理拓展】

一、推荐影片：《垫底辣妹》

本片是根据真实故事改编的一个青春励志电影。影片女主角工藤沙耶加就读于一所女子高中，是一个打扮入时、甜美可爱的时尚女孩。她每日浓妆艳抹，和朋友们昏天黑地地玩耍，对于学习完全不上心，并且在学校犯了一些错误，受到学校的处分。后来在妈妈的影响和建议下，工藤沙耶加决定到补习班补习。虽然经过测试，她的知识水平仅仅相当于小学四年级的水平，但是在培训班老师的鼓励和帮助下，在自身的疯狂努力下，她最终成功考取了庆应大学。工藤沙耶加最终的成功取决于很多因素，如母亲的不放弃、父亲态度的转变、朋友的支持、补习班老师的指导和鼓励、良好的学习方法、自身的努力等。

二、推荐书籍:《超级记忆》

本书是思维导图发明者东尼·博赞的著作之一,介绍了各种独特的记忆方法,可以帮助我们记忆人的名字和面孔,数字、日期、表格,以及演讲、文章、诗歌,甚至一整本书！书中还有专门章节讲授如何将记忆法运用到牌技中、新语言的学习与考试应对中等。如果能认真领会本书所讲到的记忆方法,将会有效地提升你的记忆能力。

第五章　大学生情绪管理

【学习目标】

1. 了解情绪的特点及常见的情绪困扰。
2. 掌握情绪调适的方法，学会自主调控情绪，保持良好的情绪状态。

【心理课堂】

小云，某高职大一学生，是一个善于与人交往、性格开朗、乐观活泼的女生，担任了所在班级的班长，加入了校学生会，一切看起来都挺好的。但这只是表象，她内心却并没感觉到开心，有很多难言的苦楚，只能一个人默默承受。

在生活中，我们可能都会存在这样的状态，展现给别人的一面只是表面的情绪状态，而非内心真实的情绪状态。情绪是心理的重要组成部分，作为社会人，每个人都体验过喜悦、愤怒、悲哀、恐惧等各种情绪。然而，情绪作为人类最复杂的心理现象之一，常常令人困惑。大学生正处在人生发展的黄金时期和心理成长的重要时期，思维活跃，充满激情，情绪特征更具特色。

第一节　情绪概述

一、什么是情绪

关于情绪，美国心理学的奠基者威廉·詹姆斯于 1884 年写了《什么是情绪》的文章。时至今日，心理学家们仍在继续探讨这个问题。研究情绪的学者们对如何定义情绪仍意见不一。他们普遍认为，情绪是一种多形式、多水平、多功能的复杂的心理过程，由主观体验、生理唤起和外在表现构成。

情绪的主观体验是大脑的一种感受状态，是心理活动的一种带有独特色调的觉知或意识。它与人的切身需要和主观态度密切相连。凡是与人的需要有关的事物，由于对人有一定的意义，必然使人对之产生一定的态度，并以带有某种特殊色调的主观体验或内心感受的形式表现出来。如当自己的某些需要得到充分满足时，会感到幸福愉快；当失去亲人时，会感到悲伤。

情绪的生理唤起包括在情绪活动中产生的所有生理变化。任何情绪都有其生理基础,并总是发生在一定的生理唤起水平上。在不同的情绪状态下,人的心律、血压、呼吸以及内分泌、消化系统等都会发生相应的变化。例如,悲伤时,会出现食欲减退、消化不良等不适感;激动时,会出现血压升高、心跳加快的现象。这些生理变化不仅支持和维持着情绪,而且影响着情绪的强度和持续时间。

情绪的外在表现指表征具体情绪的面部表情和身体姿势。在情绪活动中,人的面部、四肢和躯干的动作、姿态会发生明显的模式性变化,如目瞪口呆、捶胸顿足、咬牙切齿和手舞足蹈等。这些变化因可以被他人直接观察到,往往成为情绪活动的表面特征,所以亦被人们统称为表情。

情绪的主观体验、生理唤起及外在表现同时存在、同时活动,构成一个完整的情绪体验过程。任何单一的成分都不足以构成情绪,只有当 3 种成分整合时,情绪才能产生。例如,当一个人佯装开心时,他只有开心的外在表现,而没有内在的主观体验和生理唤起,因而就称不上是真正的快乐。同时,在情绪活动中,这 3 种成分以反馈的方式相互影响或循环往复地相互作用,彼此间相互加强或减弱,相互补充或改变。

综上所述,情绪是一种由客观现实与人的需要相互作用而产生的包括主观体验、生理唤起和外在表现 3 种成分的整合性心理过程。

二、情绪的类型及状态

(一)情绪的类型

按情绪的发展分类,可分为基本情绪和社会情绪。基本情绪是与生理需要相联系的内心体验,例如人的恐惧、焦虑、满足、悲哀等。人的基本情绪在人的幼年时期就已经形成了,更带有先天遗传的因素。社会情绪是与社会需要相联系的情绪反应,表现为一种较为复杂而又稳定的态度,例如人的善恶感、责任感、羞耻感、内疚感、荣誉感、美感和幸福感等。社会情绪是在基础情绪上随着人的成长而逐步发展起来的,同时又通过基础情绪表现出来。

(三)情绪的三维理论

美国心理学家普拉奇克从生物学的角度提出了情绪的三维理论,即情绪具有两极性、相似性和强弱性的特点。例如,喜悦的情绪,从兴奋程度上可表现为舒畅、愉悦、快乐、欢喜、狂喜等不同的心理体验层次;而愤怒的情绪,从紧张程度上也可分为不满、气恼、愤懑、恼怒、愤怒、大怒、狂怒等;悲哀的情绪从程度上则可分为忧虑、忧愁、忧郁、哀伤、悲伤、悲痛、痛不欲生;恐惧的情绪从程度上可分为担心、不安、害怕、恐惧、惊恐、极度惊恐等。

(四)情绪状态

前苏联心理学家根据情绪发生的强度、持续性、紧张度把情绪状态划分为心境、激情与应激3种形态。

心境是指比较微弱、持久地影响人的整个精神活动的情绪状态，具有弥散性的特点。比如，当一个人心情舒畅时，他看什么都会觉得乐观积极；而当一个人郁郁寡欢时，则对许多事都会感到没有兴趣。“忧者见之而忧，喜者见之而喜”，就是心境的表现。心境有消极和积极之分。

激情是一种强烈的、短暂的、有爆发性的情绪状态，如狂喜、愤怒、绝望等都属于这种情绪状态。在激情状态下，人的理解力、自制力等都有可能降低。激情也有积极和消极之分。积极的激情能增强人的魄力，激励人们克服艰险、攻克难关；消极的激情则会导致理智的暂时丧失以及行为的失控。

应激是由出乎意料的紧迫情况所引起的高度紧张的情绪状态，人们在遇到突如其来的紧急事故时就会出现应激状态。在应激状态下，人的心律、血压、呼吸和肌肉紧张度等发生显著的变化，从而增加身体的应变能力。在应激状态下，人们往往能做到平时难以做到的事，以尽快地转危为安。但是紧急情境中的应激状态，也会导致人知觉延缓、行动刻板、注意力被局限；过于强烈的应激情绪，会导致心理创伤，还会导致人的临时性休克甚至死亡。一个人长期或频繁地处于应激状态中，会出现身心疾病和心理障碍。

三、情绪的功能

（一）情绪的保护功能

每一种情绪都是有其功能的，即使生气、痛苦等负性情绪也有重要作用。比如，当人处于危险的境地时，恐惧的情绪反应能使人在行为上更快地脱离险境；当人在工作或学习中承担的任务超出了自身的承受能力时，疲惫的情绪状态会使人不得不放弃一些工作，以获得休息；在面对伤害时，愤怒的情绪会促使人奋起反抗，保护自我。

（二）情绪的健康功能

人对社会的适应是通过调节情绪来进行的，情绪的好坏会直接影响到身心健康。积极的情绪有助于身心健康，消极的情绪会引起人的各种疾病。《黄帝内经》中就有“怒伤肝，喜伤心，思伤脾，忧伤肺，恐伤肾”的记载。年轻时性情压抑、易焦虑和愤怒的人，患结核病、心脏病和癌症的概率会比性情沉稳豁达的人高。

（三）情绪的调控功能

情绪对于人们的认知过程具有或积极或消极的影响。积极的情绪会提高大脑活动的效率，提高认知操作的速度与质量。而消极的情绪，如恐惧、悲哀、愤怒等，会干扰或抑制认知功能，对认知活动具有瓦解作用。因此，情绪的调控功能是非常重要的。情绪的好坏与唤醒水平会影响到人们的认知操作效能。这一功能的揭示，更新了过去曾把情绪作为理智的对立面来认识的错误观念，打开了非智力因素直接影响智力因素的一条重要通道，对于人类的实践活动，尤其是学习活动，具有不可估量的价值。

（四）情绪的沟通功能

情绪的沟通功能是指个人的情绪通过表情外显而具有信息传递的功能。一个人凭借表情不仅能传递情绪信息，而且也能传递自己的思想和愿望。情绪的沟通功能主要是通过其外部的表现及表情来实现的。它在传递信息方面具有独特作用，能加强语言的表达力，提高言语的生动性，有时能替代言语甚至超越言语。

情绪在人际沟通中起着非常重要的调节作用，像微笑、轻松、热情、喜悦、宽容和善意的情绪表达，会促进人际的沟通；而冷漠、猜疑、排斥、偏执、嫉妒、轻视的情绪反应，则会构成人际交往的障碍。

第二节　情绪的特点及影响

大学生处在生理和心理发展的重要阶段，身心的剧烈变化明显地反映在情绪上，且带有鲜明的特色，呈现出一定的年龄特征。

一、大学生情绪发展的特点

（一）情绪具有丰富性与复杂性

大学生有着丰富、复杂又多变的情绪体验。究其原因，一是大学生正处于心理和生理的发育亢奋期，生命力高度旺盛，这是主体内在的客观因素；二是精神活动的无限性、剧烈性以及作为其物质载体的大脑发育的健全性和相对的优化性，这二者之间的相互依赖与摩擦运动，使特定主体的大脑处于高度兴奋状态，这是主体内部的主观因素。主客观因素共同驱动着主体内部产生既多样又速变的情绪，使其具有丰富性、复杂性。具体表现在以下 3 个方面。

在自我情感方面，大学生自我认识的内容越来越丰富，不仅限于对个人禀赋、体魄的认识，还包括对地位、名望、个性、智能、道德水准等方面的认识。

在两性情感方面，大学生的性成熟，在心理上反映为对爱情的需求。由于大学生有较高的文化素养、较强的自我意识，在两性生活中重视精神生活，追求情感上的默契与微妙性，希望获得具有浪漫气息的爱情。

在社会情感方面，大学生精力充沛、思想活跃、兴趣广泛。旺盛的物质需求和精神需求使大学生的视野更开阔。随着知识和经验的增多，大学生加深了对自我和社会关系的认识，这种丰富的情感体验还会促进高层次的社会情感，如理智感、道德感、美感、爱国主义情操的产生。

（二）情绪体验强烈

美国心理学家霍尔曾称青春期为“疾风怒涛期”。大学生的情绪具有强烈性、爆发性和易激动性，即冲动性比较强。同样的刺激情境，可能不会引起中年人的情绪反应，但却能引起大学生较强烈的情绪体验。大学生的情绪反应比较强烈，表现在对外部刺激反应迅速敏锐，喜怒哀乐表现得都比较充分，高兴时手舞足蹈，气愤时暴跳如雷，消沉时无精打采。此外，大学生情绪起伏波动比较多。这主要体现在 3 个方面：一是大学生情绪容易在两极间变化，从一个极端转向另一个极端；二是大学生常常表现出莫名其妙的情绪波动和交替，有学生说“不知道为什么我的情绪一段时间高涨，一段时间低落，总是呈波浪形”；三是在情绪波动的情况下有时会失去理智，作出非理性的行为。

大学生情绪起伏波动的主要原因如下：其一，大学生内分泌系统的活动特点使大学生的神经活动往往优于抑制过程，并且容易引起兴奋的泛化和扩散，导致情绪的冲动性较强；其二，大学生辩证思维的发展水平还不是很高，对于一些事物容易产生偏激认识；其三，大学生的社会活动范围扩大，影响情绪的各种因素大量出现，如人际关系、学习成绩、恋爱等。

（三）情绪的敏感性强

现代大学生对自己的期望、要求普遍较高，自我意识的发展使他们强烈需要肯定自己和得到别人的重视、尊重。因此，他们特别喜欢表现自己，以证明自己的价值。具体表现在：有的人喜欢对某一件事高谈阔论，以此来提高自己的声望；有的人通过各种比赛和竞赛来展示自己的才华，希望能博得别人的好感和青睐；有的人故意在某些事情上做得与众不同，以期引人注目；有的人甚至自吹自擂，通过真假参半地炫耀自己的特殊社会关系和某些成就，来提高自己的身份。

（四）情绪具有掩饰性和压抑性

随着年龄的增长，大学生的自我控制和调节情绪的能力逐步提高，在情绪表现上会带有掩饰性和压抑性的特点。大学生会根据不同的情境表现出不同的情绪，出现外在表现和内在体验的不一致。这种情形一方面可能导致大学生压抑和苦闷等负性情绪的出现；另一方面也会产生一种假象，造成交流障碍。

（五）情绪的冲动性和爆发性

大学生精力旺盛，常因一点小事振奋不已、豪情万丈，也会因为一个微小的社会刺激而怒发冲冠、言行过激。大学生情绪的冲动性一般表现为对外部环境或他人的不满，语言、行动极富攻击性，如果不予以引导，会给大学生本人以及社会带来危害。

二、情绪对大学生的影响

根据前文对情绪功能的论述可知，正性情绪对个体发挥自己的能力，更好地适应社会，更好地与人交往都起着积极的作用；而负性情绪则会束缚大学生的发展与成长。具体来说，情绪与大学生的生活、学习、人际交往、个人发展密切相关，对大学生的身心健康、学业发展和个人成长都有直接的影响。

（一）情绪对大学生身心健康的影响

心理学家曾利用猴子进行过一个实验，将两只猴子同时关在笼子里，一只被捆住，不能动；一只可以在笼子里活动。实验者每隔 20 秒对猴子进行一次电击，每次放电前 5 秒，笼子里的红灯就会亮起。笼子里有一个开关，每当红灯亮起，只要按动开关就可以逃出笼子。可活动的那只猴子发现了这个开关。实验在不间断地进行，最后能活动的猴子先死了，因为这只能活动的猴子始终处于高度紧张、焦虑的状态，对身体产生了严重的不良影响。因此良好的情绪状态，不仅能够使大学生对生活充满希望，对自己满怀信心，而且能够使他们身体健康、求知欲增强，并因此建立良好的人际关系，促进自身的全面发展。消极的情绪对人的身心健康危害极大。

现代医学研究证明，70% 的疾病患者同时伴有心理疾病。大学生中常见的失眠、紧张、神经性头痛、消化系统疾病等，大都是因为情绪状态没能得到很好的调整。因此，良好的情绪状态是大学生心理健康的重要标志。

（二）情绪对大学生学业发展的影响

对于大学生来讲，情绪状态对于学业有着举足轻重的影响。在大学生当中常常存在这种现象：有人考前过分紧张，导致考试发挥失常；有人对考试抱有不以为然的态度，结果考试成绩也不理想；而积极乐观的情绪则会帮助大学生提高学习效率。许多事实可以证明，一个聪明的人如果没有一个好的心态，他的能力也无法发挥。良好的心态，是一个人最大限度地发挥自己的能力的基础和前提。

（三）情绪对大学生人际关系的影响

由于情绪具有感染性，大学生的情绪状态常常会影响身边的同学。乐观、自信的人，总是受人欢迎，容易获得别人的认同，从而更容易建立良好的人际关系。而自卑、易怒、抑郁的人，往往不能与他人正常交往，导致人际关系疏远。因此，大学生在人际交往中，要注重提高自身修养，学会控制和调节自己的情绪，做情绪的主人。

三、大学生情绪健康的标准

情绪健康是人格健全的必要条件。一般而言，情绪的目的恰当、反应适度，符合社会规范的要求，就是情绪健康的标准。美国心理学家马斯洛在阐述“自我实现者”

的情绪特点时，曾经提出了健康情绪的6个特征：①适度的欲望；②有清醒的理智；③平和、稳定、愉悦和接纳自己；④对人类有深刻、诚挚的感情；⑤富于哲理、善意的幽默感；⑥有丰富、深刻的自我情感体验。

对大学生来说，情绪健康具体表现为：情绪的基调是积极、乐观、愉快、稳定的，具有调控不良情绪的能力，情绪反应适度，高级的社会情感（理智感、道德感、美感等）发展良好。

第三节　常见的情绪困扰

一、大学生常见的情绪困扰

大学生的情绪困扰，一般是指生活和学习中的事件引起的悲伤、痛苦、愤怒等长时间持续，不能消除，以致影响到生存和发展的消极情绪状态。大学生常见的情绪困扰主要有以下几个方面。

（一）焦虑

焦虑是一种伴随着某种不祥预感而产生的令人不愉快的情绪，是一种复杂的情绪状态。它包含紧张、不安、惧怕、烦躁、压抑等情绪体验。许多人说不出自己焦虑的原因，但研究已经表明，事情的不确定性是产生焦虑的根源。

焦虑可划分为三类：一是神经性焦虑，指担心无法控制内心的欲望与冲突而引起的恐惧感，有时是无名的恐惧，有时是强烈的非理性恐惧；二是现实性焦虑，这种焦虑是由现实环境的压力与困难引起的，大学生自我无力应付，例如无力参与竞争、期望过高、要求过严、社会文化差异大等；三是道德性焦虑，是由社会生活准则引起的大学生的自我责备与羞愧感，因唯恐犯错误或触犯不能逾越的规定，时常自责或受到罪恶感的威胁。这3种类型的焦虑不是单一的，有时神经性焦虑与现实性焦虑混合起来，有时道德性焦虑与现实性焦虑混合起来，有时神经性焦虑与道德性焦虑混合起来，有时也有可能是3种焦虑的混合。

常见的引起大学生焦虑的原因有以下几方面。

1. 新环境适应困难

这是大学新生中比较常见的情况。由于生活环境和学习方式的转变，大学生难以很快适应新环境，出现各种焦虑反应。如有一位到心理咨询中心咨询的大学生表示，进入大学以前，生活上的事都由父母包办，衣食住行都有人给自己安排，现在这一切都要自己来做，却不知如何去做；学习紧张，还要想着怎么去处理这些事，因此感到焦虑不安。

2. 不适应学习方式方法

不少大学生习惯了高中时那种被动的学习方式，对大学的学习方式不能很快适应。教师课上讲的内容不多，自己自学的时间较多。到了图书馆，又不知从何学起、无所适从，由于学习方法不得要领，学习成绩下降。一些大学生对以后的学习生活和前途感到焦虑不安，极个别的大学生担心自己会完不成学业，从而陷入焦虑状态之中。

3. 应付各种考试

考试焦虑是大学生中较常见的情绪表现，即由于担心考试失败或渴望获得更好的分数而产生的一种忧虑、紧张的心理状态。考试焦虑一般在考试前数天就表现出来，随着考试日期的临近而趋于严重。研究表明，把对好成绩的期望降低到适当的水平，可以减轻考试焦虑。

4. 对于身体健康状况的过分关注

学生学习比较紧张，脑力劳动任务比较繁重，可能会使健康水平下降。当这些因素作用于那些过分关注自己健康状况的大学生时，便有可能导致焦虑的产生。心理咨询中心常接待一些大学生，自感身体不适、睡不好觉，几次到医院去检查，所有指标都正常，但就是自感身体不舒服、终日无精打采。对于这种情况，要正确认识人的脑力活动对健康的影响，合理安排时间，注意劳逸结合、增强体育锻炼，而不应该沉湎于对身体状况的过分关注中，因为这有可能通过暗示作用使自身的各种不适感加重，从而加重焦虑情绪。

（二）抑郁

抑郁是大学生中常见的情绪困扰，是一种感到无力应付外界压力而产生的消极情绪，常常伴有厌恶、痛苦、羞愧、自卑等情绪体验。对大多数人来说，抑郁只是偶尔出现，为时短暂，很快会消失。但也有少数人长期处于抑郁状态，甚至出现抑郁症。性格内向孤僻、多疑多虑、不爱交际、生活中遭遇意外的挫折、长期努力得不到回报的人更容易陷入抑郁状态。

大学生抑郁的主要表现是：情绪低落、思维迟缓、郁郁寡欢、闷闷不乐、兴趣丧失、缺乏活力、反应迟钝，干什么都打不起精神，不愿参加社交，故意回避熟人，对生活缺乏信心，体验不到生活的快乐，并伴有食欲减退、失眠等。他们看上去倦怠疲乏、表情冷漠、面色灰暗，仿佛陷入了痛苦的深渊而无力自拔。长期的抑郁会使人的身心受到严重损害，使人无法有效地学习、工作和生活。

要避免抑郁或从抑郁中解脱出来，就需要正确地评价自己，了解自己的长处，增强自信；调整认知方式，学会多角度地看待事情；扩大人际交往范围，多与人沟通，多交朋友。如果抑郁情绪较严重，应寻求心理医生帮助。

（三）冷漠

冷漠是一种对人、对事不关心、漠然的消极情绪体验。正处在青年期的大学生，情绪丰富而强烈。但有的大学生却表现出对一切都不关心的状态。日本心理学家把具有这种冷漠状态的大学生称为“三无”学生，即无情感、无关心、无气力。

大学生应充分意识到冷漠的危害性，分析自己冷漠的原因，积极转变观念并采取行动。人际关系是相互的，要获得别人的友情，就不能对人冷漠。性格内向、情感含蓄的大学生，更应主动走出自己的世界，积极地投身于各项活动中，从中获得乐趣；明白生活中虽然有假恶丑，但不应因遭受几次挫折和不幸就失去信心。俄国诗人普希金说：“假如生活欺骗了你，不要忧郁，也不要悲伤，不顺心时暂且忍耐；相信吧，快乐之日就会到来。”

（四）愤怒

愤怒是当愿望不能实现或受到挫折时出现的一种紧张、不愉快的情绪。愤怒在人的成长过程中出现较早。3个月的婴儿就有愤怒的表现，如果限制婴儿探索外界环境便能引起他的愤怒。在成人身上，愤怒依赖于人已形成的道德标准，常属于道德感的范畴。愤怒的程度从不满、生气、愠怒到大怒、暴怒。愤怒的强度和表现与人的修养密切相关。发怒对一个人的心身健康有明显的不良影响。通常当人发怒时，会出现心跳加速、心律失常，严重时可能心脏停搏。此外，以下方法会对大学生有效地控制发怒有所帮助：①明理，只有尊重他人才能获得他人的尊重，凡事多想想别人，多想想后果；②宽容，只有宽以待人才能真正帮助他人，才能赢得友谊；③自制，俄国作家屠格涅夫就曾经劝告那些易怒的人，在发怒之前，先将舌头在口内转10圈，用以自制；④转移，当感到自己难以控制愤怒时，采用转移注意力的办法。

（五）嫉妒

嫉妒是具有一定普遍性的不良情绪。引起大学生嫉妒的因素主要有以下几类：外表、成绩、能力、物质条件、恋人、运气等。虽说嫉妒是人类的一种通病，但那些自尊心过强、虚荣心过重、自信心不足、以自我为中心、认知有偏差、自控能力弱的大学生更易产生嫉妒，而且程度也较一般更重。

嫉妒心会影响大学生的人际关系，造成同学间的隔阂甚至对立，同时使自己处于烦躁、痛苦的情绪中，因而需要很好地调节。首先，要学会进行正确的比较，每个人都既有长处，也有短处，关键是要善于学习别人的长处，弥补自己的短处；其次，要化消极的嫉妒为积极的进取，奋发努力，缩小差距；最后，要充实自己的生活。培根就曾经说过：“嫉妒是一种四处游荡的情欲，能享有它的只能是闲人，每一个埋头于自己事业的人，是没有工夫去嫉妒别人的。”

二、大学生产生情绪困扰的原因

针对同样一件事情，我们体验到的是正性还是负性情绪都不是绝对的，而是相对的。我们愉快与否，并不完全取决于事情本身，还取决于另外一些因素。

（1）认知方式，即我们看待问题的方式。其实，快乐与否有时候不取决于我们有没有钱，有没有地位，有没有学历，长得是否漂亮，而是取决于我们对生活的态度。任何事物都有好的一面，也有坏的一面，如果总是从消极的方面去看待，就永远享受不到快乐。在生活中，看待问题的方式不一样、心态不一样，情绪的性质也不一样。

（2）心境会决定情绪的好坏。同样一件事情，我们是感到高兴还是痛苦，有时取决于我们的情绪底色，即情绪背景。如果我们的情绪底色是比较不愉快的或悲伤的，那么即使你正在吃美味佳肴，也不会有好的胃口，所以有时候我们需要了解自己的情绪背景。当一个人情绪背景不好的时候，就不要奢望他和你相处的时候还能很开心、很愉快。

（3）期望值会影响我们的情绪。另一个决定因素是我们的期望，即预期值。同样 70 分，有人高兴，有人伤心，有人郁闷，因为期望值不一样。我们常常劝人，知足常乐，但有时降低自己的目标很难，那么我们可以调整自己对目标实现程度的期望值。我们不是要简单地降低目标，而是要根据自己的实际情况，实事求是地设计目标（包括过程目标和终极目标），并对目标的实现建立合理的期望值，脚踏实地地一步一步朝着目标往前走过去。

第四节　情绪的管理及调适

情绪管理就是通过自己对情绪的察觉，以各种建设性的方式加以调节，实现自己对情绪的有效把握。对于大学生来讲，管理情绪、调节情绪、驾驭情绪、做情绪的主人，不仅是维护身心健康的需要，也是大学生自我发展的前提条件。

一、认识自己的情绪

伴随着情绪的产生，人体在心理和生理上慢慢积蓄起一定的能量。我们在日常生活中，会自觉或不自觉地发泄这种能量，如快乐时的手舞足蹈，失去亲人时的失声痛哭，愤怒时的暴跳如雷等。当我们经历巨大的情绪变化时，犹如积蓄了能量的气球，如果不加调整就会出现失控的现象。因此，认识生命的主导情绪是情绪管理的第一步。

（一）了解自己的个性特征

一个人的情绪特点，往往与其气质和性格特征密切相关。因此，了解自己的气质与个性，对于认识和把握自己的情绪特点有着重要的意义。例如，有的人脾气急，有的人则性子慢，有的人风风火火，也有的人多愁善感，这些都与一个人的个性和心理特征有直接的关系。

（二）了解自己的情绪年龄

所谓情绪年龄，是一个人的情绪发展水平的衡量标志。心理学研究表明，不同年龄的人在情绪的各方面具有不同的发展水平和特点。人的情绪年龄水平有两种表现：其一，是否符合该年龄的认知逻辑水平；其二，是否符合该年龄段的表现和调节情绪的方式。例如，一些独生子女大学生，由于父母长期的过度照顾，在情绪的自我控制能力方面滞后于他们实际的年龄。

（三）善于识别不良情绪

不良情绪是指会给自己及他人带来不良影响甚至伤害的消极情绪状态。不良情绪持续时间过长，超过了自己所能承受的强度，就会给自己及他人带来伤害，甚至导致严重的情感障碍、人格障碍等心理疾患。

个体的情绪状态受多方面因素的影响。遇到相同的事件，不同个体会有不同的情绪表现，而同一个人在不同的阶段遇到相同的事件，表现亦不相同。例如：考试成绩刚到 60 分，有的同学会松一口气，认为自己终于没有挂科；而有的同学会因自己没达到预期目标而沮丧不已。察觉自己的情绪状态的一个基本方式就是进行横向和纵向比较。横向比较即与自己情况相近的人比，若有相同情况发生在和自己同龄、情况相近的同学身上，同学会有怎样的反应，我的反应与之有何异同。如果情绪反应相近，会帮助我们认识自己的正常情绪过程，接纳自己的情绪；如果情绪反应明显不同，便提示我们需要积极调整情绪状态，必要时应寻求心理帮助。

需要注意的是，鉴于个体的差异及经验的限制，横向与纵向的比较不是分离的，需互相结合，以便积极察觉自己的情绪状态，及时有效地进行调节。此外，还可以通过一定的心理测验，如焦虑自评量表、抑郁自评量表，来了解自己的情绪状态。

二、接纳自己的情绪

人的各种情绪状态如同月亮的阴晴圆缺一样，都是我们情绪的一部分，是情绪的正常表现。我们不可能永远都有正性情绪，悲伤、失望、愤怒等同样是我们生活中不可缺少的部分。因此，同学们要学会接纳自己的负性情绪，走出情绪认识的误区。常见的情绪认识误区有以下几个方面。

（一）负性情绪是不好的，我不能有不好的情绪

小叶患了一种奇怪的皮肤病，据说该病与自身免疫系统和心情有关。医生强调小叶要保持心情愉快，于是小叶就对不好的情绪有了警惕性，一旦遇到不顺利的事情，小叶就想："怎么办啊，我不能不高兴，不然病情会发展！"但是越想躲开不好的情绪，越躲不开。为此小叶变得紧张、容易发火，甚至睡觉都困难了。

小叶不能接受自己的负性情绪,只能带来更多的担忧和焦虑。有时情绪的产生不是理性能控制的,我们只有以开放的心态接纳自己的情绪,才能更好地对其进行调整和管理。

(二)我能完全掌控我的情绪

强强是同学心目中的“硬汉”班长,他学习成绩优异,积极参加集体活动,不怕脏累,几乎是“铁人”,同学从未见他悲伤或者表现出一丝失落。但是因一次学生会竞选失败,强强变得沉默不语、体弱多病。虽然他谈到对竞选一事并不介意,但是对自己不明原因的胃痛、头痛却感到烦恼。当进一步谈到竞选失败的失望情绪时,强强说自己是个坚强的人,完全可以控制情绪,所以从不会表现出失落,但是似乎一切不能任由自己掌控,为此他特别苦恼。经过与咨询老师的探讨,强强不由自主地落泪了,同时感到了精神的放松,不明原因的胃痛、头痛也好了。

由此可见,情绪的产生、发展过程是不能完全由理性控制的,也不能完全由主观意志改变。因此,重视自身情绪发展的规律,明白哪些是主观可以调节的,哪些是情绪发展的客观过程,可以帮助我们更好地与情绪相处。

(三)他的情绪是脱缰的马

晓伟从小是乖孩子,对父母言听计从,父母也对其宠爱有加,从未动手打骂。但是自从高三的一件事后,晓伟变了。高三的一个下午,外出回家的爸爸听说晓伟没有做作业就出去玩了,不由分说地对晓伟扬起了鞭子,之后晓伟沉默了很多天。自此,晓伟在邻居、同学面前依然是个乖孩子,不和人争执,但是一碰到不顺心的事情,马上对父母拳脚相加。晓伟自感脾气上来根本控制不了,内心充满委屈愤怒,必须殴打父母才能平复。这种情况持续了4年,父亲多次受伤,母亲伤心哭泣,晓伟也很后悔,但是情绪就像一匹脱缰的马,发作的时候难以控制。

晓伟在高三被父亲打骂后,选择了通过打骂父母表达负性情绪。对高三被打事件的情绪处理不良是诱因,但是长期任由情绪支配、冲动伤人是晓伟发泄情绪的途径。情绪产生后是不可遏制和无能为力的吗?答案是否定的。情绪的过程有客观性,我们可以改变自己的认知,可以主动选择积极的不具伤害性的方式来调整情绪状态。晓伟经过一段家庭治疗后,愿意选择通过运动的方式驾驭情绪这匹“脱缰之马”。

三、正确表达情绪

情绪表达方式包括两个方面:一方面为心理表达,另一方面为生理表达。心理表达是指在心理层面将情绪表达出来,如通过认知、体验、表情、言语、行动等方式。生理表达方式包括心率、血压、呼吸、平滑肌收缩、内分泌改变等。一般情况下,两种表达相互伴随。若情绪的心理表达不足,生理表达则增强。而我们可以主观调节的是心理表达。一般来说,情绪的心理表达包含以下 4 个层次。

(一)向自我表达

向自我表达是让自我意识到情绪产生的性质、特点及原因等,既要认识到自己的情绪变化,又要察觉到情绪的起因、性质等,这样便可适时调整情绪。若对自己的愤怒情绪不管不顾,便很可能在激动情绪的影响下采取过激行为,也可能无意识地将愤怒情绪传递给周围的人。可以想象,一位因家务事隐隐不快的公交售票员,如果意识不到自己的情绪,难免会将莫名的怒火对乘客发泄。情绪的自我表达是情绪表达的关键。

(二)向他人表达

心理表达的第二个层次是向他人表达。"快乐通过分享便成为双份,而悲伤经过分担便减半"便是向他人表达的典型效果。向周围人表达我们的情绪,既能加深相互理解,又能增强对情绪的自我认识。表达方式可以是语言表达,也可以是非语言表达,如对父母深深的爱意,既可以通过直接的语言——"爸妈,我爱你们"表达出来,也可以通过关心的眼神、勤于分担家务来表达。

(三)向自我及他人以外的客观环境表达

心理表达的第三个层次是向自我及他人之外的客观环境表达,如摔东西、击沙袋,在无人处高喊、哭泣、歇斯底里地宣泄情绪或者跑步等。这种表达方式对于那些不喜与人交往者尤为重要。

(四)升华表达

心理表达的第四个层次是升华表达,即将情绪的能量指向其他的、更高层次的需要,从而为那些高层次需要的满足提供能量。这是最艰难的,也是最佳的情绪表达方式,即把受挫而产生的不良情绪引向崇高的境界,对强大的心理能量加以疏导,将其凝聚到学习、工作或生活中。如著名大文豪歌德在失恋之后,把失恋的情绪能量升华到文学写作中,写出了名著《少年维特之烦恼》。"化悲痛为力量",是典型的情绪的升华表达。在心理表达的四个层次中,向自我表达是基础和关键,升华表达是最具有创造性的方式,自己可以根据实际情况选择表达层次。

四、有效调控情绪

"我的情绪我做主!"这是大学生们常挂在嘴边的话。然而,真正成为情绪的主人,学会正确表达情绪、合理宣泄情绪、有效控制情绪,却是一生的课题。

(一)善于控制负性情绪

冲动和愤怒是大学生中最为常见的负性情绪。虽然我们不能选择何时生气,但是却可以选择要生多大的气、要生多久的气以及生气时我们该怎么办。因此,生气是可以选择的,愤怒是可以掌控的。

(二)学会自我平衡情绪

一般来说,人的心理有两个层面:一个是情绪层面,另一个是认知层面。心理宣泄可以解决情绪层面的问题,情绪层面问题解决了,人的理智就会逐渐恢复。但是,有时人的认知层面的问题不解决,就难以解决情绪层面的问题。运用此种方法可以从以下几个方面入手。

1. 不要期望值过高,不要过分苛求自己

俗话说:希望越大,失望也越大。在现实生活中,不少人的挫折感均来源于对自己的期望值过高、苛求自己。因此,我们要学会以平和的心态待人处世,学会给自己留下一定的空间,把目标锁定在能力所及的范围之内;而不是好高骛远,四处出击,要求自己事事都超过别人。同时,对任何人、任何事都不必期望过高,这样当事情没有朝预期的方向进展时, 就不会产生强烈的挫败感。

2. 学会妥协和放弃

人的一生有许多愿望和追求,但由于主客观条件的限制,不可能一一得到实现。这就需要我们学会放弃和妥协。否则,我们就会为这些欲望和目标所累,而失去了人生的洒脱和生活的乐趣。如果一个登山者,一心想登上顶峰而急于赶路,结果却忘了欣赏沿途的风景,那么也就失去了登山的乐趣。

3. 学会自我安慰

自我安慰指个体遭受挫折后,为了维护自尊、减少焦虑,就找出种种理由为自己辩解,增加自己行为的合理性和可接受性,以期减轻心理压力。自我安慰又有两种具体表现形式:酸葡萄式和甜柠檬式。

1)酸葡萄式

“酸葡萄”一词出自寓言《狐狸与葡萄》。狐狸因得不到自己想吃的葡萄,就说葡萄是酸的,根本没法吃。这个寓言比喻人们对于自己想要但又得不到的东西,就故意说它不好,从而弱化其意义和价值,以起到平衡心态的作用。比如,有人没有评选为“先进”,就故意说“当‘先进’有什么用啊,又不当饭吃!”

2)甜柠檬式

甜柠檬式的自我安慰是指人们对于自己的某种行为明知不妥,但又不愿意承认,只好找出各种理由来增加行为的合理性,以获得自我安慰,减轻心理压力。正如花钱买了柠檬,吃到嘴里是酸的,但还得想办法证明自己的行为是正确的,所以只得说“加点糖就甜了”。比如,有人上街买东西上了当,心里十分窝火。但别人问起此事,还不能承认是自己经验不足造成的,于是他说“不是我无能,而是对方太狡猾”。平时我们也经常用这种“甜柠檬式”的自我安慰方法来安慰自己和他人。比如,摔碎了东西，人们会说“碎碎（岁岁）平安”；丢了东西，人们会说“破财免灾”“旧的不去，新的不来”等。在社会生活中，人们的需要不可能全部获得满足，进行自我安慰可以使人的内心达到平衡。因此，在某种情况下，它不失为一种自我防卫的方法。

4. 给自己积极的心理暗示

心理学研究发现，人们都有接受自我暗示的能力。当你产生负性情绪时，可以通过给自己积极的心理暗示来化解不良情绪。你可以这样对自己说：

①我不会因为这种小事跟自己过不去，让自己焦急难过；

②保持平静和控制情绪的感觉实在是太棒了；

③我觉得肌肉开始紧绷了，现在开始深呼吸、放松、慢慢放松；

④生气对事情是没有帮助的，只要平静下来、控制情绪，自然会有解决的方法；

⑤控制住，我慢慢平静下来了，这样的感觉真好；

⑥我正努力地控制情绪，让自己镇静，没有人可以打败我；

⑦我真是太棒了，我一定可以把情况掌控得很好；

⑧想到这些快乐的事情，感觉真好，这总比在那些让人烦心的事情上钻牛角尖好得多；

⑨很显然他达不到我对他的期望，从现在开始我不再期望他做什么了。

（三）尝试放松训练

放松训练又称为松弛反应训练，是一种通过主动放松肌体来增强自我控制情绪能力的有效方法。它的基本原理是通过训练放松所产生的躯体反应，如减轻肌肉紧张、减慢呼吸节律和心律等，达到缓解焦虑的目的。具体的操作步骤如下（注：此方法最好是在老师的指导下进行）。

在一个较为安静的环境中，舒服地坐（或仰卧）在沙发上或躺在床上。

步骤一：让自己初步体验肌肉的紧张。操作要领：①伸直并绷紧双臂，握拳；②绷紧双臂肌肉，紧握双拳，用力，并保持数秒钟；③放松双臂，松拳，放松休息数分钟。

步骤二：在上一步骤的基础上进一步绷紧肌肉。操作要领：①伸直双臂，握拳，同时伸直并绷紧双腿，双脚脚尖内勾，呈倒钩式；②上述各部肌肉同时用力，并保持数秒钟；③放松上述各部的肌肉，放松休息数分钟。

步骤三：在前两个步骤的基础上达到全身肌肉的紧张。操作要领：①伸直双臂，握拳，同时伸直并绷紧双腿，双脚脚尖内勾，呈倒钩式，紧皱前额部肌肉，耸紧眉头，紧闭双眼，皱起鼻子和脸颊，紧咬牙关，紧收下颚，紧闭双唇，紧绷两腮，梗直脖子，胸部、腹部肌肉绷紧，躯干用力挺起；②全身各部分用力绷紧，并保持数秒钟，直至身体和呼吸的最后极限；③放松呼吸，并放松上述各部的肌肉。

步骤四：紧接着步骤三，利用指导语暗示全身的肌肉、呼吸乃至身心的放松。操作要领：①肌肉放松指导语，头部肌肉放松，面部肌肉放松，脖子放松，双肩放松，双臂放松,双手放松,手指放松,胸部放松,腹部放松,双腿放松,双脚放松,脚趾放松;②呼吸放松指导语,呼吸在放慢,变得越来越慢、越来越深、越来越沉;③身心放松指导语,感到身体很沉、很重,全身感到越来越沉、越来越重,感到全身很累、很疲倦,好像有一种昏昏欲睡的感觉,自己什么都不去想,什么都不愿意想,感到心情很放松。

步骤五:让自己体验此时此地的放松感受,放松训练结束。

(四)调节认知,改变情绪

美国临床心理学家艾里斯提出的理性情绪理论认为,在情绪产生的过程中有3个重要的因素:诱发情绪的事件,人们对诱发事件所持的相应的信念、态度和解释,由此引发的情绪和行为的结果。情绪并非是由诱发事件直接引起的,而是通过人们对这一诱发事件的解释和评价引起的。对事件正确的认识一般会产生适当的行为和情绪反应,而错误的认识往往是导致不良情绪的直接原因。该理论正是通过对引起不良情绪的非理性观念的纠正,来达到情绪改善的目的,如图5-1所示。

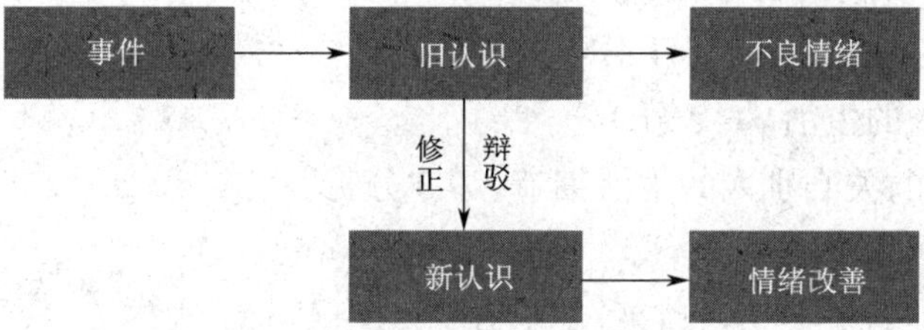

图5-1　理性情绪理论模式

非理性观念有以下几种主要特征。

(1)绝对化要求。即对什么事物都怀有认为必须或不会发生的信念,这种特征常常表现在日常生活中的"应该""必须""一定""绝对"等用语上。

(2)过分概括化。即以偏概全的思维方式,在这种非理性观念中,世界上的事物只有两类,要么正确,要么错误。

(3)糟糕至极。这种特征常表现为:一旦出现了……天就要塌了,再没有比这更可怕的了,等等。掌握理性情绪的理论和方法,不仅可以帮助我们摆脱不良情绪的困扰,更能使我们保持一种客观正确的认知心态,避免不良情绪的发生。

【心理互动】

一、心理测试——情绪类型测试

(一)测试说明及题目

请仔细阅读以下问题,选择最符合你实际情况的答案,在后面打"√"。选择完成后,将每题分值相加的总和与结果对照,可以确定情绪状况与类型。

（1）如果让你选择，你更愿意：

A：同许多人一起工作并亲密接触。（3分）

B：和一些人一起工作。（2分）

C：独自工作。（1分）

（2）当为解闷而读书时，你喜欢：

A：读史书、秘闻、传记类。（1分）

B：读历史小说、社会问题小说。（2分）

C：读幻想小说、荒诞小说。（3分）

（3）对恐怖影片如何评价？

A：不能忍受。（1分）

B：害怕。（3分）

C：很喜欢。（2分）

（4）以下哪种情况符合你：

A：很少关心他人的事。（1分）

B：关心熟人的生活。（2分）

C：爱听新闻，关心别人的生活细节。（3分）

（5）去外地时，你会：

A：为亲戚们的平安感到高兴。（1分）

B：陶醉于自然风光。（3分）

C：希望去更多的地方。（2分）

（6）你看电影时会哭或觉得要哭吗？

A：经常。（3分）

B：有时。（2分）

C：从不。（1分）

（7）遇见朋友时，经常是：

A：点头问好。（1分）

B：微笑、握手和问候。（2分）

C：拥抱他们。（3分）

（8）如果在车上有烦人的陌生人要你听他讲自己的经历，你会怎样：

A：显示你颇有同感。（2分）

B：真的很感兴趣。（3分）

C：打断他，做自己的事。（1分）

（9）是否想过给报纸的问题专栏写稿？

A：绝对没想过。（1分）

B:有可能想过。(2分)
C:想过。(3分)
(10)被问及私人问题,你会怎样?
A:感到不快活和气愤,拒绝回答。(3分)
B:平静地说出你认为适当的话。(1分)
C:虽然不快,但还是回答了。(2分)
(11)在咖啡店里要了杯咖啡,这时发现邻座有一位姑娘在哭泣,你会怎样?
A:想说些安慰话,但却羞于启口。(2分)
B:问她是否需要帮助。(3分)
C:换个座位远离她。(1分)
(12)在朋友家聚餐之后,朋友和其爱人激烈地吵了起来,你会怎样?
A:觉得不快,但无能为力。(2分)
B:立即离开。(1分)
C:尽力为他们排解。(3分)
(13)送礼物给朋友:
A:仅仅在新年和生日。(1分)
B:全凭兴趣。(3分)
C:在觉得愧对或忽视他们时。(2分)
(14)一个刚相识的人对你说了些恭维话,你会怎样?
A:感到窘迫。(2分)
B:谨慎地观察对方。(1分)
C:非常喜欢听,并开始喜欢对方。(3分)
(15)如果你因家事不快,上班时你会:
A:继续不快,并显露出来。(3分)
B:工作起来,把烦恼丢在一边。(1分)
C:尽量理智,但仍因压不住火而发脾气。(2分)
(16)生活中的一个重要关系破裂了,你会:
A:感到伤心,但尽可能正常生活。(2分)
B:至少在短暂时间内感到痛心。(3分)
C:无可奈何地摆脱忧伤之情。(1分)
(17)一只迷路的小猫闯进你家,你会:
A:收养并照顾它。(3分)
B:扔出去。(1分)
C:想给它找个主人,找不到就让它安乐死。(2分)

(18)对于信件或纪念品,你会:
A:刚收到时便无情地扔掉。(1分)
B:保存多年。(3分)
C:两年清理一次。(2分)
(19)是否因内疚或痛苦而后悔?
A:是的,一直很久。(3分)
B:偶尔后悔。(2分)
C:从不后悔。(1分)
(20)同一个很羞怯或紧张的人谈话时,你会:
A:因此感到不安。(2分)
B:觉得逗他讲话很有趣。(3分)
C:有点生气。(1分)
(21)你喜欢的孩子是:
A:很小的时候,而且有点可怜巴巴。(3分)
B:长大了的时候。(1分)
C:能同你谈话的时候,并且形成了自己的个性。(2分)
(22)爱人抱怨你花在工作上的时间太多了,你会怎样?
A:解释说这是为了你们两人的共同利益,然后仍像以前那样去做。(1分)
B:试图把更多时间花在家庭上。(3分)
C:对两方面的要求感到矛盾,并试图使两方面都令人满意。(2分)
(23)在一场特别好的演出结束后,你会:
A:用力鼓掌。(3分)
B:勉强地鼓掌。(1分)
C:加入观众们的鼓掌,但觉得很不自在。(2分)
(24)当拿到母校出的一份刊物时,你会:
A:通读一遍后扔掉。(2分)
B:仔细阅读,并保存起来。(3分)
C:不看就扔进垃圾桶。(1分)
(25)看到路对面有一个熟人时,你会:
A:走开。(1分)
B:招手,如对方没有反应便走开。(2分)
C:走过去问好。(3分)
(26)听说一位朋友误解了你的行为,并且正在生你的气,你会怎样?
A:尽快联系,作出解释。(3分)

B:等朋友自己清醒过来。(1分)

C:等待一个好时机再联系,但对误解的事不作解释。(2分)

(27)怎样处置不喜欢的礼物?

A:立即扔掉。(1分)

B:热情地保存起来。(3分)

C:藏起来,仅在赠者来访时才摆出来。(2分)

(28)对示威游行、爱国主义行动、宗教仪式的态度如何?

A:冷淡。(1分)

B:感动得流泪。(3分)

C:使你窘迫。(2分)

(29)有没有毫无理由地觉得害怕过?

A:经常。(3分)

B:偶尔。(2分)

C:从不。(1分)

(30)下面哪种情况与你最相符?

A:十分留心自己的感情。(2分)

B:总是凭感情办事。(3分)

C:感情没什么要紧的,结局才最重要。(1分)

(二)测试结果

30~50分:理智型情绪。很少为什么事而激动,即使生气,也表现得很有克制力。主要弱点是对他人的情绪缺乏反应。爱情生活很有局限性,而且可能会听到人们在背后说你"冷血动物"。目前需要松弛自己。

51~69分:平衡型情绪。时而感情用事,时而十分克制。即使在很恶劣的环境下握起拳头,仍能从情绪中摆脱出来。因此,很少与人争吵,爱情生活十分愉快、轻松。即使配偶陷入情感纠纷,也能不自觉地处理得很妥帖。

70~90分:冲动型情绪。是个非常重感情的人。如果是女人,一定是眼泪的俘虏。如果是男人,可能非常随和,但好强,且喜欢自我炫耀。可能经常陷入那种短暂的风暴式的爱情纠纷,因此麻烦百出。想劝你冷静简直是不可能的事情。这里有必要提醒你,限制自己。

二、活动——你做我猜

(一)活动目的

让学生了解情绪的种类,学会识别他人的情绪状态。

（二）具体操作

准备一些描述情绪的词语：如高兴、生气、难过、失望、无奈、着急、困惑、担心、舒服、痛苦、寂寞、满足、无助等，或者准备一些关于情绪的成语，如满面春风、手舞足蹈、七窍生烟、泪流满面、提心吊胆、咬牙切齿、拍案而起、扬眉吐气等。

随机抽选几名学生，让他们从情绪的词汇里去抽取一个，然后通过表情和动作展示情绪，让其他的同学猜一下是何种情绪状态。

（三）讨论

在日常生活中，你会从哪些细微之处去识别别人的情绪状态？

三、活动——改变认知

情绪 ABC 理论是由美国心理学家埃利斯创立的，在情绪 ABC 理论中：A 表示诱发性事件；B 表示个体针对此诱发性事件产生的一些信念，即对这件事的一些看法、解释；C 表示自己产生的情绪和行为的结果。他认为正是我们常有的一些不合理的信念才使我们产生情绪困扰，而不是诱发性事件本身。

（一）活动目的

通过认知改变练习，让学生学会通过改变想法来改变自己的情绪状态。

（二）具体操作

请参照下面的活动示例完成下列内容，每个内容要有 4 种想法，并对应地产生四种不同的情绪，积极的想法和情绪越多越好。见表 5-1。

表 5-1　活动示例

A:事件	B:想法	C:情绪
同学叫我胖子	我哪里胖了	怀疑
	你才是胖子	生气
	喜欢我才这样叫我	开心
	我胖说明我有福气	高兴

1. 手机被老师收了
2. 在拥挤的公交上车被人踩了
3. 与朋友约好做某件事被放鸽子
4. 打饭的时候被插队
5. 有人偷了你的校服
6. 买到过期零食

（三）讨论

当情绪不佳时，有哪些方法可以调整自己的情绪状态？

【心理拓展】

一、推荐影片：《冰雪奇缘》

《冰雪奇缘》似乎是在讲一个姐妹情的故事，也可以说在讲一个女性自我成长、觉醒和救赎的故事。站在心理学的角度看，究竟是什么促成了似乎被魔法诅咒的姐姐艾莎的觉醒？ 影片的结尾，给出了答案：爱，真爱。是妹妹的爱让姐姐的爱苏醒，最后姐姐用自己的爱救活了被冰冻的妹妹，控制住了自己所拥有的冰封的法力。美国人总爱用这种大而空泛的概念总结全片，听多了、看多了似乎是挺让人厌倦的。如果我们得到答案后仍要追问：是怎样的爱？爱又如何能让冰封解冻？顺着这些追问寻觅下去，也许会发现藏匿在剧情中、细节中一个更丰满、更具体、更真切的答案。全片中的冰雪环境非常富有象征意味，英文片名“FROZEN”（意为“冰封”）实在比中文片名的含义深厚太多。这“冰封”既象征着人类的（尤其是女性，因为冰本为柔弱之水，成冰又无比坚硬）的攻击性，又象征着自我界限，这二者本是人类自我防御的必备武器，然而如果恐惧令其开始过度泛滥，则大地封冻，万物不得生长（古希腊神话中也有这样一个故事，主管大地的女神德墨忒尔因为女儿被哈迪斯掳去而悲伤，令大地只有冬季），只有满含着勇气、无条件的、纯粹的爱，才能融化这恐惧化作的坚盾，才能让一切发展向前。

二、推荐书目:《积极心态的力量》

《积极心态的力量》是由美国作家罗曼·文森特·皮尔所写、邱晓亮翻译的一本书。该书详细地说明了一个人拥有积极心态的重要性与拥有积极心态后人生的变化。该书要告诉你的是:热情是能够让一切都变得不同的无价之宝。生活并不全是甜蜜和光明,大部分的生活都存在着各种各样的困难、痛苦和失败。这是一本万能型的书,不管遇到多少艰难险阻,你都能通过阅读本书达到积极的目标。兴趣、激情、活力,这就是本书要说的内容。该书指出,你不必过着沉闷无聊、循规蹈矩、漫无目的的日子——根本不必。消沉只会让事情变得越来越糟糕,千万不要陷入这种生活。不管你的处境有多么严峻、痛苦和沮丧,你都能充满活力、活得精彩。你能够在工作中注入新的精神,运用新的创造性的技巧。实际上,任何事情你都能做得更好。只要你想要,充满激情和魅力的生活就属于你。谁不想要这种生活呢?罗曼·文森特·皮尔见证了热情给无数人所带来的巨大变化。这本书一定会对你有所帮助。

第六章　大学生人际交往

【学习目标】

1. 了解人际交往的意义、特点及类型，理解影响大学生人际交往的因素。
2. 了解大学生人际交往的一般表现及调适方法和增强人际交往能力的方法。
3. 掌握人际交往的途径及技巧，提高人际交往的能力。

【心理课堂】

小佳，女，20岁，某高职院校大二学生，来自一个比较偏僻的农村，性格内向，不善言谈，在高中时精力主要放在学习上，学习刻苦，成绩优异。但进入大学以来，她发现自己不知道应该如何与人交往，怎样处理宿舍同学之间、班级同学之间的人际关系。一年多来，她和班上同学相处很不融洽，与同宿舍的人也发生过几次不小的冲突，关系相当紧张。她常常感到特别孤独和自卑，影响了生活和学习。

人际交往能力是现代人不可缺少的素质，主要包括语言表达能力、倾听能力、交友能力、观察能力以及处理生活中各种问题的能力。人际交往问题不是大学生独有的，但这一问题在大学生中的表现却具有特殊性。大学生的主要任务是学习专业知识、提升能力，为走向社会做准备，而人际交往能力的培养也是必要的准备。随着社会的发展，交往能力与人际关系已经受到越来越多大学生的重视，他们对人际交往有了更积极的看法和更迫切的要求。

第一节　人际交往概述

与人交往和沟通，建立良好的人际关系，是每个人的基本社会需要，也是一个人健康成长的必备条件。当今社会，是一个人际交往、合作与竞争的社会，人际交往能力已成为大学生最重要的基本素质之一。掌握人际交往的基本规律和技巧，了解人际交往的心理行为原理，对提高人际交往能力，建立良好的人际关系具有积极的促进作用。

一、人际交往的基本概念和意义

事业成功、生活幸福是所有人的人生目标。当然，每个人的价值观不同，对于成功和幸福的理解也不尽相同;但是有一点是相同的,那就是取得成功、获得幸福的基本条件首先是和谐的人际关系。那么,什么是人际交往呢?

(一)交往的含义

交往是指人们运用语言或非语言符号交换意见、传达思想、表达感情等的交流过程,包括物质交往和精神交往。它是人类的特定社会现象,对于社会的发展和个性的成长有重要作用。交流是群体的黏合剂,能使个体在认知、情感和行为上彼此协调、相互统一。人只有不断地与他人交往才能促进发展。从信息交流角度来看,精神交往是发信者将信息编码后输入信息通道,收信者将信息解码后接收,并向给发信者给予的过程。信息沟通的一般模式如图 6-1 所示。

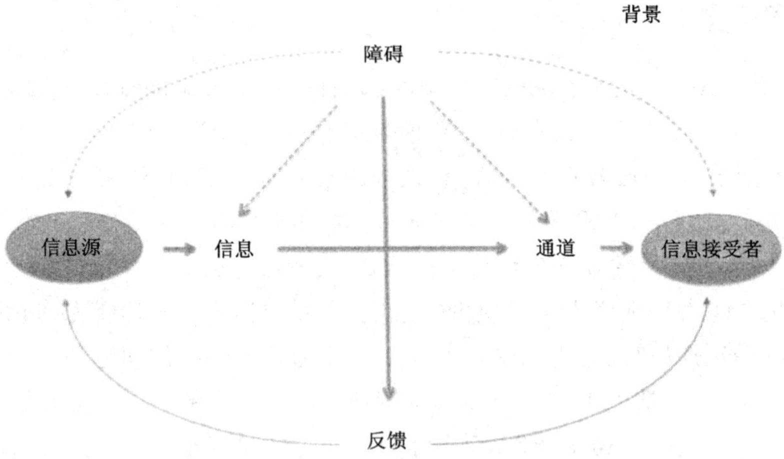

图 6-1　信息沟通的一般模式

(二)人际交往和人际关系

人际交往是指个人与周围人之间进行一种心理和行为沟通的过程。人际关系是指人与人之间通过交往与相互作用而形成的直接的心理关系。这是两个既有联系又有区别的概念。人际交往是人际关系实现的根本前提和基础,也是人际关系形成的途径;而人际关系则是人际交往的表现和结果。两者的区别是:人际交往侧重人与人之间的联系与接触的过程以及行为方式等;人际关系侧重在交往基础上所形成的心理状态和结果。从时间上看,人际交往在前,人际关系在后,人际交往是一个动态的过程,而人际关系则具有相对稳定性。

二、人际关系建立与发展的过程

从交往由浅入深的角度来看,良好的人际关系的建立和发展,一般需要经过定向、情感探索、感情交流和稳定交往 4 个阶段。

（一）定向阶段

定向阶段包含对交往对象的注意、抉择和初步沟通等多方面的心理活动。我们并不能与每一个人都建立良好的人际关系，而是对人际交往的对象有着高度的选择性。通常情况下，只有那些会激起我们兴趣的人，才会引起我们的特别注意。

注意也是选择，它反映了某种需要倾向。比如，在选择恋人时，某些与我们观念中理想的恋人形象接近的异性，会吸引我们的注意。

与注意不同，抉择是理性的决策，而注意的选择是自发的、非理性的。我们究竟决定选择谁作为交往对象并与之保持良好的人际关系，往往要经过理性的选择过程。只有那些在价值观念上具有重要意义的人，才会成为人际关系的对象。

初步沟通是在选定一定的交往对象之后，试图与这一对象建立某种联系的实际行动。目的是对别人获得一个最初步的了解，以判断是否与对方有更进一步的交往。初步沟通实际上是试图建立更深刻关系的尝试，因此尽管彼此暴露的有关自我的信息是最表面的，但都希望在初步沟通过程中给对方留下良好的第一印象，以便使以后关系的发展获得一个积极的定向。

定向阶段的时间跨度不完全相同。偶然相遇而相见恨晚的人，定向阶段会在第一次见面时就完成。而对于经常有接触机会但彼此又都有较强的自我防卫倾向的人，这一阶段要经过长时间沟通才能完成。

（二）情感探索阶段

这一阶段的目的是探索双方在哪些方面可以建立真实的情感联系，而不是仅仅停留在一般的正式交往模式。在这一阶段，随着双方情感联系的加深，双方的沟通也会越来越广泛，自我暴露的深度与广度也逐渐增加。但在这一阶段，人们的话题仍避免触及别人私密性的领域，自我暴露也不涉及自己的深层方面。尽管在这一阶段，人们在双方关系上已开始有一定程度的情感卷入，但双方的交往模式仍与定向阶段相类似，具有很大的正式交往特征，彼此仍然注意自己表现的规范性。

（三）情感交流阶段

人际关系发展到情感交流阶段，其性质开始出现实质性变化。此时，双方的人际关系安全感已经得到确立，因而谈话也开始广泛涉及自我的许多方面，并有较深的情感卷入。如果关系在这一阶段破裂，将会给人带来相当大的心理压力。在这一阶段，双方的表现已经超出正式交往的范围，正式交往模式的压力已经趋于消失，人们会相互提供真实的评价性的反馈信息，进行真诚的赞赏和批评。

（四）稳定交往阶段

在这一阶段，人们心理上的相容性会进一步增加，自我暴露也更广泛、深刻。人们允许对方进入高度私密性的个人领域，但在实际生活中，很少有人达到这一情感层次。许多人际关系并没有在第三阶段的基础上进一步发展，而是仅仅在第三阶段简单重复。

也有人以图示的方式形象地描述了人际关系发展的过程，如图 5-2 所示。

图 5-2 人际关系发展的过程

三、大学生人际交往的意义

马斯洛认为，人人都有这样一种基本需求，即需要归属于一定的社会团体，需要得到他人的爱与尊重，这些社会需要是与吃饭穿衣等生理需要同等重要的不可或缺的需要，否则人们将丧失安全感，进而出现心理问题。大学生正处于身心全面发展的时期，人际交往对大学生个体成长具有重要意义。

（一）人际交往是大学生社会化进程的推进器

人际交往是个人社会化的必经之路。社会化即个人学习社会知识、生存技能和文化，从而取得社会生活资格的过程。如果没有其他人的合作，个人是无法完成这个过程的。人际关系所带来的信息、机遇，可以助力个体走上一条成功之路。

（二）人际交往是大学生正确认识自我的重要途径

古人云："君子不镜于水，而镜于人。镜于水，见面之容，镜于人，则知吉与凶。"所谓"镜于人"，就是以他人为镜，把他人的态度和反应作为判断自己的重要参照系，通过自己在他人身上的映像来审视自己的人生态度、人格状况、人际关系等方面的情况，并以此来警示自己、教育自己。所有人都生活在以集群为载体的社会关系中，群体对个人都有一个现实的评价和定位，这就是个体在群体中的映像自我，同时个体可以通过这个"群体映像自我"，明确自身在社会集体中的位置，认清自己的社会价值。

（三）人际交往是大学生实现个性全面发展的重要手段

社会心理学研究证实：愉快、广泛和深刻的人际交往有助于个性发展与身心健康，一个人如果长期缺乏稳定而良好的人际关系，往往就有明显的性格缺陷。健康的人格总是与健康的人际关系相伴随的，人格健康水平越高，与别人交往越积极，越符合社会的期望，与别人的关系也越深刻。

（四）人际交往是大学生保持心理健康的有效方式

现代心理学研究发现，人类的心理病态大多由人际关系失调所致。与人发生冲突会使人心灵蒙上阴影，导致精神紧张、抑郁，不仅会导致心理障碍，而且会刺激下丘脑，使内分泌功能紊乱，进一步引起一系列复杂的生理变化。许多疾病，如冠心病、消化性溃疡、甲状腺功能亢进、偏头痛等，都与长期不良情绪和心理遭受强烈的刺激有关。每个人都有快乐和忧愁，与朋友分享快乐会更快乐，向朋友倾诉忧愁就会减轻，倾诉的过程就是减轻心理压力、缓解心理紧张的过程。缺乏必要的交往会导致心理负荷过重。大量的研究证实，离群索居会使人感到孤独、忧虑，可导致心理障碍。

第二节　人际交往的一般表现

一、大学生人际交往的特点

大学生的人际交往有其自身的特点，主要表现在以下几个方面。

（一）主动追求开放式交往

在中学阶段，学生的注意力都集中在学习上，没有时间和精力进行很多的人际交往。进入大学后，由于学习模式转换，他们迫切需要走出家门，走进公共场合，结交更多的朋友，交流更多的信息，接受更多的新思想。在这种心理作用下，大学生的人际交往呈现出前所未有的开放式交往趋势，表现在以下几个方面。

1. 交往的范围扩大

过去的交往对象多限于亲戚、邻居或同班同学，大学时的交往对象早已超越了家庭、宿舍、班级、学校，不再受地域限制，范围不断扩展。例如，大学生交往的对象不仅包括大学同学，也包括在社交场合认识的其他人。同学之间的交往也不只局限于同班同学，已发展到同级、同学院（系）甚至是同校可接触的所有同学。除此之外，大学生人际交往不仅限于同性之间的交往，异性交往也很平常。

2. 交往的频率提高

过去的交往通常是偶尔的相聚、互访，现在的交往已发展为经常性的聊天、社团活动、聚会、娱乐、结伴出游以及其他一些集体活动。

3. 交往的方式多样

过去的交往通常是同学之间的互访、写信，现在大学生的交往普遍借助现代化的通信设备等，交往手段有了很大的发展，这也使得大学生的人际交往变得更方便、更快捷，交往范围甚至可以扩展到全世界。

虽然大学生的人际交往范围比较广泛,但现在大学生多是独生子女,自我保护意识比较强,在人际交往中通常小心翼翼,多是"广泛交友,谨慎交心",这种交往只有广度而没有深度。

(二)追求人际交往的独立性和选择性

1. 从交往的特征看

过去的人际交往主要是在师长的指导下,在高年级同学的协助下进行的,随着独立意识的增强,大学生可以选择交往的对象、范围,交往的自由度加大。

此外,大学生交往心理由情绪型向理智型转化。过去的人际交往主要受情绪的影响,表现出情绪性的特征。随着社会经验的丰富以及心智的成熟,大学生具备了一定的调节情绪的能力,因此在人际交往中能够较为理智地择友。

2. 从交往的对象看

大学生的人际交往通常以同一个寝室同学的人际交往为核心,以班级和社团的人际交往为主体。大学生虽然主动追求开放式的人际交往,但由于时间、精力、生活环境、经济条件等方面的限制,交往的主要场所仍然在校园内。这是因为大学生过着朝夕相处的集体生活,摆脱了对父母、教师的依赖,众多的交往机会、相似的人生经历、共同的学习任务,使得大学生的交往对象更多地选择同寝室、同班、同乡等有相似背景的同学。

3. 从交往的内容看

大学生的人际交往内容基本上围绕共同的话题,如学习、考试、娱乐、思想交流、情感而展开。此外,由于大学生处于青年期,性生理的成熟使不少大学生对异性产生了兴趣,大学生活又提供了许多与异性同学交往的机会,因此与异性交往的愿望往往会转化为交往的具体行动。

(三)情感型交往与功利型交往并重

随着社会的发展变化,大学生的人际交往也趋于"理性化"。选择与什么样的人交往,并不纯粹是出于交流情感和志同道合,交往的动机已变得很复杂。过去的交往多是为了交流情感、寻找友谊、寻觅爱情,交往的目的相对单一;而现在大学生人际交往的目的和内容也更加丰富多彩,交往涉及衣、食、住、行、学习、工作、娱乐等方面。可以说,大学生的人际交往在注重情感交流的同时,越来越注重与自身利益相关的务实性,呈现出情感型交往与功利型交往并重的趋势。

(四)从注重纵向交往转向扩大横向交往

进入大学后,大学生的生活空间大大扩展,与家长、教师的联系减少,交往的重点从注重纵向交往转向扩大横向交往,从以往同班同学之间的交往扩大到与同院系、外院系、外校同学的交往。

另外，从交往的效果看，大学生对自己的社交能力和人际关系环境评价不高，他们虽然从心理上积极主动地去与他人交往，并且很注意学习社交知识，但实际效果并不理想，与自己的预期还有较大差距

二、大学生人际关系的分类

校园生活是大学生的中心和重心。大学生的主要任务是学习，交往的对象主要是教师和同学，这就决定了大学生人际关系的类型。

（一）同学关系

同学是大学生人际交往的主要对象，同学关系是大学生人际关系的主要内容。大学校园里的同学关系总体来说是和谐、友好的，同学之间的关系有亲情化、家庭化的趋势，即在日常生活、学习中创造一种如同亲属一般的和谐稳固的同学关系。

（1）同学关系亲情化。在大学校园里，常常可以看到两三个大学生结伴而行，有的同学之间还手挽手，显得十分亲密。几个同学一起逛街、逛公园、看电影、下棋打牌，更是经常的事。大学生十分重视同学之间的情谊，希望彼此之间可以互相帮助、互相照顾、互相倾诉。即使个别同学之间出现了某种隔阂，大家也注意“着眼长远、面向未来”。

（2）宿舍生活家庭化。几乎每个寝室都按年龄大小进行了排行，一个寝室的几个同学就像一个家庭的几个孩子一样，按年龄大小顺序。同学间平时称呼彼此时，也不叫名字，而是叫老大、老二、姐姐、妹妹。近年来，有一些大学生在校外租房，合租的同学更是像家庭成员一样进行分工，包括谁做饭、谁洗碗，分工明确。

（3）同学之间的称呼世俗化。大学生中几个关系亲近的同学常用“哥们儿”“姐们儿”“爷们儿”相互称呼；在学生社团的活动中，为了让大家多参与、多配合，组织者常用“兄弟多帮忙”之类的话来调动大家的积极性，这时同学之间的互相配合不仅仅是组织层面的，更是个人情感层面的。同学之间称呼的世俗化倾向，反映了大学生人际交往有排斥政治文化，侧重个人亲情的倾向。

（4）同学间的交流“秘语”化。在大学校园里，流传着一些社会上不太使用的话语。这些话语既可以是校园里的“流行语”，也可以是一个班、一个寝室甚至几个“圈内”同学之间的“秘语”。他们只在特定的范围内使用，圈子外的人很难听懂。这种“圈内人”语言，拉近了“圈内人”之间，很容易把“圈内人”凝聚在一起。

（二）师生关系

教师与学生，是大学校园里的两大群体。教师是学生人际交往的重要对象，师生关系是学生人际关系的重要内容。师生关系如何，直接影响到学生能不能健康地学习、成长，并在很大程度上决定了学校能不能对学生的身心施加符合社会要求的

影响。

和谐的师生关系十分重要。学识渊博、多才多艺、工作能力强的教师易使学生接受他的观点;工作认真负责,关心并尊重学生,性格开朗、果断的教师往往能赢得学生的喜爱。对老师而言,要正确对待学生的缺点和不足。师生之间互相尊重、互相理解,才能建立良好的师生关系。

在大学校园里,学生普遍做到了尊敬教师。随着社会的发展,人们的很多观念都发生了变化,但学生中"尊师"的主流观念一直没变。教师在建立新型师生关系中处于主动地位,他们对待学生的态度直接影响着师生关系发展的方向。为师者也逐渐破除"师道尊严"的旧观念,尊重学生,理解学生,将学生视为独立的人格主体,逐渐拉近师生之间的心理距离。

但当代的大学生开始敢于挑战教师的权威。师生关系是在教学过程发生的,师生间的人际交往主要集中在"教"和"学"这两个互相渗透又相对独立的过程中。在教学中,教师在基础知识及对相关问题的研究方面处于优势地位,因此他们拥有学术权威;而学生则可能在新知识领域中更胜一筹,如互联网技术等方面。今天的大学生,已经敢于挑战教师的权威,真正做到了"不唯上、不唯书",这是一种进步。

当代大学生对教师的依赖逐渐减少。据调查,只有遇到与学习有关的功课问题、学习问题,才有较多的学生去寻求教师的帮助,至于个人的心理问题、情绪问题、家庭问题、交友问题以及恋爱问题等,则很少有人找教师帮助。这反映了学生对教师的依赖逐渐减少。

(三)大学校园里的学生交际圈

在今天的大学校园里,大学生根据兴趣、爱好、性格等,组成或松散或紧密的交际圈。大学生的交际圈大概可以分为学习型、娱乐型、社团型等。

(1)学习型交际圈。这个圈子里的学生,有一个共同的目标,就是学习。但真正为了学习学校开设的课程而形成学习圈的并不多,大都是为了考取某种资格证或者为了通过某种考试,比如律师资格证考试、考研等。

(2)娱乐型交际圈。这个圈子里的学生,都爱好某种娱乐活动,如体育运动、文艺活动等。喜欢体育运动的学生,课余时间经常在一起活动,不仅内部"操练",还经常主动"出击",找别人打对抗赛,力求把圈子的活动举办得丰富多彩。喜欢唱歌跳舞的学生,经常结伴去 KTV 玩个尽兴。

(3)社团型交际圈。学生社团是大学校园里一道亮丽的风景线,是校园文化的重要组成部分。社团有理论类、实践类、文艺类、体育类,涉及文、史、哲、音、体、美等各个方面。许多大学生通过社团活动培养能力,增长才干,提升了人际交往能力、公关能力、合作能力、表达能力等。

（四）大学校园里的网络人际关系

网络人际关系是人们在网络空间里进行的一种新型人际关系。大学生是“易感人群”，网络人际关系给他们的生活方式、价值观念带来的挑战和改变是前所未有的。据中国互联网络信息中心发布的统计报告，目前在中国的网络用户中，学生占25.4%，是占比最大的一个群体。网际空间好比一个巨大的城市，有图书馆、大学、博物馆、娱乐场所，还有各种各样的人；无论什么人，都可以到这个“城市”去逛逛。在这个空间不仅可以获取和发布信息，还可以通过 QQ、微信等网络平台聊天、交友。网络是一把“双刃剑”，网络人际交往对大学生的健康成长既有正面效应，也有负面效应。

第三节　人际关系的影响因素

一、人际交往的心理效应

（一）首因效应

我们常说的“给人留下一个好印象”，一般指第一印象，其中就存在着首因效应的作用。首因，即最初的印象，或称第一印象。在人际交往中，人们往往注意第一次接触时的细节，如对方的表情、身材、容貌等，而对后来接触到的细节不太关注。这种基于先前的信息而形成的最初印象及其影响，就是首因效应，即我们常说的“先入为主”。第一印象所依赖的信息是有限的，第一印象不一定是真实可靠的。由于认知具有综合性，随着时间的变化、认识的深入，人完全可以把这些不完全的信息贯穿起来，用思维填补空缺，形成一定程度的整体印象，也就是我们所说的“路遥知马力，日久见人心”。

首因效应最初由美国心理学家卢钦斯提出。他做了这样一个实验。他编撰了两段描写一个名叫吉姆的男孩的生活片段的文字，第一段文字将吉姆描写成热情、外向的人，说吉姆与朋友一起去上学，他走在洒满阳光的马路上，与店铺里的熟人说话，与新结识的女孩子打招呼等；另一段文字则相反，把他描写成冷淡而内向的人，说吉姆放学后一个人步行回家，他走在马路的背阴一侧，没有与新近结识的女孩子打招呼等。在实验中，卢钦斯把两段文字加以组合：第一组，描写吉姆热情外向的文字先出现，冷淡内向的文字后出现；第二组，描写吉姆冷淡内向的文字先出现，热情外向的文字后出现。实验结果显示，第一组中有 78% 的人认为吉姆是友好的，第二组中只有 18% 的人认为吉姆是友好的。只是因为文字出现的顺序不一样，就出现了不同的结果，可见首因效应起了很关键的作用。

（二）近因效应

近因，即最后的印象。近因效应指最后的印象对人们的认知具有影响。最后留下的印象，往往是最深刻的印象，这也就是心理学上所阐释的后摄作用。首因效应与近因效应不是对立的，而是一个问题的两个方面。在大学生的人际交往中，第一印象固然重要，最后的印象也是不可忽视的。在对陌生人的认知中，首因效应比较明显；而对熟识的人的认知，近因效应比较明显。这就告诉我们，在与他人进行交往时，既要注意平时给对方留下的印象，也要注意给对方留下的第一印象和最后印象。

近因效应也是由卢钦斯提出来的，他在做完首因效应实验后，把上述实验方式加以改变：在向两组被试者介绍完第一部分文字后，插入其他作业，如做一些数字演算、听历史故事之类不相干的事，之后再介绍第二部分。实验结果表明，两组被试者，都对第二部分的材料印象深刻，近因效应明显。

（三）晕轮效应

晕轮效应又称光环效应，指在人际交往中，人们常将对方所具有的某个特性泛化到其他有关的一系列特性上，根据局部信息形成一个完整的印象，即根据最少量的情况对别人作出全面的结论。所谓"情人眼里出西施"，说的就是晕轮效应。晕轮效应实际上是个人主观推断的结果。在晕轮效应下，一个人的优点（缺点）一旦被扩大，其缺点（优点）也就隐退到光环的背后而被别人忽视了。在人际交往中，你有过这种情形吗？对外表吸引人的同学赋予较多理想的人格特征，或为那些长相比较好的同学设计美好的未来。例如，"那个人第一次见面就非常关心我，令我难忘""你气质好，将来求职就业一定没有问题"等。

美国社会心理学家哈罗德·凯利曾做过这样一个实验。他告诉某班大学生有一位老师要来上课，要求他们听课结束后对该老师作出评价。接着，他简要地介绍了这位老师的情况。他把班里的学生分为两组，对一组说这位老师是"相当温和的人"，对另一组学生说这位老师是"相当冷淡的人"。当这位老师上课结束后，凯利要求学生们在一组"态度量表"上评价这个老师。虽然全班学生在同一时间听同一个人的课，但他们的评价却明显地受到原先暗示的影响。听说该老师"相当温和"的学生更倾向于把他看成一个和蔼可亲、受欢迎的人，而听说该老师"相当冷淡"的学生则相反。并且前一部分学生有 56% 在课堂讨论中积极与该老师接触，后一部分学生只有 32% 投入班级讨论。在人际交往初期，人们往往会利用少量的资料信息对别人作出扩大化的结论，出现晕轮效应。

（四）投射效应

投射效应是指在人际交往中，形成对别人的印象时总是假设他人与自己有相同的倾向，即把自己的特性投射到其他人身上。所谓"以小人之心，度君子之腹"，就反映了投射效应。投射可分为两种类型。一种是个人没有意识到自己具有某些特性，而把这些特性加到了他人身上。例如，一个对他人有敌意的同学，总感觉对方对自己怀有仇恨，似乎对方的一举一动都有挑衅的色彩。另一种是指个人意识到自己的某些不称心的特性，而把这些特性加到他人身上。例如，在考场上想作弊的同学总感觉到别的同学也在作弊，倘若自己不作弊就吃亏了。其目的是通过这种投射重新估价自己的不称心的特性，以求得心理上的暂时平衡。

心理学家罗斯做过如下实验来研究投射效应，在80名参加实验的大学生中征求意见，问他们是否愿意背着一块大牌子在校园里走动。结果，48名大学生同意背牌子在校园内走动，并且认为大部分学生都会乐意背，而拒绝背牌子的学生则普遍认为，只有少数学生愿意背。可见，这些学生将自己的态度投射到其他学生身上。

（五）刻板印象

刻板印象是社会上对于某一类事物或人物的一种比较固定、概括而笼统的看法。主要表现为在人际交往过程中主观、机械地将交往对象归于某一类人，不管他是否呈现出该类人的特征，都认为他是该类人的代表，进而把对该类人的评价强加于他。刻板印象作为一种固定化的认识，虽然有利于对某一群体作出概括性的评价，但也容易产生偏差，造成“先入为主”的成见，阻碍人与人之间深入细致的认知。例如，男生认为女生心细、胆小、娇气；女生则认为男生心粗、胆大、傲气；农村的同学认为城市的同学见多识广，但狡猾、小气；城市的同学则认为农村的同学孤陋寡闻，但忠厚、老实，等等。

前苏联社会心理学家包达列夫曾经做过一个关于刻板印象的实验，他将一个眼睛深凹、下巴外翘的人的照片分别给两组被试看，向第一组介绍情况时说“此人是个罪犯”；向另外一组介绍情况时说“此人是位著名学者”，然后，请两组被试分别对此人的照片特征进行评价。第一组被试认为：此人眼睛深凹表明他凶狠、狡猾，下巴外翘反映了其顽固不化的性格；另外一组被试则认为：此人眼睛深凹，表明他具有深邃的思想，下巴外翘表明他具有探索真理的顽强精神。这个实验有力地说明了刻板印象的作用。

（六）登门槛效应

登门槛效应又称得寸进尺效应，是指一个人一旦接受了他人的一个微不足道的要求，为了避免认知上的不协调，或想给他人以前后一致的印象，就有可能接受更大的要求。这种现象，犹如登门槛时要一级台阶一级台阶地登，这样能更容易、更顺利地登上高处。心理学家认为，在一般情况下，人们都不愿接受较高、较难的要求，因为这样的要求费时费力又难以成功；相反人们却乐于接受较小的、较易完成的要求，在实现了较小的要求后，人们才慢慢地接受较大的要求，这就是登门槛效应对人的影响。明代洪自诚也曾谈到这个问题，他在《菜根谭》中说：“攻人之恶勿太严，要思其堪受;教人之善勿太高,当使人可从。”

人际交往的登门槛效应是美国社会心理学家弗里德曼与弗雷瑟在1966年做的“无压力的屈从——登门槛技术”的现场实验中提出的。他们派人随机访问一组家庭主妇,要求她们将一个小招牌挂在她们家的窗户上,这些家庭主妇愉快地同意了。过了一段时间,再次访问这组家庭主妇,要求将一个不仅大而且不太美观的招牌放在庭院里,结果有超过半数的家庭主妇同意了。与此同时,又随机访问另一组家庭主妇,直接提出将不仅大而且不太美观的招牌放在庭院里,结果只有不足20%的家庭主妇同意。心理学家还做过一个类似的实验。实验者让助手到两个居民区劝人在房前竖一块写有“小心驾驶”的大标语牌。在第一个居民区向人们直接提出这个要求,结果遭到很多居民的拒绝,接受的仅为被要求者的17%。在第二个居民区,先请求各居民在一份赞成安全行驶的请愿书上签字,这是很容易做到的小小要求,几乎所有的被要求者都照办了。几周后再向他们提出竖牌的要求,结果接受者竟占到了被要求者的55%。

二、影响大学生人际关系的因素

(一)自我概念

自我概念是一个人对自己是什么样的人的一种认识。自我形象是对自我概念的知觉,由自我评价组成,并且受自己的经验和别人的反应的影响。自我认识是对生理自我、心理自我、社会自我的认识和评价。自我形象依赖于知觉和处理知觉的方式。正面的自我形象能够正确认识自我,且自爱、自尊、自信。负面的自我形象不能正确认识自我、接纳自我,会自卑自怜。高自尊的人,会信任他人、开放自我、主动交往、预期成功;忽略一些无关信息,强化自我形象;容易接纳他人、肯定他人。低自尊的人,会猜疑、嫉妒、攻击、控制、操纵他人;自我防御、封闭自我、被动交往、预期失败;重视负面信息,忽略积极的信息;挑别人的毛病,否定别人。

(二)关系结构

1. 空间距离

人与人之间在空间位置上越接近,越容易形成密切的关系。如上下床铺的同学,空间距离的接近,使双方相互交往、相互接触的机会更多,彼此容易成为好朋友。虽然地理位置不是影响人际关系好坏的唯一的、决定性的因素,但是远亲不如近邻,空间位置接近的优势,无疑是影响人际交往的一个重要条件。

2. 交往频率

交往是人际关系的基础,人们只有在交往中才能彼此了解、相互熟悉,进而建立友谊。交往的频率越高,越容易形成共同的语言、共同的态度、共同的兴趣和共同的经验等。交往频率过低,则可能导致感情疏远。不过,交往频率过高,也可能破坏对方的工作和生活秩序,从而引起反感。

3. 态度相似

人们若对具体事物有相同或相似的态度,有共同的语言、理想、信念和价值观,就容易产生共鸣、同情、理解、支持、信任、合作,从而形成密切的关系。

4. 需要互补

相互满足是形成人际关系的前提条件。如果没有需要和满足需要的期望,空间距离虽小,也可能是"鸡犬之声相闻,老死不相往来";一旦有了需要和满足需要的期望,空间距离虽大,也可能是"天涯若比邻"。良好的人际关系能否形成取决于交往双方彼此满足需要的方式和程度,如果交往双方的基本需要都能从交往过程中得到满足,其人际关系就会密切、融洽。如果双方的需要都不能从交往中得到满足,彼此之间就缺乏吸引力;如果双方在交往中受到损害,彼此之间就会产生排斥与对抗。

5. 人格吸引

我们被他人喜欢,原因不仅来自对方。有时是我们自身的人格因素吸引了他人。人格也称个性。个性影响着交往的态度、频率和方式,从而影响着人际关系。以气质而论,多血质和黏液质的人的人际关系要好于胆汁质与抑郁质的人。以能力而论,能力强的人往往使人产生钦佩感与信任感,具有吸引力。不过,能力的差别太大,相互之间的吸引力会减小;只有当双方的能力既有差别而差别又不太大的时候,相互之间的吸引力才会增大。以性格而论,诚实、正直、开朗、自信、勤奋、幽默、热情的人,较之虚伪、孤僻、懒惰、固执、狂妄的人具有较强的人际吸引力。因此,人格特点在良好的人际关系建立中是非常重要的因素。

(三)个性品质

不利于大学生人际交往的个性品质主要有:①为人虚伪,与之交往容易使人失去安全感;②自私自利,只关注自己的需要,不关心别人的需要甚至损人利己;③不尊重别人,常常挫伤别人的自尊心;④报复心强;⑤妒忌心强;⑥猜疑心重,过于敏感;⑦过于自卑;⑧孤独固执;⑨苛求别人,控制别人;⑩自负自傲。

第四节　和谐人际关系的培养

一、大学生人际交往障碍及调适

(一)社交自卑感

社交自卑感是指大学生在人际交往中存在的自卑感,其常见的表现是忧郁、悲观、孤僻、自我封闭、言行被动,在社交场合出现拘谨、事事避让、处处退缩等行为,不敢抛头露面，生怕当众出丑。一般来讲，社交自卑感严重的人，大多性格内向、感情脆弱、多愁善感，常自惭形秽，觉得自己各方面都不如人，总以为别人瞧不起自己，时时担心在交往中失掉体面甚至受到伤害。这种人在交际场合压抑自身能量的释放，是为了守护个人的自尊心，而不是思考如何改善人际关系。

大学生产生社交自卑感的原因很多，主要有以下几方面。

1. 自我认识不正确

自我认识不正确的人，往往高估别人、低估自己，习惯将自己的短处与他人的长处相比，结果出现自卑感，丧失了交往的勇气和自信心。

2. 缺乏经验

古人说："世事洞明皆学问，人情练达即文章。"人际交往能力强的人之所以有很强的交际能力，是因为除了自身拥有优良素质，最主要的是他们经过长期的实践，积累了丰富的交际经验。学生干部的交际能力往往比别的同学强，也说明了经验在人际交往中的重要性。

3. 缺少特长

大学生生活在一个充满生机与活力的群体中，这个群体不乏才华出众、多才多艺的同学。有的擅长琴棋书画，有的擅长吟诗作赋，有的能歌善舞……他们在各种交际场合都会受到关注。而那些没有任何特长的同学则相形见绌，这更强化了他们的自卑感，在人际交往中常常表现为消极、拘谨、尴尬等。

4. 畏惧挫折

人际交往既有成功，也有失败。可是有些大学生成功欲极强又缺少心理准备，面对挫折和失败，往往就产生了自卑。比如有的大学生在参与演讲或辩论会之前，踌躇满志，信心百倍，跃跃欲试，一旦出现不尽如人意的情况，便垂头丧气，丧失信心。尤其是那些性格内向、自尊心极强的大学生，更是经不起人际交往中的挫折。

5. 生理缺陷

生理缺陷很容易使大学生产生自卑感。严重的自卑感会导致心理变态，给大学生带来精神负担。大学生要尽力克服这些不必要的自卑感。

（1）正确认识自己。善于发现自己的长处、肯定自己的成绩，同时要正确看待别人，切不可把自己看得一无是处而把别人看得完美无缺。有的时候，为了提高自信心，适当地从比自己出色的人身上挑一些小毛病，也是必要的。

（2）尽可能挖掘自己的长处。一个人的特长是可以通过努力获得的。比如，自己可以选择练习书法、绘画、写作等，只要持之以恒，就一定能够成功。如果在书画比赛中获奖，在报纸、刊物上登出自己的文章，则不仅能增添乐趣和信心，也能赢得他人的赞誉。久而久之，自己就能成为社交圈中的"重量级"角色。

（3）进行积极的自我暗示、自我鼓励。在交际场合绝不要消极地暗示自己：我不行！会失败，失败了怎么办？而要进行积极的心理暗示：我行，一定能成功！研究表明，经常进行积极的心理暗示对增强社交自信心很有好处。

（4）及时走出社交失败的阴影。人际交往难免有挫折和失败，重要的是总结经验、吸取教训，不要总是沉溺在失败的回忆中，自怨自责，而要拿得起、放得下，尽快忘掉失败的烦恼，振作精神，勇敢地投入新的社交活动中。

（二）社交嫉妒感

社交嫉妒感是指在社会交往中，因与他人比较，发现自己在才能、名誉、地位、境遇等方面不及他人而生发出来的由抱怨、憎恨、愤怒等组成的复杂情感。就大学生而言，社交嫉妒感的主要表现是：对他人的长处、成绩心怀不满甚至嫉恨，总希望别人比自己稍逊一筹，更有甚者，把自己的成功、别人的失败看作社交中最大的欣慰。

1. 社交嫉妒的特点

社交嫉妒具有以下几个特点。

（1）潜隐性

潜隐性是指嫉妒者表面上（甚至内心）不承认自己在某件事上存在嫉妒心理，且有意无意地去掩饰这种嫉妒。因此，有的心理学家认为，嫉妒不完全是理性的产物。

（2）对等性

对等性即嫉妒总是产生在与自己性别、年龄、文化、地位、职务相类似而状况发生了改变的人群身上。大学生一般不会对老师产生嫉妒，而教师一般也不会对学生产生嫉妒，就是这个道理。

（3）行为性

行为性即社交嫉妒感往往导致嫉妒行为。这类行为包括讽刺、挖苦、挑拨、中伤、诋毁等，普遍具有不同程度的破坏性，并且不仅直接危害被嫉妒者，同时也危害嫉妒者本人。

（4）变异性

变异性就是当被嫉妒者的优势转为劣势，特别是落到比嫉妒者更为劣势的境地，这时原先存在的嫉妒感便可能发生异变，比如转变为同情、怜悯、幸灾乐祸等。在人际交往中，嫉妒感只能给大学生带来痛苦，这种心理必须及时调节。

2. 调节嫉妒感的方法

（1）正确看待别人的能力和长处。当别人确实在某一方面强于自己时，应该实事求是地承认，并努力向对方学习。

（2）善于调整目标。当自己的目标和别人的目标一致，而别人在这方面已经超过自己时，可以改变目标，换一个方向去努力，也许会获得和别人一样的理想结果。

（3）善于转移注意力。不要总是把目光放在别人的优点和长处上，也不能总是把注意力放在少数优秀人物身上，要学会退而求其次。

（4）保持良好的心态。在任何一个群体中，总有人比较优秀、走在前列，也总有人相对落后。落后的人可以去努力、去争取，如果确实赶不上，暂时也不必强求。

（5）常思自己有无嫉妒心。嫉妒心是很难隐藏和掩饰的，在人际交往中容易被他人察觉。一旦被别人发觉你嫉妒他（她），交往就会受到影响。因此，消除嫉妒心理，坦诚、轻松、愉快地与对方沟通，或许能获得意想不到的正向交往效果。

（三）社交猜疑心

猜疑，顾名思义，即猜测、揣度、估摸、怀疑。猜疑心理是一种由主观推测而产生的不信任的复杂情感体验。心理学认为，猜疑是闭路思维的结果，其特征是“自圆其说”。怀有猜疑心的人一般总是从某一假象目标出发，脱离考察，如果猜疑心理过重，对什么都怀疑，则容易造成人与人之间的隔阂、矛盾和冲突。因此，大学生必须消除自身存在的猜疑问题。大学生可以通过以下途径消除猜疑心理。

1. 学会正确的认知方法

对他人和客观事物的认识要力求客观、全面、公正，切忌只凭主观臆想轻率地作出结论，也不能只凭一两次交往就断定交往对象是什么样的人。只有对他人形成正确、全面深刻的认知，才能避免乱猜疑。比如，你与一个人长期交往，对其品德、为人非常了解，就不会轻易怀疑他。

2. 加强沟通，多做调查

出现了问题要主动与怀疑的对象多接触、多交流，敞开交谈。这样，往往会得到意想不到的信息。生活中经常有这样的情况，你认定某件事是某人所为，但经过沟通或调查，发现自己的判断是错的。

3. 学会“冷处理”

工厂里做一把锤子，成形以后，烧得通红，如果马上放入水中冷却，这把锤子就会硬而不韧；反之，出炉以后让它在空气中慢慢降温，其结果是既硬又韧，从而达到理想的结果。

4. 学会识别信息

猜疑心理可能源于自身，也可能是听信了流言蜚语。因此，人们在人际交往中，要善于对信息和信息源进行甄别，冷静筛选，去伪存真，不可偏信。

（四）社交报复心

报复是人类强有力的动机之一。社交报复心理是指交往者一方自认为委屈、被羞辱，甚至是情感、人格被伤害时产生的反击心理。大学生在人际交往中存在不同程度的报复心理。有报复心理的人多心胸狭窄、脾气暴躁，如不注意克服，必然导致严重后果。调适报复心理，可以从以下几方面入手。

1. 正确认识自己所受的伤害

对于什么是伤害，每个人的理解不完全相同。同一句话或同一事件，有的人认为是伤害，而有的人则根本不当一回事。大学生在实施报复行为之前，要冷静思考一下，自己到底是不是受到了伤害，是不是自己过于敏感或多疑，有无报复的必要和价值。这样也许有助于延缓报复行为的实施。

2. 正确分析别人对自己的伤害

即使是伤害，也要加以分析，了解别人是有意伤害还是无意伤害，是偶然伤害还是蓄意伤害，是故意伤害还是附带伤害，是严重伤害还是轻微伤害等。对于一个大学生来说，即使受到有意伤害，也要三思而后行，有时为了顾全大局，就只能忍一忍。在交际中遇到那些性格开朗、大大咧咧的人口无遮拦，或者老朋友偶尔说了几句伤害自尊心的话，也不能进行报复，用调侃幽默的语言表达自己的态度即可。总之，面对伤害，要头脑冷静，具体分析，具体对待。

3. 多考虑报复的后果

在实施报复行为之前，不妨仔细想想，除了从报复行为中体验到所谓“快感”外，还能得到什么？在唇枪舌剑、“刀来剑往”的争斗中自己会不会再次受到伤害呢？所以大学生在社交中应该三思而后行。

4. 学会宽容和原谅人们

在确实受到伤害时，可以有 3 种应对态度，一是反击，积极回应；二是忍耐，自我克制；三是宽容，原谅别人。在人际交往中，每个大学生都应当做到严于律己，把握好自己的一言一行，尽量不对别人造成伤害，万一有差错，就应及时检讨自己，表示歉意。受到一点点伤害时也应尽量忍让、克制。“海纳百川，有容乃大”，学会宽容，从团结共事的视角出发，力求“化干戈为玉帛”。

二、大学生人际交往的艺术

（一）形成正确的交往态度

大学生要想建立良好的人际关系，必须具备适度的自我价值感。只有这样，才能理解他人的独特价值并欣赏他人。美国著名的心理学家爱利克·伯奈依据自己和他人采取的基本交往态度，提出了 4 种人际交往心理模式：我不好 - 你好，我不好 - 你也不好，我好 - 你不好，我好 - 你也好。

1. 我不好 - 你好的心理模式

这种心理模式在大学生人际关系中表现为自卑，甚至是社交恐惧。著名心理学家阿德勒认为，人在生命的初期是依赖周围的人而生存的，与周围的成人相比，儿童常感到自己的无能，因而从小就有自卑感。心理未完全成熟的某些大学生，尚未完全摆脱小时候的心理模式，在人际交往中会不同程度地表现出自卑心理，严重影响了其人际关系的发展。

2. 我不好 - 你也不好的心理模式

这种心理模式在大学生人际交往中通常表现为不喜欢自己，也不喜欢别人；看不起别人，也看不起自己，导致自己人际关系很差，也不利于大学生的心理健康。

3. 我好 - 你不好的心理模式

这种心理模式在大学生人际交往中通常表现为以自我为中心、自以为是，总认为自己是对的，而别人是错的，把人际交往失败的责任推到他人身上。这种人际交往心理模式不利于大学生良好人际关系的建立。

4. 我好 - 你也好的心理模式

这种心理模式在大学生人际交往中表现为相信他人、能够接纳自己和他人，正视现实，并努力去改变他们能改变的事物，善于发现自己和他人的优点与长处，从而使自己保持一种积极、乐观、进取的心理状态，是一种成熟、健康的人际交往心理模式，有助于大学生良好人际关系的建立。

（二）明确人际交往的原则

人的行为都是在一定的观念指导下进行的。积极、全面而良好的认知态度是健康交往的基础。为了使自己的交往行为能引起交往对象良好的行为反应，在交往中应遵循一定的原则。

1. 平等的原则

平等是建立良好人际关系的前提，也是人际交往的第一原则。社会心理学研究发现，人际关系的基础是人与人之间的相互扶持、相互重视。大学生来自四面八方，年龄、经历、知识结构、文化水平相似，虽然家庭出身、经济状况、个人能力有所不同，但并无高低贵贱之分。无论学习成绩高低、工作能力强弱、家庭条件好坏，大学生在人际交往中都应做到平等待人、坦诚相见，任何一方都不能把自己的意志强加给对方。如果自我感觉良好、趾高气扬、傲视群体、盛气凌人，缺乏对人起码的尊重，最终将导致群体敬而远之，不为他人所接纳。而个别同学自卑心理过重和自我封闭过严，总觉得低人一等，缺乏交往勇气和信心，同样也难以获得良好的人际关系。只有平等相处、将心比心、以情换情，达到相互间的心理平衡与理解，人际关系才会更加协调和融洽。

2. 尊重的原则

每一个人都有自尊心，都希望别人的言行不伤及自己的自尊心。自尊心的高低是以自我价值感来衡量的。自我价值感强烈，则自尊心水平较高；自我价值感不强，则自尊心水平较低。大量的心理学研究证明，任何人在人际交往过程中都有明显维护自我价值感的倾向。例如，当自己取得成绩时，自己会解释为这是自己的能力优于别人的缘故;当别人取得了好成绩而自己没有取得好成绩时,又会解释为别人仅仅是机遇好而已。

人的自我价值感主要来自人际交往过程中他人对自己的反馈。因此,他人在人们的自我价值感确立方面具有特殊的意义。别人的肯定会增强人们的自我价值感,而别人的否定会直接威胁到人们的自我价值感。如果在人际交往中威胁了他人的自我价值感,那么会激起对方强烈的自我价值保护倾向,从而引起他人的强烈拒绝和排斥情绪。此时,你无法同他人建立良好的人际关系,已建立的人际关系也会遭到破坏。

3. 真诚的原则

交友之道在于豁达与坦诚,只有自己真心付出,才能赢得他人的友谊。真诚是大学生高尚品德的重要体现,也是大学生在人际交往中最有价值、最重要的一种原则。美国一位心理学家曾于 1968 年设计了一种测试表,列出 555 个描写人品的形容词,让大学生指出他们最喜欢和最不喜欢的人品。结果学生评价最高的品质是真诚。在 8 个评价最高的形容词中有 6 个和真诚有关,即真诚、诚实、忠诚、真实、信赖和可靠;而评价最低的品质中,虚伪位居第一。由此可以看出,大学生在人际交往中最看重的是真诚,只有真诚,才能使对方放心,赢得对方的信任,彼此才会建立深厚的友情。

4. 宽容的原则

宽容表现为对非原则问题不斤斤计较,能够大度容人、宽以待人、求同存异。宽容有助于扩大交往空间,消除人际关系中的紧张和矛盾。人际交往过程中难免会遇到一些不愉快的人和事,如果耿耿于怀、以牙还牙,必然导致恶性循环。反之,如果做到虚怀若谷、宽容别人,“投之以木瓜”,则别人也会“报之以琼瑶”。所以,不能因为一点小事就与同学爆发激烈的冲突,要用宽容的心态去对待别人的错误与缺点,不斤斤计较、苛求他人或盲目对抗。宽容是赢得友谊的重要条件,没有人愿意与一个心胸狭窄、气量小、多疑善变的人做朋友。能以宽容的心态、博大的胸怀接纳各种各样的观点,求大同而存小异的人,会给朋友以心理上的安全感,自己也会在交往中获得愉快。

5. 谦逊的原则

谦逊是一种美德。谦虚好学者,人们总是乐于与之交往;反之,人们往往避而远之。在人际交往中,大学生一定要有豁达的胸怀,谦逊谨慎,戒骄戒躁,虚心学习他人之长,切勿狂妄自大、傲视他人,更不能不懂装懂、知错不改。

6. 理解的原则

人们常说:“金玉易得,知己难寻。”所谓知己,即能够理解和关心自己的人。相互理解是人际沟通、促进交往的条件。就人际关系而言,你不仅要细心了解他人的处境、心理、特性、好恶、需求等,还要根据彼此的情况,主动调整或约束自己的行为,尽量给他人以关心、帮助和方便,多为他人着想。大学生在人际交往中,一定要善解人意,处处理解和关心他人。

(三)把握人际交往的尺度

任何事情都有一个度,如果超过这个度,就会改变其性质,带来不良的后果。人际交往上的度指的是保持良好人际关系所需要把握的方向、广度、深度、距离、频率等。

1. 交往方向要明确

大学生的交往对象与其以往所面对的人群有很大不同,刚入校的大学生,思想相对比较单纯,因此在人际交往过程中,如何把握方向,就显得尤为重要。交往方向不明确会直接影响人的健康发展。如大一新生张某,因一次偶然的机会认识了一名外校的老乡,该老乡是某医学院二年级的学生,英语学习成绩较差,在大学英语四级考试中请张某代考,张某碍于老乡关系、朋友义气,再加上自己英语基础较好,就答应代考,结果被监考老师当场抓获,受到勒令退学的处分。

2. 交往的广度要适当

当代大学生已充分认识到人际交往的重要性,每个人都有能够亲密交往的朋友,这是非常好的现象。但如果仅限于自己狭小的交际圈,排斥疏远可交的益友,就不利于信息渠道的畅通,妨碍了正常人际关系的发展。另外,大学生交往的范围也不要太广,如果人数太多、范围太大,必然分散自己的精力,影响学习,结果是得不偿失。

3. 交往程度要适度

(1)交往的时间要适度。在人的社会性需要中,除了社会交往以外,还有工作、学习等。必要的交往有利于事业的开展;但也应看到,社交与学习等在时间和精力上又存在着矛盾,因此大学生在时间分配上,需要把握合适的“度”。大学生的主要任务是学习,需要投入大量的时间和精力,因此要防止因过于强调交往的重要性而忽视学习。

(2)交往的距离要适度。有的同学关系好时形影不离,一朝不和,即互相攻击,老死不相往来,这对双方的心理健康和人际关系发展都不利。人际交往,不必短期全线突击,也不必利益稍有冲突,霎时势成水火,应该疏密有度。

(3)与异性交往要适度。正常的异性交往会有助于学生的身心健康和人格发展。如果大学生过分沉溺于尚不成熟的异性恋情,就会减少与其他同学的接触机会,甚至忽视学习,影响自己的进步与发展。

(四)掌握人际交往的技巧

人际交往是人与人之间的心理互动过程,只有注意观察、体验,调整自己的认知结构,掌握一定的人际交往技巧,才能提高交往能力。

1. 消除戒备，敞开心扉

有的大学生虽然很想和他人建立良好的人际关系，但是对交往存在错误的认知，如有的同学认为，“先同别人打招呼显得自己低人一等”“如果我先同他人打招呼，他人不理自己怎么办”；还有的同学认为，“害人之心不可有，防人之心不可无”，把人与人之间的关系视为尔虞我诈，害怕在交往中遭到他人的算计，因此在交往中处处小心谨慎，缺乏主动、热情。其实，要赢得别人的友谊，自己首先要向对方主动发出友善的信息，“爱人者，人恒爱之；敬人者，人恒敬之”。

2. 建立良好的第一印象

初入校门的大学生，在和一些不熟悉的人交往时，要注意给对方留下良好的第一印象。美国学者伦纳德·曾宁博士在其所著的《接触头四分钟》一书中指出，结交新认识的人时，头四分钟至关重要。他认为结交新朋友时，起码要高度集中精神于头四分钟，而不应一面与对方交谈，一面东张西望，或另有所思，这些都会引起对方不悦。

关于如何建立良好的第一印象，戴尔·卡耐基在《怎样赢得朋友和影响他人》一书中提出6条途径：①真诚地对别人感兴趣；②保持轻松的微笑；③多提别人的名字；④做一个耐心的听者，鼓励别人谈他自己；⑤聊一些符合别人兴趣的话题；⑥以真诚的方式让别人感到他很重要。

3. 真诚地肯定对方

美国哲学家詹姆斯说：“人类本质最殷切的需要是被肯定。”人类对肯定的渴望绝不亚于对食物和睡眠的需要。人们在交往中总是倾向于选择能肯定自己的人。特别是大学生，自尊心极强，因而在交往中就必须肯定对方、尊重对方，努力去发现对方的优点、长处、成绩，并真诚地、慷慨地赞美他人，这样能成功地打开交往的大门。

4. 礼尚往来，学会回报

在人际交往中，若对方感受到了你的真诚与热情，显然你也会得到对方肯定评价的回报。社会心理学家霍曼斯提出，人与人之间的交往，本质上是一个社会交换的过程。但是这种交换与市场上买卖关系中发生的交换不完全一样。我们在生活中可以发现，互相帮助的人与人之间，交往总是比较密切。但是，人际交往中“回报”的内容是很多方面的：有物质的，也有精神的；有直接的，也有间接的。但应注意的是，人际交往中的回报，并不存在一般等价物，很多时候也不是同步、等量的。大学生要注意向别人提供帮助时，不要以别人相应的回报为条件，而对别人的帮助应懂得适时给予回报。

5. 学会表达，善于聆听

语言交流是人际交往中最直接、最常用的方式。其中，口头交谈对良好的人际关系的建立最为重要。乐于交谈、善于表达、称呼得当、注意聆听，这些都有助于交往的顺利进行。因此，要学会正确运用语言的艺术。

（1）准确表达。用清楚、简练、幽默、生动、通俗、流利的语言表达自己的思想和观点。在表达时切忌不理会对方的意见和反馈，只顾喋喋不休地发表自己的意见。同时要避免巴结对方，语气措辞肉麻，让人难以忍受；也要避免总是质问对方，让对方觉得自己像被审问的犯人一样。交谈的话题内容和形式应契合对方的知识范围、经验，合乎对方的心理需要和兴趣。

（2）善于聆听。在交谈中要注意聆听，最好的方式是站在对方的立场上，集中精力了解对方所说的内容。切忌在聆听中频频打断或表现出不耐烦的情绪。

【心理互动】

一、心理测试——大学生人际关系状况量表

（一）测试说明及题目

这是一份关于人际关系行为困扰的测验量表，共28个问题。每个问题做“是”（打“√”）或“非”（打“×”）两种回答。请你认真完成，然后参考后面的评分方法，对测验结果作出解释。

序号	题目	是	否
1	关于自己的烦恼有口难言		
2	和生人见面感觉不自然		
3	过分地羡慕和嫉妒别人		
4	与异性交往太少		
5	对连续不断的会谈感到困难		
6	在社交场合，感到紧张		
7	时常伤害别人		
8	与异性来往感觉不自然		
9	与一大群朋友在一起，常感到孤寂或失落		
10	极易感到窘迫		
11	我与人不能和睦相处		
12	不知道与异性相处如何适可而止		
13	当不熟悉的人对自己倾诉他的生平遭遇以求得同情时，自己常感到不自在		
14	担心别人对自己有什么坏印象		
15	总是尽力使别人赏识自己		
16	暗自思慕异性		
17	时常避免表达自己的感受		

续表

序号	题目	是	否
18	对自己的仪态（容貌）缺乏信心		
19	讨厌某人或被某人所讨厌		
20	瞧不起异性		
21	不能专注地倾听		
22	自己的烦恼无人可申诉		
23	受别人排斥与冷漠对待		
24	被异性瞧不起		
25	不能广泛地听取各种意见、看法		
26	自己常因受伤而暗自伤心		
27	常被别人谈论、愚弄		
28	与异性交往不知如何更好地相处		

Ⅰ	题目	1	5	9	13	17	21	25	小计
	分数								
Ⅱ	题目	2	6	10	14	18	22	26	小计
	分数								
Ⅲ	题目	3	7	11	15	19	23	27	小计
	分数								
Ⅳ	题目	4	8	12	16	20	24	28	小计
	分数								
评分	打“√”的给1分，打“×”的给0分，总分＝								

（二）测试结果

如果你的总分在0~8，说明你与朋友相处时困扰较少；你善于交谈，性格比较开朗，主动关心别人；你对周围的朋友都比较好，愿意和他们在一起，他们也喜欢你，你们相处得不错；而且你能够从与朋友的相处中，得到许多乐趣；你的生活是比较充实而且丰富多彩的；你与异性朋友也相处得很好。简而言之，你不存在或较少存在交友方面的困扰，善于与朋友相处，人缘很好。同时也获得了许多人的好感和赞同。

如果你的总分在9~14，那么，你与朋友相处存在一定程度的困扰；你的人缘很一般，换句话说，你和朋友的关系并不牢固，时好时坏，经常处在一种起伏波动之中。

如果你的总分在15~28，那就表明你和朋友相处上的行为困扰较严重；分数超过20分，则表明你的人际关系行为困扰程度很严重，而且在心理上出现了较为明显的障碍。你可能不善于交谈,也可能是一个性格孤僻的人,不开朗,或者有明显的自高自大、讨人嫌的行为。

以上是从总体上评述你的人际关系。下面,将根据你在每一栏上的小计分数,具体指出你与朋友相处的困扰行为及可参考的纠正方法。

(1)记分表中Ⅰ横栏的小分数,表明你在交谈方面的行为困扰程度。

如果你的得分在6分以上,说明你不善于交谈,只有在需要的情况下你才同别人交谈,你总是难于表达自己的感受,无论是愉快还是烦恼;你不是个很好的倾听者,往往无法专心听别人说话或只对单独的话题感兴趣。

如果你的得分在3~5分,说明你的交谈能力很一般,你会诉说自己的感受,但不能讲得条理清晰;你努力使自己成为一个好的倾听者,但还做得不够。如果你与对方不太熟悉,开始时你往往表现得拘谨与沉默,不太愿意跟对方交谈,但这种局面在你面前一般不会持续太久。经过一段时间的接触与锻炼,你可能会主动与同学谈话,同时这一切十分自然而不造作。此时,你的交谈能力已经大为改变,在这方面的困扰也会逐渐消除。

如果你的得分在0~2,说明你有较高的交谈能力和技巧,善于利用恰当的谈话方式来交流思想感情,因而在与别人建立友情方面,你往往比别人更容易获得成功。这些优势不仅为你创造了良好的心境,而且常常有助于你成为伙伴中的领袖人物。

(2)记分表Ⅱ栏的小计分数,表示你在交际与交友方面的困扰程度。

如果你的得分在6分以上,则表明你在社交活动与交友方面存在着较大的行为困扰。比如,在正常集体活动与社交场合,你比大多数伙伴更为拘谨;在有陌生人或教师在的场合,你往往感到更加紧张;你常因过多地考虑自己的形象而使自己处于越来越被动、越来越孤独的境地。总之,交际与交友方面的严重困扰,会使你陷入"感情危机"和孤独的状态。

如果你的得分在3~5分,则表明你在积极寻找被人喜爱的突破口。你不喜欢独自一个人待着,你需要和朋友在一起,但你又不善于创造条件并积极主动地寻找朋友,而且,你心有余悸,生怕主动行为后的"冷"体验。

如果得分低于3分,则表明你对人较为真诚和热情。总之,你的人际关系较和谐,在这些问题上,你不存在明显持久的行为困扰。

(3)记分表Ⅲ横栏的小计分数,表示你在待人接物方面的困扰程度。

如果你的得分在6分以上,则表明你缺乏待人接物的机智与技巧。在实际的人际关系中,你也许常有意无意地伤害别人,或者你过分地羡慕别人以致内心在嫉妒别人。因此,其他一些同学可能回报给你的是冷漠、排斥,甚至是愚弄。

如果你的得分在3~5分,则表明你是一个较圆滑的人。对待不同的人,你有不同的态度,而且不同的人对你也有不同的评价。你讨厌某人或被某人所讨厌,但你却喜欢另一个人或被另一个人所喜欢。因此，你的朋友关系在某些方面是和谐的、良好的，在另一些方面却是紧张的、恶劣的。你的情绪很不稳定，内心极不平衡，常常处于矛盾状态之中。

如果你的得分在 0~2 分，表明你较尊重别人，敢于承担责任，对环境的适应性强。你常常以你的真诚、宽容、责任心强等个性获得众人的好感与赞同。

（4）记分表Ⅳ横栏的小计分数，表示你跟异性朋友交往的困扰程度。

如果你的得分是 5 分以上，说明你在与异性交往的过程中存在较为严重的困扰。也许你过分地思慕异性或者对异性存有偏见，这两种态度都有其片面之处；也许是你不知如何把握好与异性交往的分寸而陷入困扰之中。

如果你的得分是 3~4 分，表明你与异性交往的程度一般。有时你可能会觉得与异性交往是一件愉快的事，有时又会认为这种交往似乎是一种负担，你不懂得如何与异性交往才最适宜。

如果你的得分是 0~2 分，表明你懂得如何正确处理与异性朋友之间的关系，对异性同学持公正的态度，能大大方方地、自自然然地与他们交往，并且在与异性朋友的交往中，得到了许多从同学、朋友那里不能得到的东西，增加了对异性的了解，也丰富了个性。你可能是一个较受欢迎的人，无论是同性朋友还是异性朋友，多数人都比较喜欢你和赞赏你。

二、心理活动——优点大轰炸

（一）活动目的

学会赞美别人，学会发现别人的优点，维持良好的人际关系。

（二）具体操作

每 6~8 个人一组，指定其中一名同学，然后其他的同学轮流说出该同学的优点，每个人都有被赞美的机会。赞美别人的同学要做到态度真诚、实事求是、具体、新颖。被赞美的同学要认真感受，不必表示感激，也不要泼冷水。

（三）讨论

1. 其他的同学为你找到了几条优点？
2. 通过刚才的活动，你感到愉快吗？
3. 在以后的人际交往中应该如何做？

二、心理活动——“你说我画”

（一）活动目的

学会沟通，学会表达，让学生清楚表达与沟通是一个双向的过程。

（二）具体操作

请6位同学到讲台前，分3组，2人一组，分别编号A和B，每组的A面向黑板，不能回头看，给B出示图片，由B向A描述图片内容，A根据B的描述在黑板上画出该图。

规则：A不许出声，也不能回头，只能听B传达信息，B在传达信息的过程中不能打手势、做动作，只能用言语表达。其他同学保持安静，比一比哪组同学画得快，画得最贴近原画。

（三）讨论

（1）通过这个活动，你有什么收获？

（2）你觉得在沟通中应该注意什么？

【心理拓展】

一、推荐影片：《穿普拉达的女王》

该影片讲述了这样一个故事。一个刚从学校毕业想当记者的女孩子安迪在寻找工作无果的情况下进了一家顶级时装杂志给总编当助手。然而好景不长，她发现这份工作简直就是噩梦，因为这个女总编米兰达对待所有的人都是那么尖酸刻薄，即便如此，安迪也没有放弃，而是为了获得主编的赏识努力改变自己，在同为梦想努力的前辈的帮助下，她在工作上越来越得心应手，但却迷失了自己，男友和朋友都离她而去。最终安迪为了找回失去的幸福而选择离开杂志社。从本片中，我们可以去学习主人公是如何去快速适应一个新的工作环境；如何与各种类型的同事进行沟通；特别是面对一个要求严格、雷厉风行甚至有些尖酸刻薄的上司时，如何与其进行沟通。

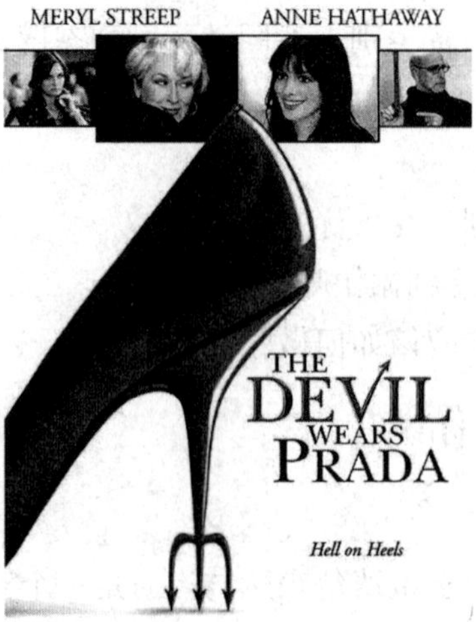

二、推荐书籍:《影响力》

本书由著名社会心理学家,全球知名的说服术与影响力研究权威罗伯特·西奥迪所著。书中为我们解释了为什么有些人极具说服力,而我们总是容易上当受骗。隐藏在冲动地顺从他人行为背后的六大心理秘笈,正是这一切的根源。这六个原理分别是:互惠、承诺和一致、社会认同、喜好、权威、稀缺原理。此书不论是对于人际交往,还是商业谈判、市场营销方面,都有极高的阅读价值。

第七章　大学生恋爱心理与性心理

【学习目标】

1. 了解大学生恋爱心理的发展。
2. 了解大学生恋爱心理及性心理方面存在的问题。
3. 对大学生恋爱心理与性心理有正确的认识，树立正确的恋爱观。

【心理课堂】

某高校学生小文（女）和小范（男）为同班同学，两人在大二时确立了恋爱关系，但相处一段时间后，小范认为两人在性格上多有不合并提出分手。小文对此不能接受，情绪波动很大，曾多次当面或通过电话、短信等方式找小范沟通，想让小范回心转意，但是小范都没有同意。在这种情况下，小文产生轻生的念头，并在宿舍服下100片安眠药企图自杀，被同学及时发现，抢救及时才脱离危险。经过老师、家长、同学的多次开导，小文情绪才有所好转。

爱情是人类永恒的主题。“男子的钟情，少女的怀春，是人性中至洁至纯的。”大学生由于生理上的成熟及性心理的发展，自然而然地产生了对爱情的向往和关注。树立正确的恋爱观，对大学生的健康成长是十分重要的。

第一节　爱情概述

一、爱情的含义

在人类的精神生活中，从未有一个话题像爱情一样经久不衰，也从未有一个话题像爱情那样动人心弦。那什么是爱情？所谓爱情，就是一对男女基于一定的社会关系和共同的生活理想，在各自内心形成对对方最真挚的倾慕，并渴望对方成为自己终身伴侣的最强烈的感情，是两颗心灵相互吸引、达到精神升华的产物，是人类特有的一种高尚的精神生活。总之，爱情是人类特有的精神心理活动，是包含了生理、心理和社会诸多因素的复杂现象，具有直觉性、冲动性、专注性、排他性和相容性。

二、爱情的实质

爱情是两个成年异性之间强烈的情感专注，其中至少包括性的欲望和温柔体贴的成分。斯滕伯格的“爱情三角”理论被认为是目前对爱情的研究最完整的理论，该理论认为爱情有 3 个基本元素：亲密、激情、承诺。

1. 亲密

亲密是一种亲近的、联结的、心与心交流的感情经验，属于情感维度。该维度除了爱与欲之外，可能还夹杂着酸甜苦辣的滋味。

2. 激情

激情是一种混杂着浪漫、外表吸引力和性驱动的动力，属于动机维度。激情是爱情行为背后的动机，对人类而言虽然未必全是出于生理上的需求，但绝不能否认性动机或性驱动力等。人类的爱情是有意识的，这一点表现为预见、认识和按一定目的调整自己的行动，而且表现为幻想和渴望获得个人幸福。爱情自古以来既是令人激动的回忆，又是热切的期待。

3. 承诺

承诺包括短期地决定去爱一个人和长期地承诺去维持爱的关系，属于认知维度。相对于情感维度和动机维度而言，认知维度下的承诺是一种控制因素。如果将动机与情感分别看作电流和火花，认知就是开关或调节器。它可斟酌爱情之火的热度并予以适度调节。

这 3 个基本元素有不同的特征：承诺的稳定性高，激情的稳定性低；激情的短期效果强，而承诺和亲密则具有长期的效果。爱情三角论认为，两性间的爱情形式因人而异，很可能所有情侣间的亲密关系和热烈程度各不相同，但基本上都是由这 3 个元素彼此不等量的配合而演化出来的，构成了喜欢式爱情、迷恋式爱情、空洞式爱情、浪漫式爱情、伴侣式爱情、愚蠢式爱情、完美式爱情等 7 种类型。如图 7-1 所示。

三、恋爱对大学生成长发展的意义

（一）学习建立亲密关系

恋爱是发生在两个人之间，一个人与另一个人建立起的一种亲密关系。这种亲密关系能否稳固发展、走向成熟，其实也是大学生自我成长的一个重要标志，同时也是良好心理素质的体现。学习建立发展亲密关系，是在学习如何去爱另一个人；是在学习如何和另一个人长期相处，学会包容、体贴、关心、尊重，接纳失望、痛苦、不满等；是在学习保持恰当的关系距离，不会因为怕失去爱过度依赖，或过于疏远，享受安全感、亲密感；是在学习体会在关系中满足自身及相互的心理需要。

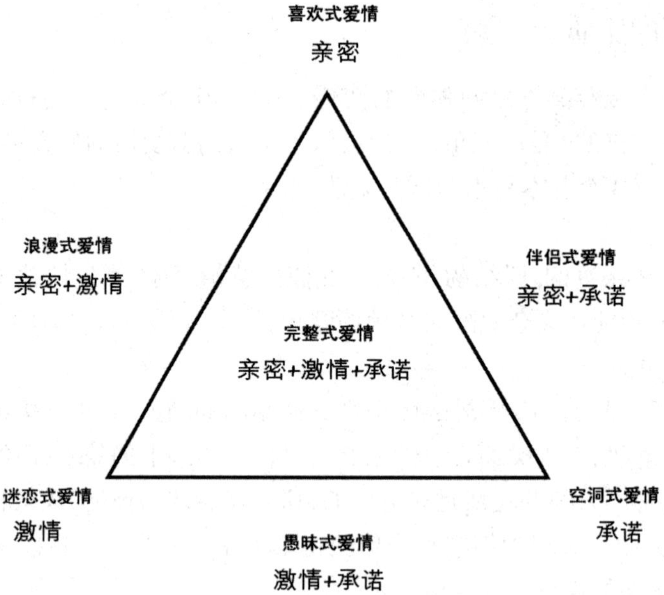

图 7-1 爱情的三元素理论模型

（二）培养发展爱情关系

恋爱会使人有许多情感体验,被爱是一种幸福,爱别人也是一种幸福。爱情要巩固与发展需要不断的培养。爱情发展首先是看每个人生命中有没有发展更新的东西,即你有什么新鲜的东西可以让对方感受到爱情生活是充实的。在两个人的生命中都有新鲜的东西带给对方,自然会为爱情增添新的活力。爱情的培养发展,也是建立在对对方不断了解、接纳、发现、欣赏的基础上的。由于爱情中有激情的成分,激情却不能总保持在一个较高的状态。所以,爱情是一个平淡的过程。以为爱变了,其实是爱情的成分在爱中变了,少了激情,多了亲密和承诺。爱情不是在产生的瞬间就此停止,而是要发展并不断更新充实的,要不断提供养分才能使爱情之花不断地盛开。

（三）恋爱是自我认识与成长的一个过程

通过恋爱,可以更好地认识自己。恋人对一个人来讲是一个重要人物,重要人物对自己的看法无疑是了解自我的重要途径,并有着巨大的影响力。恋人就像一面镜子,会照出自己的许多东西,从中发现自己。另外,对于个人来讲,大学生在恋爱关系中,也会不断发现自己的情感世界、个性特点,发现自己为人处世的方式,发现以往的经历对自我的影响。这种美好的情感使人乐于承担责任。爱可以改变人的趣味,升华人的人格,开发人的潜能,促进人的新生。

四、大学生恋爱心理的发展过程

恋爱是一个过程，它萌生于两心相悦之时，不仅是男女双方互相倾慕和培植爱情的过程，也是一个情感升级及体验欢愉的心理过程。这个过程大致可分为5个阶段。

（一）感受阶段

大学生在交往过程中，会经历一个对具有吸引力和魅力的异性感兴趣的阶段。在这个阶段，他们或者一见倾心，迅速迸发出火热的情感；或者由于羞怯或迟疑等原因而未曾吐露自己的心声。异性的外表在这一阶段起到十分重要的作用，它能够唤起感官上的愉悦。一些大学生可能凭着这短暂的感受就跌入了“情网”。因为这是一种原始的感受，所以在这个阶段大学生极易“见异思迁”。

（二）注意阶段

处在注意阶段的大学生当对某个异性心生波澜，或感到某个异性对其有莫大的吸引力时，往往有一种接触和亲近对方的强烈愿望。这时，他们会自觉地将注意力指向这位异性的一切活动、兴趣爱好等，进而考虑能否和他（她）接近，如何表露真情，并时常在脑海中设计一些约会的情境。这阶段多表现为“单相思”。

（三）求爱阶段

这一阶段是重要而且困难的阶段。处于这个阶段的求爱者心理负担非常重，各种担忧不断涌现，如果出现求爱挫折，容易产生心理障碍。学习求爱技巧，提高求爱成功率，关键在于把握以下3点：一是正确地判断对方对你的印象和态度，二是选择适合的求爱方式，三是把握好求爱的时机。

（四）恋爱阶段

求爱成功后，爱情的扁舟就驶入了恋爱的海洋。在这个阶段，成熟的大学生能正确看待爱情和学业的关系。但也有少数心理不够成熟的大学生，不能自由地驾驭自己的感情，恋爱的盲目性较大，影响了学习和个人发展，造成了不良的后果。

（五）成功或分手

确立恋爱关系后，双方可能在以后进入婚姻；有的则可能经过另一个过程，即分手。分手的原因有很多，可能是外部条件造成的，也可能是主观因素造成的，如父母反对、相互误解、第三者插足、个性不合等。恋爱时间越长或恋爱关系越深，分手造成的打击就越大，但分手所造成的打击会随着时间的流逝而成为回忆。

第二节　恋爱心理的特点及困扰

爱情可以是美酒，给人以幸福和欢乐；爱情也可以是苦水，给人带来无穷的烦恼。

因此,大学生要谨慎驾驭爱情之舟,善于调适恋爱中的各种困扰。

一、恋爱心理的特点

(一)浪漫色彩浓厚

在恋爱中的大学更关注彼此的爱慕之情及对人生的看法,而很少谈及结婚、家庭等具体问题。这种浪漫色彩掩盖了爱情理想和实际之间的差距。因此,大学生的爱情缺乏挫折的磨炼和必要的现实基础,比较脆弱,一旦遇到问题就很容易破裂,这是大学生恋爱成功率较低的重要原因之一。

(二)自主性较强

大学生谈恋爱,都是自己做主。传统的恋爱模式是,在明确恋爱关系前,一般先征求家人的意见;明确恋爱关系后,双方家人来往密切,家人指导贯穿各个环节。而大学生因离家住校独立生活,常常自己看准了对象就去追求,甚至确定关系后家长都不知道。

(三)盲目性较大

大学生把谈恋爱作为一种取得生活经验的实践活动,或作为一种消遣,但他们并没有明白爱是什么、为什么爱。有的学生甚至互相攀比,比谁找的对象多、谁的漂亮。

(四)情感随意性

现代大学生谈恋爱一改传统的以含蓄、深沉为美的形式,而是在公开场合下手拉手、肩并肩甚至搂搂抱抱,使旁人不得不“退避三舍”。有的同学甚至对婚前性行为持过分随意的态度,并且不注意自我保护。这些行为如不加以节制,不仅会破坏了学校的校风,也会影响学生的正常学习和心理健康。

二、大学生常见的恋爱困扰及调适

(一)单恋

单相思,亦称单恋,是指一方对另一方一厢情愿的倾慕、思念和爱恋。有的单恋一方并无意让对方知道,这种单恋多是幻想型的,带有偏执成分。单恋多发生在性格内向、情感丰富而又缺乏恋爱体验的人身上,他们对所恋对象抱着高不可攀的畏惧心理,把对方想得神圣非凡、完美无缺,可望而不可即。因此,只能将思恋之情深藏于心,进行痛苦的自我折磨,导致心理失调。还有一种单恋,是被恋对象知道但却根本不爱对方,甚至在拒绝对方以后,其仍然痴情不改。这种单恋,不但被恋对象知道,而且单恋者周围的人也有所察觉。因此,单恋者不但内心痛苦、不能自拔,而且其自尊心也容易受到伤害。

克服单恋的方法主要有以下几种。首先，要避免恋爱错觉，准确地观察和分析对方表情，用心明辨；学会用联系的观点分析问题，把某种信息和其他因素结合起来考虑。其次，克服懦弱和自卑心理，以适当的方式传递自己的感情，如果对方有意，要勇于与其进行接触和交往，传递爱的信息，单恋就有可能转化为“双恋”，爱的快乐就取代了爱的痛苦；如果是“落花有意，流水无情”，则应该面对现实，勇敢地抛弃幻想，通过思想感情的转换和升华来获取心理平衡。最后，通过重构认知来树立自信、恢复理智。单恋者的所思所想往往是不切实际的幻想，不受理性思维的支配，而这种幻想使单恋者以扭曲的认知方式看待现实，造成他们夸大、美化对方而贬低、丑化自己，从而不敢采取切实有效的行动来表达自己的感情。因此，要想克服单恋带来的心理困扰，就必须重构认知，这样才能树立自信、恢复理智。

（二）多角恋

多角恋是指同时与两个或两个以上的对象建立并保持恋爱关系，通常把被多方追求的对象称为“主角”，而称追求同一对象的人为“副角”。

多角恋一般分为两类，一类是隐蔽式的多角恋，即多角恋中的主角同时与几个副角相恋，而几个副角之间并不知道，主角有意隐瞒真相，在几个副角之间巧妙周旋，这种多角恋带有很强的欺骗性；另一类是公开式的多角恋，就是主角同时与几个副角保持恋爱关系，而几个副角之间彼此知晓，展开竞争。

无论哪种形式，也无论是出于何种考虑，多角恋都是不道德的，也是危险的。因为不同于一般的交朋友，恋爱具有排他性，多角恋中的主角最终只能选择一个副角保持长期恋爱关系，那种“鱼我所欲也，熊掌亦我所欲也”的想法是根本不可能实现的，必然给其他几个副角带来痛苦，最终也给自己带来无法弥补的伤痕。正如“爱之酒，甜而苦，两人喝，是甘露。三人喝，本如醋。随便喝，毒中毒”，多角恋最终不仅贻害别人，也贻害自己，处理得不好，还容易引起纷争、不幸和灾难。

多角恋的调适策略如下。第一，谨慎对待感情竞争中的成功与失败。当你凭借自己的实力获得爱情时，尽量不做刺激失败者、激化矛盾的事情。当你判定自己处于“劣势”，应有“勇退”的精神，并学会正确评价自我，退出竞争的三角旋涡。这是明智之举，并不是无能、怯场的表现。第二，当你与多个异性保持暧昧、不同寻常的关系，正处于进退维谷、取舍两难境地时，你可以从生理条件、心理品质、社会条件等方面进行比较，并尽快作出抉择。第三，当你已同一个异性确定了恋爱关系，生活中又闯入了另一个异性时，如果你与前者相爱时间不长，感情较浅，精神相容性较差，而后者对你更具吸引力，那么你不妨先疏远前者，再明确中断与前者的恋爱关系，待对方心理恢复正常，有一定的心理承受力时，再和后者热恋。否则，会给前者造成巨大的心理创伤。反之，如果你与前者感情尚可，且相爱时间较长，只是对方在某些次要方面不合自己心意，你应该用爱情的力量鼓舞和帮助对方不断地改进，从而缩小对方与自己心目中理想伴侣形象的差距，并彼此达到人格、能力、志趣等方面的和谐。那种一遇上异性追求者，就轻率地抛弃先前恋人的做法是不可取的，这样做不仅会伤害对方，而且对自己也未必是最佳的选择。

（三）网恋

网恋是有关大学生恋爱的文章、小说和影视作品中曝光率非常高的一个词。网恋一般指以恋爱为目的，在网络虚拟平台和社区以恋人的身份和网上恋人共同生活，共同经营一段爱情的一种恋爱关系。

网恋最大的特点就是虚拟性、隐蔽性和时空无限性。在网络世界里，人们可以通过言行塑造“理想的自我”，也可以随着自己看中的目标人物的喜好来改变自己的言行。这样就比较容易让对方看到相似或者互补的地方而抹杀两人之间的不和谐，进而可以在比较短的时间里赢得对方的好感甚至爱情。在网络恋情中，冷淡被理解为酷，奢侈也可能被理解为阔气，缺少教养可能被理解为不拘小节。一旦从网恋走向现实，就会遭遇希望越大失望就越大的尴尬。网恋“见光死”的概率是非常高的。

不仅如此，网恋也是一件费时、费钱的事情，还为那些怀有不良动机的社会闲杂人员或犯罪分子提供了可乘之机。陷入网恋的人，每天至少要在网络上耗费 6~8 个小时，只为了一个虚幻的恋爱沟通交流。

（四）同性恋

同性恋是指以同性为恋爱和性欲满足对象的爱情，既包括只以同性为恋爱和性欲满足对象的纯粹的同性恋，也包括同时与同性和异性有恋爱关系的双性恋中的同性恋部分。传统和狭义上的爱情专指发生在男女两性之间的情感，不包括同性恋，所以一直以来同性恋者都被看作异类。在心理学界，同性恋也一直被看作一种心理障碍。

但是，近年来心理学家、精神病学家都同时注意到：同性恋者除了以同性为主要的或唯一的性欲满足对象外，无其他任何明显的精神异常和心理异常，甚至在学习、工作或其他社会行为方面有优异的表现，社会适应良好。因此，现在很多国家都已经不再将同性恋列入心理疾病的范围，个别国家在法律上还允许同性恋结婚和领养孩子。

一般来说，主动型的同性恋者在恋爱过程中会感受到较多的痛苦和压力。男同性恋者可能有对其他男性“单恋”的情况，也可能因为家庭和社会世俗的压力而娶妻生子，但在家庭中无法扮演正常的丈夫角色，对妻子没有真正的兴趣，家庭关系紧张。女同性恋则更多是因为追求女性失败，或自己喜欢的女性突然有了男朋友而感到很受伤害。此外，由于不正常的性生活，同性恋中的艾滋病发病率高于其他非同性恋人群。

（五）失恋

失恋是恋爱过程的中断，在主观上表现为失恋者体验到悲伤、忧郁、失望等消极情绪及心理痛苦和压力。恋爱的过程是两个人相互了解和选择的过程，当一方提出中断恋爱关系时，另一方就会失恋。分手的原因主要有以下几种：双方个性、价值观有很大差异，以致无法沟通；第三者介入；时间、空间的距离；父母或亲友的反对；误会太深；认为自己付出太多，对方付出不够，产生心理失衡；失去了爱的感觉；对方过度关怀，使自己有压迫感；发现对方和他人有过于亲密的行为；发现对方有不良嗜好等。失恋后可以及时找朋友或亲人倾诉，或者找专业人员咨询，也可以自己通过以下途径进行调整。

1. 逆向思考

恋爱取得成功大多是因为性格和谐、志趣相同、价值观一致、生理特征相配等。如果在这些方面发生矛盾，使恋爱不能进行下去，倒不必过于痛苦。不妨反过来思考一下，如果勉强凑合下去，造成以后感情不和，又有什么幸福可言？失恋固然不是幸事，然而彼此志不同道不合，及早分手也并非坏事，“塞翁失马，焉知非福”。

2. 合理宣泄

失恋造成的情感压抑是十分严重的，如果不及时合理地宣泄，会出现各种不适应症状。比较有效的宣泄方法有以下几种：①向家人或亲密的朋友倾诉内心的苦闷和悲伤；②可以闭门痛哭一场；③寄情于山水之间，向大自然宣泄自己压抑的情绪，失恋后可以与朋友一起外出远游，体验大自然之奇丽与伟大、人生之美好，心胸会变开阔，郁闷的心情就会有所缓解；④升华是宣泄失恋后心理能量的最理想方式，失恋者应理智地把感情、精力投入到能充分实现自身价值的事业中和对生活的热爱上去，在更高的境界中得到补偿，获得更大、更多的收益。

3. 丢弃自卑

失恋并非羞耻之事。但有些失恋者却认为失恋是令人耻辱的，是被对方“抛弃”“玩弄”了，从而感到无地自容，产生强烈的自卑感。其实，任何事情的发展都面临着两种可能，恋爱也是一样。恋爱一次成功固然可喜，但这毕竟只是可能，而不是必然，所以谈恋爱就要有谈不成的心理准备，失恋也是在情理之中，是无可非议的。有思想、有志气的青年不应受世俗偏见的束缚，不能自己看不起自己。如果能从失恋中发现自己的不足，并有所进取，今后一定称心如意的好伴侣。

第三节　健康恋爱观的培养

一、树立健康的恋爱观

爱情作为男女之间一种相互爱慕的专一持久的情感，深刻影响着人的精神生活以及其他方面。一对大学生从正常的交往、友谊的建立、爱情的萌芽到恋爱关系的确定，其间总有一种相对稳定的意识活动左右和支配着个体的恋爱行为，这就是恋爱观。不同的恋爱观会产生各异的恋爱行为选择与行为方式。对于大学生而言，树立正确的恋爱观，摆正爱情的位置，是健康成长和获得幸福的需要。

（一）端正恋爱动机

纯正的恋爱动机是保证恋爱顺利进行的重要基础。万丈高楼平地起，缺乏扎实的真挚感情基础的恋爱往往先天不足，容易夭折或发育不良。有些人的恋爱动机不纯正，只是为了解闷、寻找刺激、攀比、好奇和虚荣心等，必然给自己埋下隐患，导致恋爱悲剧。

（二）深刻认识爱的本质

爱情是一种复杂、圣洁、崇高的情感活动，是感性与理性的统一体。恋爱是一种普遍的社会现象，不仅涉及恋爱双方的学业、事业、幸福和前途以及下一代，还会涉及双方家庭。爱情是由两颗心弹拨出来的和弦，不是单方面的独奏，它是双方思想情感的一致、心灵之间的相容，而不是一方绞尽脑汁的单相思；它是相互倾慕、情投意合，而不是勉强和凑合。怜悯不能代替爱情，好感、冲动不等于爱情，强求不能促成爱情。每个人都有爱与被爱的权利，只有双方相互了解、平等尊重、忠贞不渝，才能开出美丽的爱情之花。

（三）摆正爱情的位置

爱情虽是人生的一大主题，但不是人生的全部。在人生的道路上，孤立的爱情是不存在的，爱情如果失去了事业的附丽，也就失去了魅力。如果把爱情视为生命的唯一，而事业一无所成的话，其爱情也就像温室的花朵，经不起任何打击。大学阶段是人生的黄金时期，学业是第一要务，今天的学习与未来的事业息息相关，所以也是爱情美满的基础。大学生应该把学业放在首位，摆正爱情与学业的关系，克服爱情至上的思想，不能因谈情说爱而放松了学习，影响了学业；应该变儿女情长为宏图大志，把宝贵的时间和精力投放在学习上，让爱情服从学业、促进学习。

（四）担负起爱的责任

真正的爱意味着“关心、尊重、责任、认识，它不是为某个人所爱之意义上的一种情感，而是为所爱的人的成长和幸福进行的积极主动的奋斗，它根植于自身的爱的能力”。恋爱自始至终都是一种有意识的社会行为，因此具有道德性，也意味着更多的责任。它不仅要求互相信任、忠诚，还要求互相帮助、负责，否则双方对这段关系就没有安全感。不负责任的游戏爱情、轻率盲目的爱情、放纵自私的爱情，不但浮浅无聊，而且害人害己、贻误青春。

二、采取健康的恋爱行为

（一）言谈文雅，举止大方

恋爱交谈中，要诚恳、坦率、自然，语言文雅、举止大方，不要为了显示自己而装腔作势、矫揉造作,不要出言不逊、污言秽语、举止粗野鲁莽。在相互了解中,要注意分寸,不要无休止地盘问对方,使对方自尊心受损。一般来说,在恋爱开始时,男女双方感到羞涩和紧张,随着交往的深入,会逐渐自然大方。这个时期注意行为举止端庄,不宜过早地作出亲昵动作。

(二)亲昵动作,文明高雅

亲昵动作的表达方式也有高雅与粗俗之别。高雅的亲昵动作会令人愉悦,而粗俗的亲昵动作往往会产生分离情感的消极效果。轻浮的举止,会使对方反感,影响感情的正常发展,有损爱情的纯洁和尊严。大学生有亲昵动作时应注意场合和尺度,不要在公共场合过分亲昵,造成"环境污染"。

(三)控制感情,理智行事

恋爱时难免会有性冲动,一方面要注意克制和调节;另一方面要注意转移力,如通过多种有益于身心健康的文体活动,适度转移和抑制性冲动,自觉地把恋爱行为限制在社会规范允许的范围之内,不致越轨。恋爱中的性行为对于还没有能力承担后果的学生来说,后患无穷。

三、培养爱的能力

爱的能力实际是一种综合素质,包括表达爱、接受爱等的能力。

(一)表达爱的能力

当你爱上一个人时,能否用恰当的方式和语言向对方表达出来呢?表达爱需要勇气,需要信心。表达爱是在表明爱一个人也是幸福的,即使可能得不到回报。

(二)接受爱的能力

当期望的爱来到身边,能勇敢地接受也是爱的能力的表现。有的大学生在别人向自己示爱后,内心很高兴,但又不敢接受别人的爱,或者对爱缺乏心理准备,或者觉得自己不配、不值得爱,因此失去爱的机会。

(三)拒绝爱的能力

有爱的能力的人不是对爱来者不拒,也不是将所有的爱简单地拒之千里。拒绝爱的能力,首先表现为对他人的尊重,要感谢对方对自己的欣赏和感情;其次要态度明确,表达清楚和对方只能是同学、朋友或者没有关系;最后行动与语言要一致,有些同学怕对方受伤害,虽然语言上拒绝了对方,但是行动上还与对方有较亲密的接触,如去看电影、吃饭等,使对方产生误解。

(四)鉴别爱的能力

鉴别爱的能力是指能较好地分清什么是好感、喜欢和爱情。有鉴别爱的能力的人,是自信且尊重别人的人。有鉴别爱的能力的人,会自然地与别人交往,尽量多体谅他人的感受。如果过于自我孤立和站在自己的角度考虑问题，对他人的认识往往会发生偏离。

（五）解决爱的冲突的能力

爱的冲突一方面来自日常生活习惯的不一致；另一方面可能来自性格的差异。相爱的人不是寻求两人的一致，而是争取协调、合作。爱需要包容、理解、体谅，应学会用建设性的方式去解决冲突。沟通是非常有效的方式，伤害性的争吵或者冷战都不利于解决问题。

（六）面对失恋的心理承受能力

失恋可以说是人生中一个很大的挫折，考验的是人的心理承受能力。失恋后，人都会痛苦，只是程度有差别。失恋是一种重要关系的丧失，一种身份的丧失，失恋者需要一定的时间去面对和适应。

（七）保持爱情长久的能力

保持爱情长久的能力，其实是上面多种能力的综合。爱情需要两个人共同经营，需要智慧、耐力、持之以恒及付出心血，同时又应当保持自己的个性，有自己的追求与发展。

（1）有爱的能力的人，是独立的人，有自己独立的价值观，有自己的生活空间。有爱的能力的人，会尊重、关心他人，会尊重对方的选择，尊重对方的个人隐私，尊重对方的发展。

（2）要想保持爱情的长久，需学会同时处理恋爱、学业、与其他人的关系等，将爱情作为发展的动力。

（3）爱需要学习和培养，每个人都有爱的能力。

第四节　性心理及其健康发展

大学生处于性生理发育成熟、性心理逐渐趋向成熟的时期，性意识十分活跃，性冲动和性需求较为强烈。性生理成熟与性心理尚未完全成熟之间的矛盾，性的生理需求与性的社会规范之间的冲突，是大学生性心理健康的主要问题之一，直接影响大学生的心理健康和发展。

一、大学生性心理概述

（一）大学生性心理的发展阶段

促使大学生性意识迅速发展的主因莫过于身体的急剧变化和第二性征的出现及其引起的对性、对异性的关注。性心理发展通常分为以下几个阶段。

1. **异性疏远期**

从青春期开始，人们对两性的一系列差别变得特别敏感，羞涩、不安与反感常常萦绕在他们心头，在彼此交往中已深深地感到某种“隔阂”。男女界限分明，如低年级初中生会画“课桌三八线”。

2. **异性接近期**

由于性心理渐趋成熟，青年男女由对异性的疏远发展到对异性的好奇和相互接近的渴望。但是这个时期对异性的好感仅仅是一种对性的朦胧的情感，一方面感到困惑和不安；另一方面又渴望接近异性。青春期初期，情窦初开，异性之间的疏远在逐渐缩小，产生了彼此接近的情感需要。青年男女开始关注异性对自己的态度，为博得异性的好感而表现自己。

3. **异性向往期**

这一时期，男女双方往往以各种方式主动对异性表示好感，希望得到对方的积极回应。如女性会着意装扮，总觉得异性注视着自己，言谈举止显得紧张、腼腆；男性常常有意在异性面前展示自己的风度、才华、能力。这一时期的青年男女，虽然其性机能逐渐成熟，但一般尚未形成正确的道德观和恋爱观。如果人为地遏制和反对他们正常的异性交往，就容易导致逆反心理的出现。这个时期有两个重要特点：一是感情隐秘，异性间的感情交流是隐晦的、含蓄的、不显露的，他们常常以试探的方式进行；二是对象广泛，呈现出不确定性。

4. **两性恋爱期**

两性恋爱期是指男女性意识发展成熟后出现的异性相爱行为。这一时期的异性交往具有 4 个特点：一是爱情具有浓烈的、理想的浪漫色彩；二是青年男女按各自心目中的标准寻找自己特定的恋爱对象，喜欢与自己选择的异性单独在一起，出现不热衷参加集体活动的“离群”现象；三是感情趋向明朗化，即试图通过约会等方式交流内心感情，但表达方式往往出现欲言又止、语无伦次、窘态百出、言不达意的情况；四是产生了占有欲，即对爱恋对象精神性、情绪性的占有欲，不希望自己爱恋的人和其他异性接触。

（二）大学生性心理的特点

1. **性心理的本能性和朦胧性**

大学生的性心理，尤其是低年级大学生的性心理，缺乏深刻的社会内容，主要是生理发育成熟带来的本能反应，比如情不自禁地对异性产生兴趣、好感、爱慕。但这种萌动披着一层朦胧的面纱。一些学生不了解性，认为性有较浓厚的神秘感。有时在性刺激作用下产生性心理反应，会有羞愧、自责、苦恼和困惑之感。在朦胧纷乱的心理变化中，性意识逐渐成熟起来。

2. 性意识的强烈性与表现上的文饰性

青年期较显著的心理特征是思想上的闭锁性和强烈的求理解性，这就导致了其心理外显方式的文饰性。在对性的问题上也是如此，他们十分重视自己在异性心目中的印象和对方的评价，但在外表上又显得拘谨、羞涩、冷漠；心里对某一异性很感兴趣，很想与之亲近，但表面上却表现得无动于衷、不屑一顾，或作出回避的样子。诸如此类的矛盾心理与表现，使他们常常产生各种苦恼。

3. 性心理的动荡性和压抑性

青年期是人一生中性能量最旺盛的时期，但很多大学生尚未形成稳固的、正确的道德观和恋爱观，自控力较弱，因而其性心理易受外界的不良影响。现实生活中，一方面到充斥着丰富多彩、五花八门的性信息；另一方面是性道德、性规范对人们的约束，使得大学生性心理的发展处于矛盾之中。一些大学生受到错误的性意识强化而沉湎于情爱中；另一些大学生过分否定和抑制性冲动，使性的能量得不到合理的疏导，而导致性压抑，少数人还可能以扭曲的方式表现出来，如窥视、恋物等。当然，大学生的性心理因性别不同而有差异。比如在对异性感情的流露上，男生表现得较为外显和热烈，女生则表现得含蓄和深沉；在内心体验上，男生更多的是新奇、喜悦和神秘，而女生则常常显得羞涩、敏感和矛盾。

（三）大学生常见的性困扰

大学生的某些性心理问题是因为不能科学地理解性生理引起的心理现象而产生的。对大学生而言，科学的认识更有利于身心健康。因此，消除大学生的性生理困惑，维护其性心理健康，应从正确认识性困扰开始。

1. 性生理的困惑

1）性体象的困扰

进入青春期后，男生和女生的身体发生了很大变化。男生希望自己身材高大，体魄强壮，音调浑厚，拥有男性魅力，以吸引女生；女生则希望自己容貌美丽，体形苗条，胸部丰满，音调柔美，来显示女性魅力，以吸引男性。然而，当他们的体征不如已意时，就常出现烦恼和焦虑。心理咨询中常常见到一些男生因自己个子矮而烦恼，一些女生因体态胖而自卑。

2）遗精恐惧与月经困扰

遗精是指男性在无性交状态下出现的射精现象，是青春期男子常见的正常生理现象，是性成熟的标志。过去传统观念往往把遗精看得很严重，认为这种行为会伤元气。青少年常因此而焦虑不安，惊恐失措。实际上精液由精子和黏液组成，认为遗精就是“泄阳”的想法是不科学的，这种想法会引起紧张焦虑的情绪，对身心健康产生不利影响。

月经期及来月经的前几天是女性生理曲线的低潮期,身体的耐受性、灵活力下降,易疲劳。这些都是正常的生理反应,但确实会给女性带来一些不适的感受,这的确是一个需要加倍体贴的“特殊时期”。有些女生过于担心经期的不舒服,这些消极暗示会加重自身情绪的低落和躯体的不适感,甚至造成恶性循环。

2. 性心理的困扰

1)性别认同困扰

刘达临教授在对全国大学生的调查中发现,有一定比例的学生不喜欢自己的性别。其中,男大学生不喜欢自己性别的占 2.6%,女大学生不喜欢自己性别的占 15.6%,正好是男生的 6 倍。近年另一项关于大学生性心理的调查显示, 90% 以上的男生对自己的性别满意度较高,而有超过 25% 的女生表示在可能的情况下愿意改变自己的性别。这种性别自贱的心理是不正常的,如果这种心理发展到严重的程度,就会对大学生的成长和发展带来不利的影响。

2)性交往的不适

与异性交往的心理从青春期时就开始萌发,对异性的兴趣→和异性交往的渴求→恋爱→结婚,这是一个人必然经历的发展变化过程。“少男钟情,少女怀春”,大学生渴望与异性交往的愿望非常强烈。但是受传统的“男女授受不亲”观念的影响,又缺乏与异性交往的方法,许多人羞于与异性交往,常常拒异性于千里之外,在异性面前表现得非常紧张。

3)性的白日梦

当大学生与异性交往强烈的渴求不能实现时,就有可能发生性的白日梦。性的白日梦,又叫性幻想,是在某种特定因素诱导下,自编、自导、自演的与性交往有关的心理活动过程。它可以幻想出在日常生活中不能满足的与异性一起约会、接吻、拥抱等活动。性幻想可以导致生理上的性兴奋,偶尔也会出现性高潮。这在一定程度上可以缓解人们的性需求。性的白日梦是一种普遍的心理现象,但是如果青年沉溺其中,甚至把幻想当成现实,就会有碍自身的健康成长。

性的白日梦是人为的幻想,而性梦则是真正的梦。性梦是指在睡梦中发生性行为。人们通过梦的方式部分满足自己白天被社会规范限制的性冲动,从而缓解性紧张。性梦也是青少年性心理较为普通的一种表现。一些大学生由于缺乏对性梦知识的了解,常为自己有过性梦的经历而焦虑和自责。

4)手淫引起的心理困惑

手淫是指用手或工具刺激生殖器而获得性快感的一种自我刺激,它是青少年获得性补偿和性宣泄的一种行为。对于手淫,传统的性观念认为手淫是邪恶的,是有罪的,是不道德的。在这种传统的“手淫有害”论的影响下,一些青少年常常为自己有过手淫行为而自责,甚至产生心理障碍。其实手淫是一种自然的、正常的性行为,手淫是对性冲动的缓解。但是,过分沉溺于手淫,只靠频繁的手淫来缓解性紧张是不健康的表现。

5)性骚扰的恐惧

常见的性骚扰有故意擦撞异性身体的某个部位,故意贴近别人,故意谈性的问题,用色情语言进行挑逗,用暧昧目光打量别人,或强行要求发生性行为等。由于缺乏自卫心理,一些同学面对性骚扰时常常惊慌失措、恐惧万分,甚至长时间地自责,认为自己不"干净",心理困扰不能得到解决。

3. 性行为的失当

1)身体亲密代替心理亲密

过多的身体亲密接触,会加剧性冲动,有时会使自己的行为失去控制。关于恋爱中身体亲密接触的限度,超过半数的大学生认为可以拥抱和接吻。男生中仅有26%左右、女生中仅有7%的人认可恋爱中可抚摸身体最敏感和最隐蔽的部位。这说明大学生对于恋爱中发生亲昵行为的态度还是严肃的。

2)婚前性行为

对于婚前性行为,一些大学生认为只要双方愿意就可以发生,有的甚至相识不久就发生性关系。他们常常不能对自己的性冲动进行理性的控制,不能对自我和他人负起性行为后果的责任。在对大学生婚前性行为的态度调查中,半数以上的大学生认为婚前性行为是可以接受的。但年轻的大学生不能真正意识在没有工作、不能担负起独立的经济责任和社会责任的情况下,性行为对于自己的现在和将来究竟意味着什么。

有的女生因婚前性行为多次做人工流产,给身心带来无可挽救的创伤。有的人手术后产生并发症,导致输卵管堵塞;有的人做多次人工流产手术,导致终身不育;过早性生活和流产还会导致宫颈癌发病率大大提高。

二、培养健康的性心理

大学生正处于性生理发育成熟且性心理也逐渐趋于成熟的时期,与此同时,各种媒体也在传播有关性方面的内容,因此大学生出现了许多与性有关的问题和困惑,甚至出现了一些心理障碍。面对这一现状,培养大学生健康的性心理就非常迫切和重要。

(一)掌握科学的性知识

大学生应该对"性"有一个科学的认识。性是一门综合性的科学。它包括性生理学、性心理学、性社会学、性伦理学、性美学等。大学生应当努力学习和掌握性科学知识,避免性无知,消除把性仅仅看作生物本能的片面认识。

（二）培养健康的人格

性是人格的完成。一个人对待性的态度，反映了其人格的成熟程度。人的尊严感及其对他人是否尊重，都会在两性关系中充分体现出来。

1. 要自爱自信

认同自己的性别角色。性别角色意识是一个人社会化成熟与否的重要体现，是心理健康与否的重要标志。男性和女性在生理和心理上有各自的特点，有各自的性别魅力。现代社会的大学生应当在生理、心理、社会、文化、经济、社会参与以及政治上，进行合乎科学、合乎道德、合乎时代要求的全面角色认同。尽管现在社会上对同性恋存在着各种不同的看法，但人们对同性恋所引起的社会适应困难的看法是相当一致的。因此，大学生应当接纳和欣赏自己的性别角色，发展出适应时代要求的优秀个性特点。性别角色的认同和胜任是现代人成功适应和发展的重要心理基础。

2. 要对性行为负有社会责任

如果性行为只停留在手淫、性梦等方式的自我宣泄上，它不会影响他人。但是如果性行为涉及另一个人，那么便涉及许多社会责任。处理不当的性行为会给另一方造成心理和肉体上的伤害，每一个成熟的大学生都应当了解个人性行为给他人、自我和社会带来的后果。尊重他人，尊重自我，对自己的行为负起责任。大学生要增强自己的性道德和性法律意识，用道德和法律规范自己的性行为。

3. 要培养良好的意志品质

大学生控制性心理能力的大小，在一定意义上是由个人意志品质的强弱决定的。意志作为达到既定目的而自觉努力的一种心理状态，具有发动和抑制行为的作用。在外界的性刺激下，尽管有的人会急于寻求性的满足，但是，人不同于动物，人有意志力，人可以抑制和调整自我的冲动。那些放纵自己的人，往往缺乏坚强的意志品质。为了长远的幸福和发展，应当努力培养自己良好的意志品质。

（三）积极进行自我调节

每一个大学生都应该尊重别人的存在价值；每个人都应该以希望他人对待自己的方式去对待他人；每个人的自尊与自重都应该建立在良好的人格标准基础上，即责任心、诚实、善良，并对自己的道德能力有信心。性欲是正常的和健康的，而且性欲是可以控制的。

（四）文明适度地进行异性交往

文明适度地进行异性交往，可以满足青年期性心理的需求，缓解性压抑。异性交往有益于扩大信息、完善自我，对个人的恋爱婚姻及个人的成才发展具有重要的作用。但大学生在异性交往时要把握分寸，注意场合，规范行为，处理好“友情”与“恋爱”的关系。

（五）对性骚扰的自我保护

首先，大学生应当维护自尊、自重、自爱的自我形象，做到举止大方、行为得体、作风正派、衣着打扮不轻浮。其次，大学生应当学会进行自我保护。女生尽量晚上不要单独外出，更不要单独在男性家中或住所长时间停留。面对异性的非分要求，不要畏惧，要勇敢地说“不”。要以严厉的态度制止和反抗性骚扰，必要时向别人呼救或向公安部门寻求帮助。对于性骚扰事件的经历，不要过分恐惧和自责，因为你是无辜者。为了更快地排除自己的心理困扰，可以同父母、老师、知心朋友宣泄自己的情绪，也可以寻求心理咨询的帮助。

（六）寻求心理咨询

在心理咨询室中，性不再是一个难以启齿的问题，同学们可以尽情地宣泄心中的郁闷。据不完全统计，在大学生前来咨询的问题中，与异性的交往问题占据了一半以上的比例，其中大部分都或多或少涉及有关性的困惑，当你遇到性困扰时，你可以坦然寻求心理咨询。

【心理互动】

一、心理测试——爱情态度测试

（一）测试说明及题目

这个量表主要测试了你对爱情所持的态度。题目中的“他/她”，是指目前与你密切交往的男/女朋友（请以您目前的恋人为回答依据；若目前没有恋人，请就上任对象作答；若没有谈过恋爱，也请您想象一下再作答）。请针对每一题项所叙述的情形，选出您认为最能反映您实际状况的答案。见表7-1。

表7-1　爱情态度测试量表

序号	题目	完全不符合	不符合	没意见	符合	完全符合
1	我和他/她属于一见钟情型	1	2	3	4	5
2	我很难明确地说我和他/她是何时从友情变成爱情的	1	2	3	4	5
3	对他/她做承诺之前，我会考虑他/她将来可能变成的样子	1	2	3	4	5
4	我总是试着帮他/她渡过难关	1	2	3	4	5
5	和他/她的关系不太对劲时，我的身体就会不舒服	1	2	3	4	5
6	我试着不给他/她明确的承诺	1	2	3	4	5
7	在选择他/她之前，我会先试着仔细规划我的人生	1	2	3	4	5

续表

序号	题目	完全不符合	不符合	没意见	符合	完全符合
8	我宁愿自己痛苦,也不愿意让他/她受苦	1	2	3	4	5
9	失恋时,我会十分沮丧,甚至会有自杀的念头	1	2	3	4	5
10	我相信他/她不知道我的一些事,也不会受到伤害	1	2	3	4	5
11	我和他/她很来电	1	2	3	4	5
12	我需要先经过一阵子的关心和照顾,才有可能产生爱情	1	2	3	4	5
13	我和他/她最好有相似的背景	1	2	3	4	5
14	有时候,我得防范他/她发现我还有其他情人	1	2	3	4	5
15	我和他/她之间的亲密行为很热情且很令我满意	1	2	3	4	5
16	我有时会因为想到自己正在谈恋爱而兴奋得睡不着觉	1	2	3	4	5
17	我可以很容易、很快地忘掉过往的恋情	1	2	3	4	5
18	他/她如何看待我的家人是我选择他/她的主要考量	1	2	3	4	5
19	我希望和曾经相爱的他/她是永远的朋友	1	2	3	4	5
20	当他/她不注意我时,我会全身不舒服	1	2	3	4	5
21	我和他/她的爱情关系是最理想的,因为是由长久的友谊发展而成的	1	2	3	4	5
22	我觉得我和他/她是天生一对	1	2	3	4	5
23	自从和他/她谈恋爱后,我很难专心在其他任何事情上	1	2	3	4	5
24	他/她将来会不会是一个好父亲/母亲是我选择他/她的一个重要因素	1	2	3	4	5
25	除非我先让他/她快乐,否则我不会感到快乐	1	2	3	4	5
26	如果他/她知道我和其他人做了某些事,他/她会不高兴	1	2	3	4	5
27	我和他/她的感情、亲密行为进展得很快	1	2	3	4	5
28	我和他/她的友情随着时间逐渐转变为爱情	1	2	3	4	5
29	当他/她太依赖我时,我会想和他/她疏远一些	1	2	3	4	5
30	我通常愿意牺牲自己的愿望,达成他/她的愿望	1	2	3	4	5
31	我和他/她的爱情是一种深刻的友情,而不是一种很神秘的情感	1	2	3	4	5
32	他/她可以任意使用我的东西	1	2	3	4	5
33	我和他/她非常了解彼此	1	2	3	4	5
34	当我怀疑他/她和其他人在一起时,我就无法放松	1	2	3	4	5

续表

序号	题目	完全不符合	不符合	没意见	符合	完全符合
35	他／她如何看待我的职业会是我选择他／她的一个考量	1	2	3	4	5
36	他／她的外貌符合我的理想标准	1	2	3	4	5
37	我享受和他／她及一些不同的情人玩爱情游戏	1	2	3	4	5
38	当他／她对我发脾气时，我仍然全心全意、无条件地爱他／她	1	2	3	4	5
39	在和他／她深入交往之前，我会试着了解他／她是否有良好的遗传基因	1	2	3	4	5
40	为了他／她，我愿意忍受任何事情	1	2	3	4	5
41	如果他／她忽略我一阵子，我会作出一些傻事来吸引他／她的注意力	1	2	3	4	5
42	我和他／她的爱情关系是最令人满意的，因为是由良好友情发展成的	1	2	3	4	5

（二）分数统计

爱情类型	题目	得分
浪漫型	1、7、13、19、25、31、37	
游戏型	2、8、14、20、26、32、38	
同伴型	3、9、15、21、27、33、39	
现实型	4、10、16、22、28、34、40	
占有型	5、11、17、23、29、35、41	
奉献型	6、12、18、24、30、36、42	

（三）测试结果

得分最高的项目即为自己的爱情态度类型。

（1）浪漫型：最注重的是对方的外表和身体的接触；只要是好看的，就容易与对方坠入情网。

（2）游戏型：视爱情为游戏，爱情的关系短暂，经常更换对象，承诺在这种类型的人身上几乎看不到。

（3）同伴型：感情发展细水长流，平静而祥和，通常刚开始时都只是好朋友的关系，后来才慢慢从友谊发展成爱情。

（4）现实型：这种类型的人选择对象以理性条件的考虑为主，诸如教育背景、经济能力、社会地位、共同兴趣等。

（5）占有型：这种人占有欲和嫉妒心强烈，关系也有如风暴，起伏不定，对方一点爱意的表示就会让他狂喜，一点点降温或关系出现点小问题就痛苦不已。

（6）奉献型：与占有型相反，这种类型的人为爱人完全付出自己，关心对方而不求回报。这种人极有耐心、不要求对方，甚至不嫉妒。

二、心理活动——寻找失恋的10个好处

失恋固然让人痛苦，但也会给我们带来一些收获和成长。试想一下，如果你失恋了，你能从中得出什么样的收获和成长呢？请写出10条从失恋中可以获得的好处。

因为我失恋了，所以我获得了____________________。

因为我失恋了，所以我获得了____________________。

因为我失恋了，所以我获得了____________________。

因为我失恋了，所以我获得了____________________。

因为我失恋了，所以我获得了____________________。

因为我失恋了，所以我获得了____________________。

因为我失恋了，所以我获得了____________________。

因为我失恋了，所以我获得了____________________。

因为我失恋了，所以我获得了____________________。

因为我失恋了，所以我获得了____________________。

三、心理活动——辩论赛

辩题：大学生恋爱是利大于弊还是弊大于利？

正方：大学生恋爱利大于弊。

反方：大学生恋爱弊大于利。

【心理拓展】

一、推荐电影：《怦然心动》

《怦然心动》是由罗伯·莱纳执导，玛德琳·卡罗尔、卡兰·麦克奥利菲主演的影片。该片根据文德琳·范·德拉安南的同名原著小说改编，描述了青春期中男孩女孩之间的有趣战争。女主角朱莉二年级时看到男主角布莱斯的蓝眼睛的那一瞬间，就怦然心动了，在她看来，布莱斯就是最好的存在，但不幸的是，布莱斯一点都不喜欢她。到了后面，布莱斯开始觉得朱莉不同寻常的兴趣和对于家庭的自豪感使她显得很有魅力，但是朱莉却不再像以前那样热情了，电影的前后部分形成了一种反差。这

部影片告诉我们，对爱情的认识是逐步深入的，爱情应该建立在双方相互吸引和相互理解的基础上，而不是靠一方的苦苦恳求来维系。

二、推荐书籍：《男人来自金星，女人来自火星》

《男人来自金星，女人来自火星》的作者约翰·格雷是国际知名的人际关系和情感问题研究专家。本书自问世以来，销量已超过 1.4 亿册，被翻译成 40 多种语言。作者以男女来自不同的星球这一新鲜、生动、形象的比喻作为他的全部实践活动的理论支撑点：即男人和女人无论是在生理上还是心理上，无论是在语言上还是在情感上，都是大不相同的。本书是你能获得与异性完美关系的最佳指南，有助于完善夫妻关系、保持美满婚姻，使夫妻结伴走完人生旅途的通俗性的心理自助读物。

第八章　大学生压力管理与挫折应对

【学习目标】

1. 正确认识大学生入学的适应问题，正确地看待压力和挫折，知晓大学新生容易产生的适应问题、压力、挫折及其应对方法。

2. 正确认识和了解自身压力及挫折产生的原因，能够做好压力管理与挫折应对，使自身通过学习尽快适应周围的环境。

【心理课堂】

小蔡，某高校研究生三年级学生，他给老师和同学的印象是“学术帝”，还曾因成绩优异而被保送读研。但临近毕业时却在宿舍用自缢的方式选择了离开，他留下了遗书，遗书上写着“我找不到工作，也无法按时毕业，无颜以对”等字句，还有触目惊心的两行“痛苦啊”。

人生道路不可能一帆风顺，不如意事十有八九。前进路上会经历压力、遭遇挫折，预想的目标也不是每次都能实现。大学生作为受过高等教育的人，不但要有过硬的知识技能，还要具有较强的社会适应能力、较强的抗压能力和应对挫折的能力。

第一节　压力概述及压力管理

目前大学生面对着方方面面的压力，如考试压力、学习压力、就业压力、人际压力等等。大学生承受的压力越来越重，已经导致一系列的心理健康问题。近年来由各种压力导致的大学生自杀事件以及违法犯罪事件，让人触目惊心。为此，大学生只有学会管理和释放自己的心理压力，才能拥有快乐和健康的生活。

一、压力的特征

压力是指人们在社会适应过程中，对各种刺激作出的生理和行为反应，是所产生的一种紧张的心理体验和感受。

我们这里所说的压力不同于力学范畴中的压力。力学中的压力是实实在在的直接作用，可以测量，并且也容易控制和消除。而心理压力则是一种心理感受，并存在个体差异。压力是心理失衡的结果，来源于内心冲突。心理作为现实的反应，必定将日常生活中的矛盾，如理想与现实、自我与社会等冲突，引入我们的内心世界，从而引发焦虑、苦恼等情绪体验和感受。

（一）压力是压力源作用的结果

压力虽然是一种体验，但离不开客观刺激——压力源。生活费超支、即将到来的期末考试、毕业后的就业问题等，成为大学生的主要压力源。具体可归结为以下5类。

1. 学习压力

学生以学习为主业，其学习成绩的好坏，在一定程度上成为师生评价一个学生优劣的标准。社会竞争在高校内主要体现为学业的竞争。一方面，大学生要完成繁重的学习任务，承受考试的压力；另一方面，为了适应将来社会的需要，又要参加各种各样的技能培训班，如近年来在大学校园内出现的“考证热”。这些往往造成学生的紧张不安、焦虑和恐惧。

2. 经济压力

随着社会经济的发展，大学生上学所需费用在逐年增加，经济困难成了一部分学生尤其是贫困生的压力源。由于经济困难，这些学生在与同学交往中产生自卑感，并为缺乏学习期间的经济保障而忧虑。

3. 就业压力

随着大学生就业开始实行双向选择，不少大学生深感就业的压力。一方面他们认同竞争，支持双向选择；另一方面又担心机会不均，害怕找不到自己满意的工作。不少大学新生从高年级学生身上感受到就业的压力，也为自己的前途感到焦虑、担忧、不知所措。

4. 适应压力

对大多数大学生来说，他们是第一次长时间、长距离地远离父母，在陌生的环境中，面临着由地域差异带来的饮食、生活习惯的差异，感到陌生不适。有的同学还没有转变角色，其思维方式依然停留在高中时期，对大学的学习和生活方式，感到无所适从。

5. 人际关系压力

大学就是一个小社会，身处其中经常需要与人交往，但部分大学生不知道如何与人沟通，也不懂交往的技巧与原则。有的同学有自闭倾向，不愿与人交往；有的同学不惜牺牲原则随波逐流。如果没有一个良好的人际关系，大学生常常会感到局促不安。

（二）压力反应与主观评价

压力本身并不直接给我们带来感受和体验，我们对压力的认和或主观评价，决定我们的感受和体验。对压力的反应包括心理和行为两个方面。

1. 压力的心理反应

在压力情境下，个体的感知功能被激活，注意力集中，记忆力增强，思维也变得活跃。个体的认知反应既有积极的作用，也有消极的作用。积极的作用是认知活动增强，有利于应对压力情境，迎接威胁与挑战。但也可能产生诸如“灾难化”的消极认知反应，即对负性压力源的潜在后果估计得过分严重。消极认知反应还包括自我评价降低，使得个体的自信心丧失。例如，一个长期得到师生称赞的学生，突然考试失利，很可能会一蹶不振，并开始怀疑自己。个体的心理反应还体现在情绪方面。面对压力，个体最常见的情绪反应包括：焦虑与恐惧、愤怒与怨恨、抑郁等。

2. 压力的行为反应

压力条件下的行为反应，与心理反应密切相关，可以将其视为心理反应的外显反应。行为反应主要包括面部表情、目光、身姿和动作，也包括声调、语速和节奏等副言语线索。当压力超过当事人承受能力的时候，个体会显得惊慌失措，身体的协调能力和灵活性下降，动作刻板，或运动性不安，搓手顿足。

3. 对压力的认知和评价

个体对压力的反应会受到中介机制——认知与评价的影响。认知与评价机制主要取决于以下因素。

（1）压力源本身的性质与特点。即是单一性的还是复合性的，一般性的还是破坏性的。

（2）社会支持系统。当个体具有较强的社会支持系统时，他对压力的知觉可能是以为没什么大不了的，自己可以得到帮助；相反，社会支持系统薄弱的人会很沮丧，有一种独自面对困难的悲伤。

（3）当事人的身心特点。主要包括 3 个方面：一是性别、年龄、受教育程度、经济状况、婚姻状况、职业等人口统计学状况；二是体魄强壮与否的生理状况；三是认知与归因风格、性格倾向、情绪状态、应对能力与应对风格、人格动力特征、自我概念等心理因素。

二、压力的作用

压力对人的作用具有双重性。

（一）压力对健康的积极作用

一般单一性的社会压力有益于健康，它使人生活得充实，人生变得有意义，这类压力称为良性压力。事实上完全没有压力的生活是不可想象的，也是不真实的。心理学研究表明，早年的心理压力是促进儿童成长和发展的必要条件。经受过生活压力的人在以后的生活和工作中更容易适应环境，更容易取得成功；反之，早年生活条

察压力的信号。人在应激状态下,本能会驱动机体的防御机制。有效的压力管理,需要我们建立一个对付压力,尤其是那些慢性压力的预警机制。为此,你需要注意以下两点。

(1)有意识地觉知自身的紧张、焦虑等情绪状态。当你处于应激状态时,生理和情绪上会有什么不适反应?记录自己的这些压力反应,然后锁定这些反应指标,以后每当产生这些不适反应时,便对自己发出警告。你的压力预警,就像战争中的雷达一样,让你保持必要的警惕。

(2)学会控制自己的不良生理指标。当你的压力知觉性提高时,你也需要提高生理指标控制力,比如心跳、呼吸、血压等。这实际上就是生物反馈过程,当然,提供反馈的不是机器而是你自己的觉知能力。

(三)减轻和消除自己的心理负累

应激,即使是本能反应,也足以使我们身心疲惫。我们必须卸掉压力带来的紧张和焦虑,否则持续性的压力累积效应,迟早会让我们垮掉。消除心理负累的方法很多。

(1)理性辨析和积极归因。将你面临的核心问题写下来,接下来你需要围绕这个问题逐步回答:这个问题是如何产生的?这个问题真的与我有关吗?这个问题真的就是一种威胁吗?这个问题真的就不能解决吗?通过如此反复、逐层深入地自我辨析,找到问题症结所在,从而减轻因对压力情景认识的模糊或者夸大威胁而产生的焦虑。

(2)学会经常进行放松训练。放松训练是通过一定的练习程序,学习有意识地控制和调节自己的身心活动,以达到降低机体唤醒水平,调整因紧张而紊乱的身心功能,从而使机体内环境保持平衡与稳定的过程的目的。

(四)进行有效的时间管理

我们日常学习、生活和工作中的许多压力,都来源于任务本身。因此,对压力源进行管理,也是压力管理的重要策略。压力源管理常常与时间管理相关联。所谓时间管理,简单说就是为了提高时间效率,而对时间进行合理的计划和控制,有效安排和管理日常事务的管理活动。大学生的时间管理,是大学生采用科学的手段,围绕学习生活事务及其进程,进行有计划、有系统的控制、调节,最终达到有效利用时间来实现自我发展的目的的管理活动。以下时间管理方式,建议大学生朋友学会运用。

(1)ABC 时间管理法,最初由美国管理学家莱金(Lakein)提出,他建议为了提高时间的利用率,每个人确定今后五年、今后半年及现阶段要达到的目标。人们应该将各阶段目标分为 ABC 3 个等级:A 级为最重要且必须完成的目标;B 级为较重要且很想完成的目标；C 级为不太重要可以暂时搁置的目标。我们可以按照如下具体步骤实施：列出“日学习清单”，对学习目标进行分类；然后按照重要性和紧急程度确定 ABC 顺序；确定工作日程及时间分配；实施计划；记录花费的时间；总结经验。

（2）四象限时间管理法。按照重要性和紧迫性把事情分成两个维度，其一是按重要性排序，其二是按紧迫性排序。然后，把所有事情纳入四象限，按照 4 个象限的顺序灵活而有序地安排工作。

（3）记录统计法。通过记录和总结每日的时间消耗情况，以判断时间耗费的整体情况，分析时间浪费的原因，采取适当的措施节约时间。

（五）学习积极的减压方式

面对压力，积极的、富有建设性的减压方式有如下几种。

（1）直面问题，解决问题。直接面对问题，而不是逃避、压抑或迁怒于无关的人或事；理性地评价、选择解决问题的方案；解决问题的策略要与现实相符，其出发点是对问题的真实估计，而不是自我欺骗或自暴自弃。

（2）管理自己的情绪和行为。学会认识和抑制毁灭性的或潜在危害性的各种负性情绪，即学会情绪管理；学会控制自己具有危害性的习惯性行为；努力保证自己的身体不遭受酒精、药物的伤害，加强锻炼，保证睡眠。

（3）坚持适当和必要的体育锻炼。尤其是你感到有压力的时候，你需要做的不是坐在那里发愁或者抱怨，而是走出去活动活动。你可以慢跑，请注意，一定是慢跑！慢跑的过程中，呼吸缓慢而有节奏，一边跑一边放松意念，让神经和身体彻底放松。体育活动是非常有效的减压方式，可以迅速改善你的某些生理系统及其功能，让你充满生命活力，找回控制感，从而有效减轻你的心理负累。

（4）置身于文艺世界。你可以看电影、听音乐、欣赏书画作品，任何让你真正能够感受到美的东西，你都可以尝试。在欣赏和感受美的过程中，让你找回人性的光辉、世界的美好和生活的希望。

（5）郊游或者远足。你可以根据你的时间表和你的经济条件，把自己交给大自然。请记住：大自然永远是人类最宽宏慈爱的母亲！当你面对她的时候，你可以完全抛开你在社会中因为防御需要带上的层层面具，重新思考过去没有考虑到的东西，真实面对自己。

（6）户外体验或者拓展训练。你可以个人报名或者组织同学、朋友进行一次户外体验或者拓展训练。这同样可以让你放松减压。

（7）阅读书籍，吸取榜样力量。当你面对压力感到不知所措的时候，可以从榜样身上寻找力量。杰出人物毫无疑问经历了无数的挫折与压力，那么他们是怎么做的？去看看人物传记吧。

（8）寻求专业人士的帮助。如果上述方式都无济于事，那么，我们建议你，是时候寻求专业人士的帮助了。你需要进行心理咨询，让专业人士引导你排除压力。

第二节　挫折概述及挫折应对

一、挫折的含义

挫折是人们在有目的的活动中，遇到无法克服或自以为无法克服的障碍，其需要和动机得不到满足的情况。

挫折包括 3 个要素，分别是挫折情境、挫折认知和挫折反应。

挫折情境指的是导致人们的需求和动机得不到满足的内部或外部的障碍和干扰。构成障碍或干扰的可能是人或物，也可能是各种自然环境、社会环境。

挫折认知是指人们对挫折情境的知觉、认识和评价，这是产生挫折心理的主观原因，它直接导致挫折反应或挫折感。对挫折情境的认识和评价不同，产生的挫折感也不同。

挫折反应是指个体在挫折情境下所产生的烦恼、困惑、焦虑、愤怒等负性情绪交织而成的心理感受，也称为挫折感，通常有两种情形：不同的人对同一挫折的感觉不同，同一个人对不同的挫折的反应不同。

二、大学生常见的挫折

大学生在成长的过程中，会遇到很多类型的挫折，这些挫折可为以下几种。

（一）学习挫折

学习挫折是大学生普遍面临的一种挫折情境，学习挫折可表现学习困难、听课吃力、盲目学习，或虽然努力但最终考试结果不理想等。

（二）情感挫折

大学生正处于情感丰富的特殊时期，有着非常强烈的情感需求，对爱情的渴望以及对亲情的需求尤为突出。但大学生的人生观、价值观尚未完全成熟，思想认识有一定的局限性，容易受外界思潮的影响而产生困惑，进而产生情感挫折的时期。

（三）交往挫折

大学生普遍渴望得到别人的认同，渴望拥有朋友的关心和爱护，并希望自己在新的环境里能够建立友好融洽的人际交往关系。但是由于生活背景不同，思想观念、价值趋向、行为方式各异，尤其是被父母宠惯的大学生，个性更为鲜明，其人际交往矛盾表现更为激烈。有些大学生在性格或道德素养方面存在问题，又不能正确认识并改正，因而不被群体接受，交不到知心朋友，产生交往挫折。

（四）择业挫折

每个大学生在毕业时都会面临着就业和择业的问题，有的学生找工作屡次碰壁，被用人单位多次拒绝，其心理便产生了巨大的压力，害怕毕业，害怕找不到工作。

（五）社会认知挫折

社会认知是指对社会的认识与评价。社会认知挫折是指由对社会的评价与社会期望产生矛盾导致的挫折。进入大学后，大学生对社会的接触与了解日益增多，也逐步有了自己对社会的认识与评价。对于对社会怀着美好憧憬并带有理想化色彩的大学生来说，当前社会存在的种种问题与弊端会影响其对社会的认同，并妨碍大家对社会作出正确评价。当大学生更多地看到社会丑恶的一面的时候，就会因理想的破灭，而感到失望和沮丧，进而产生挫折感。

四、挫折产生的原因

（一）外部原因

外部原因主要指导致人们的需求和愿望得不到满足而产生挫折感的各类客观因素，包括自然因素和社会因素。

1. 自然因素

自然因素包括各种非人为力量所造成的自然灾害等，如洪水、地震等。

2. 社会因素

社会因素包括人在社会生活中所遇到的政治、经济、文化等人为因素，如就业形势严峻、社会风气不良、文化习俗不同等。与自然因素相比，社会因素导致的心理挫折对于个体的影响要更大一些。

（二）内部原因

内部原因也称为主观原因，主要包括个体的生理、心理等方面的因素。

1. 生理因素

生理因素的挫折，是指自身生理素质、体力、外貌以及某些生理上的缺陷带来限制，导致需要不能满足或目标不能实现。如有的同学在恋爱中遇到了挫折，就认为是自己的长相导致的。

2. 心理因素

个体的需求、动机、气质、性格等心理因素可导致活动失败、目标无法实现。在心理因素中，与挫折密切相关的心理因素主要有三点。

（1）个性因素。一个具有良好的自我意识、个性成熟、情绪稳定、社会适应能力强的人,做事成功率就高,动机实施也比较顺利。反之则会经历很多挫折和失败。

(2)动机冲突。在现实生活中,一个人经常同时产生两个或多个动机。假如这些并存的动机受条件限制无法同时获得满足,就产生难以抉择的心理矛盾。如果这种心理矛盾持续得太久、太激烈,或者由于一个动机得到满足,而其他动机受阻,就会产生挫折感。

(3)挫折承受力。即个体受到挫折时保持正常行为的能力,一般来说,挫折承受力强的人面对挫折时的反应较小,反之,则容易受到挫折的伤害,出现心理和行为失常。

五、挫折的影响

(一)挫折的积极影响

1. 挫折可以磨炼大学生的意志和性格

对于抗挫能力强的人,挫折不仅不会消灭其斗志,反而会使其越挫越勇。征服的挫折越多,其内心的承受力会越强大,在挫折中实现自我成长。

2. 挫折可以提升大学生解决问题的能力

抗挫能力强的人在面对挫折的时候,不是一味地消沉、灰心丧气,而是能勇敢地面对问题,积极总结经验教训,寻找解决挫折和问题的方法,提升解决问题的能力,从而在挫折中不断地成长。

3. 有利于大学生正确认识自我

有的大学生对自我评价过高,眼比手高,目空一切,有一些不切实际的想法,当用这些想法来指导自己的行为时,就容易遇到挫折。在遭遇挫折后,他们才能看清楚自己的实际情况,从而修正自己的想法和认知。

(二)挫折的消极影响

1. 降低思维活动水平和学习效率

大学生在遭遇挫折后,可能会产生不良情绪,如焦虑、闷闷不乐、失望等,进一步出现学习中注意力不集中、思维缓慢、记忆力下降等问题,从而极大地降低了学习效率。

2. 导致个性改变或出现行为偏差

一些大学生在遭遇重大的挫折后,由于无法调整自己的心理状态,无法有效地应对挫折,而产生某些个性方面的改变或者出现某些行为偏差。如一个性格开朗的人,在失恋后,变得沉默寡言,甚至精神异常。

3. 影响身体状态

现代生理学研究发现,当人们处在不良状态下时,大脑会释放有害的物质,影响人的身心健康，偏头痛、失眠、心律失常等多与受挫后的生理反应有关。

四、挫折应对

人的一生难免要经历挫折，所谓“人生不如意十之八九”，对待挫折的态度不同，人生的经历也不一样，是“千磨万击还坚韧，任尔东西南北风”，还是郁郁寡欢，一蹶不振？究其原因，是由于我们个体抗挫能力不同。那么如何提高抗挫能力？可以从以下几个方面入手。

（一）正确认识挫折

在面对挫折的时候，首先要对挫折有一个正确的认知，即挫折是难免的，每个人在成长中都会经历一些挫折，不经历风雨怎么见彩虹。挫折虽然会产生消极的影响，但同时也能产生积极的影响。因此，只要勇于面对，正视挫折，那么挫折并不可怕。

（二）学会正确归因

美国心理学家伯纳德·韦纳通过研究发现，人们对行为成败原因的分析主要可归纳为能力、努力、工作难度、运气、身心状况和外界环境 6 个因素。我们对成功和失败的归因，会对以后的行为产生重大影响。如果一个人把考试失败归因于缺乏能力，那么以后考试时还会预期失败，这是因为能力是一个稳定性的因素；如果把考试失败归因于运气不佳，那么以后考试时就不太可能预期失败，这是因为运气是一个不稳定性的。因此，在遭遇挫折后，要学会分析挫折产生的原因，正确地进行归因，不能一味地归结为内因，也不能全部最归结为外因。

（三）确定恰当的期望值，适时进行调整

要正确地认识和评价自己，为自己确定恰当的期望值。如果期望值过高，容易使人产生较大的压力，也更有可能在实现期望的过程中遇到较大的挫折。在面临挫折的时候，应该考虑是否是自己的期望值过高导致目标无法完成，从而根据实际情况调整自己的期望值，减轻挫折感。

（四）合理利用心理防御机制

心理防御机制，是指个体面临挫折或冲突的紧张情境时，其内部心理活动中具有的自觉或不自觉地解脱烦恼、减轻内心不安，以恢复心理平衡与稳定的一种适应性倾向。其作用在于减轻心理矛盾，消除焦虑，更好地适应环境。积极的心理防御机制包括坚持、升华、补偿、幽默、表同等机制。

坚持机制：是指个体发现目标难以实现时，没有轻易放弃，而是在分析问题、审时度势的基础上，通过不断的努力解决问题。

升华机制：当一个人的本能、欲望不被社会接受和认可，导致愿望不能实现时，可以把这种本能和欲望转向社会所能接受的活动上。例如古代的一些文人做官不如

意，而把这种本能和欲望转到诗情画意上。

补偿机制：是指个体因生理或心理上的缺陷不能害成目的时，改以其他方式来弥补这些缺陷，以减轻焦虑，建立自尊心。如一个人表达能力不强，便以优秀的动手能力来补偿。

幽默机制：在日常交际中，不可避免地会出现困难或尴尬的场景，这时候，幽默就成为最好的调节剂，可以运用一些诙谐的手法，自我解脱，摆脱尴尬的境地，营造和谐美好的气氛。幽默机制是一种成熟的应对挫折的心理防御机制。

表同机制：是指一个人在现实生活中无法获得成功时，将自己比拟为某一成功者，借以在心理上减弱挫折产生的痛苦。弗洛伊德认为，表同作用是人格得以形成自我和超我借以发展的重要手段。

【心理互动】

一、心理测试——压力测试

（一）测试说明及题目

这个测试主要是想了解您目前的压力状态。请针对每一题项所叙述的情形，选出您认为最能反映您实际状况的数字，最后将总分相加，即是您的最终得分。

序号	题目	总是	经常	有时	很少	从未
1	我受悲痛之苦	4	3	2	1	0
2	我的睡眠不定且睡不安稳	4	3	2	1	0
3	我有头痛	4	3	2	1	0
4	我颚部疼痛	4	3	2	1	0
5	若须等候，我会不安	4	3	2	1	0
6	我的后颈感到疼痛	4	3	2	1	0
7	我比少数人更神经紧张	4	3	2	1	0
8	我很难入睡	4	3	2	1	0
9	我胃部不适	4	3	2	1	0
10	我对自己没有信心	4	3	2	1	0
11	我会自言自语	4	3	2	1	0
12	我担心财务问题	4	3	2	1	0
13	与人见面时，我会窘迫	4	3	2	1	0
14	我害怕发生可怕的事	4	3	2	1	0
15	白天的时候我觉得累	4	3	2	1	0

续表

序号	题目	总是	经常	有时	很少	从未
16	我心情不安,无法静坐	4	3	2	1	0
17	我感到口干舌燥	4	3	2	1	0
18	我的心脏有健康问题	4	3	2	1	0
19	我觉得自己没有任何能力	4	3	2	1	0
20	我吸烟	4	3	2	1	0
21	独自一人时会感到不适	4	3	2	1	0
22	我觉得不快乐	4	3	2	1	0
23	并不感到热的时候我也会出汗	4	3	2	1	0
24	我喝酒	4	3	2	1	0
25	我很自觉	4	3	2	1	0
26	我觉得自己像四分五裂了一样	4	3	2	1	0
27	我的眼睛又酸又累	4	3	2	1	0
28	我的腿脚抽筋	4	3	2	1	0
29	我的心跳过快	4	3	2	1	0
30	我怕与生人打交道	4	3	2	1	0
31	我手脚冰凉	4	3	2	1	0
32	我便秘	4	3	2	1	0
33	我未经医师指导自行使用各种药物	4	3	2	1	0
34	我很容易哭	4	3	2	1	0
35	我咬指甲	4	3	2	1	0
36	我耳中有嗡嗡声	4	3	2	1	0
37	我小便频繁	4	3	2	1	0
38	我有胃溃疡	4	3	2	1	0
39	我有皮肤病	4	3	2	1	0
40	我感到喉咙发紧	4	3	2	1	0
41	我有十二指肠溃疡病	4	3	2	1	0
42	我担心我的工作	4	3	2	1	0
43	我口腔溃疡	4	3	2	1	0
44	我为琐事烦忧	4	3	2	1	0
45	我呼吸急促	4	3	2	1	0
46	我觉得胸闷	4	3	2	1	0
47	我觉得难以作决定	4	3	2	1	0
48	我很容易哭	4	3	2	1	0

续表

序号	题目	总是	经常	有时	很少	从未
49	我感到头部紧痛	4	3	2	1	0
50	感到喉咙痛,但并非感冒所致	4	3	2	1	0

(二)测试结果

一般而言,43~65分,表示压力适中;低于43分,表示压力过小,需要适度增加压力;高于65分,表示压力过大,需要适当降低。具体标准如下。

93分以上:表示处于高度应激反应中,身心遭受压力伤害,需要去看心理医生,进行必要的心理调整。

82~92分:表示正在经历较多的心理压力,身心健康正在受到损害,人际关系出现问题。

71~81分:表示压力相对适中,可能刚刚开始出现对健康不利的情况。

60~70分:表示压力适中,偶尔可能出现压力较多,但有能力应付,心理趋向于平静。

49~59分:表示能够控制压力反应,心理处于相对放松状态。

38~48分:表示来自外界的压力影响很小,工作与生活缺少适度压力和兴奋。

27~37分:表示生活沉闷,即使发生刺激或有趣的事情也很少作出反应,需要增加反应,增加社会活动或娱乐活动。

16~26分:表示在工作与生活中经历的压力经验不够,或是没有正确分析自己。

二、心理活动——生命进化五部曲

(一)活动目的

引导学生体会成长过程,让学生明白,每个人的成长方式不一样,成长也必须要经历一些挫折。

(二)具体内容

全体同学参与,扮演从蛋到小鸡,到小鸟,到猴子,再到人的全过程,开始时所有的同学都是平等的“蛋”,请所有的“蛋”就近找人猜拳。赢的进化为小鸡,输的仍然是蛋。接下来再以猜拳后的身份,继续寻找同类猜拳,赢者继续进化,输者则要退化。最后一轮猴变人的过程中,赢的进化为人,回到座位上,输的退回蛋,从头再来。

(三)讨论

1. 你的感受如何?

2. 你失败时的心情是怎么样的?
3. 你觉得自己成功或者失败的原因是什么?

【心理拓展】

一、推荐影片:《当幸福来敲门》

《当幸福来敲门》是由加布里尔·穆奇诺执导,威尔·史密斯、贾登·史密斯、桑迪·牛顿等主演的美国电影。影片取材于真实故事,主角是美国黑人投资专家克里斯·加德纳。影片讲述了一位濒临破产、老婆离家的落魄业务员,如何刻苦耐劳地善尽单亲责任,奋发向上成为股市交易员,最后成为知名的金融投资家的励志故事。虽然主人公经历了离婚、失业和无家可归等多次挫折,但依然不屈不挠,乐观地面对困境和挫折,最终获得了成功。

二、推荐书籍:《伟大的人物》

《伟大的人物》为卡内基经典励志著作之一,20世纪以来最畅销的励志经典,本书介绍了历史上很多著名人物的成长历程。通过此书,我们能够聆听到他们的声音,感受到他们的魅力。我们会听从他们的教诲,使自己趋于尽善尽美;我们也会激昂于他们的精神之下,令自己百折不挠,奋勇向前。

青少年励志经典文库
POCKET BOOK
这是曾经激励过数千万人的著作，它如今也必将激励着你我，
在坎坷的人生旅途上，奋力拼搏，享受生活。
伟大的人物
LITTLE KNOWN
FACTS ABOUT WELL KNOWN PEOPLE
〔美〕戴尔·卡耐基 著
经典
随身读

第九章　大学生心理咨询与心理危机应对

【学习目标】

1. 了解心理咨询的基本概念、功能、内容和分类。
2. 正确认识大学生心理危机的基本概念及表现,知晓大学生心理危机的应对方法。
3. 引导学生建立正确的心理咨询观念以及自助求助的意识。

【心理课堂】

小红,女,来自一个偏远的山村,现就读于某高职院校二年级,个子比较矮,体形偏胖,性格内向,比较自卑。在大二下学期开学后不久,小红的QQ"说说"显示其心理状态不佳,甚至一度出现了厌世、自杀的想法。经了解,小红的状态与其目前的人际关系状况及所承受的压力有关系。

经心理咨询老师的开导,小红同学终于敞开心扉,将困扰自己多年、压得自己喘不过气来的问题一个一个讲出来,心理咨询室老师耐心地逐个帮其分析。咨询一段时间后,小红同学表示效果很好,以前那些看起来仿佛逾越不了的问题也不是那么可怕了,心理压力也小了很多。

当大学生遇到心理危机或者心理问题的时候,如果通过自身的调整不能解决目前的问题,那么应该主动寻求心理咨询。大学生心理咨询是现代教育中的重要一环。现代教育模式认为,教育不仅仅是为了传授知识、技能,更是为了塑造其良好的心理素质和健全人格。大学生心理咨询是塑造健全人格、开发潜能的强有力手段,它有助于大学生人格的成熟,使他们勇于承担责任,充分发挥创造力,以乐观、昂扬的精神面貌去接受人生的种种挑战。

第一节　心理咨询概述

一、心理咨询的概念

(一)什么是心理咨询

心理咨询是咨询师运用心理学的理论与方法,通过特殊的人际关系,帮助来访者解决心理问题、提高适应能力、促进人格发展的过程。

（二）如何理解心理咨询

1.“斯芬克斯之谜”

心理咨询到底有什么用？当遇到心理困惑的时候，真的可以通过心理咨询来获得心灵安慰、心理平衡吗？这些是从事心理咨询和想了解心理咨询、想尝试心理咨询的所有人的疑惑，让我们先听一个很古老的神话，再谈这个问题吧。

相传，在古希腊王国城堡的附近有个怪物，叫“斯芬克斯”。她整天守着那条过往行人必经的路，让人猜一个谜：“什么东西早上是四条腿，中午是两条腿，傍晚是三条腿。”如果行人不能答对谜底，她就会把他吃掉；如果猜出来了，她自己就会死去。无数的人都不能猜出谜底，于是王国中死去了许多人，外面的人也不敢来这里了，王国内外充满了恐惧。终于有一天，一个叫“俄狄浦斯”的年轻人来到了斯芬克斯的面前，说出了这个神奇的“东西”——“人”！于是斯芬克斯死了，而这个谜语流传了下来。

所谓“当局者迷”，应当是对以上神话中遭遇厄运者的最好哀悼了吧！“斯芬克斯之谜”于今天的我们，可能已不是一个难题，而它所暗含的误区，却是不分时代、不分民族、不分老幼、不分性别地存在于我们每个人的心中：自己很多时候是认不出自己的，是很难看清自己的。而这层“糊里糊涂”并不能给人带来快乐，因为只有了解自我，了解处己的真正需求与愿望，才可以在现实中找到方向，明白生命的意义，才可以在走得很累很辛苦的时候，并不觉得委屈与懊悔；也只有了解了自我，才可以撕去太多的因所谓“生活”而带上的种种“面具”，享受清静与安宁。一个人不能真正了解自身，纵使忙碌不停，终是茫然痛苦；纵使优裕富足，终是难耐空虚……

“斯芬克斯之谜”永远地流传了下来，人的一生就是在不断地破解它、诠释它的过程，每个人都希望找到合理的个人答案，而不沦落为“厄运者”。心理咨询就是采用一些专业的方式，与当事人一起去揭示“斯芬克斯之谜”，一起去探索心灵，感受真我，发现谜底，获得成长、成功的力量。因为心理咨询是一种心灵的对话，在这一时空中，你可以逐层褪下繁重的装束，可以放心地、没有干扰地去看自己，去思考自己，不会遭遇嘲笑，不必忍受评价，有的只是倾听、关注、同感与挑战，你可以全神贯注直抵心灵深处。

不同的时期会遇到不同的问题，因此心理咨询对于每个人都是必需的，只是寻求的方式不同罢了，如对父母、对朋友、对神灵、对先知、对“客观的我”、对专业咨询员，而不同的方式也就有了不同的结果，一吐为快、同情安慰、引导指教……发展到今天，心理咨询的工作则较规范化了，主要归属于专业的咨询人员，使得咨询能够更切实地对人有所帮助，使人走出咨询情境后仍满载被关怀的感受，能够学会在现实中应对际遇，如学习、工作、生活。

2. 心理咨询的感觉

想象一片沙漠,你是那里唯一的跋涉者,你走得很累、很孤独、很焦渴,突然眼前出现了一片绿洲,感受一下此刻的心情;你捧起一汪清水,珍惜地开始滋润自己的嘴唇、喉咙、肠胃及至全身;回头看看走过的路,看看这片绿洲,再看看前方的路,洗把脸,然后放步前行,体验一份值得!这个过程就是心理咨询的感觉。想象一辆空的公交车将近,你是排队队伍中的一员,现在的位置并不理想,很可能上车就没有座位了,而你的路途遥远,此时此刻你可能有 3 种选择:其一,不管怎样,先上车再说;其二,挤到前面去,抢先上车;其三,随队列前行,排到前面,但等下一辆空车再上。至于最后到底如何,取决于你的决定。与你一起分析具体情形,设想多种选择就是心理咨询,而决定仍然是你的权利,只是决断时多了一些明智。

3. 心理咨询的 5 个不等式

1)心理问题≠精神病

心理咨询在我国是一门起步较晚的新兴学科,人们对它有一种神秘感。来访者通常都是左顾右盼、鼓足了勇气才走进诊室,在医生反复保证下,才肯倾吐愁苦;或是绕了很大圈子,才把真实的情况暴露出来。因为在许多人眼里,进行心理咨询的人很可能有精神病,或有见不得人的隐私或道德品质方面的问题。有相当一部分人认为精神病就是疯子,其实他们所说的精神病严格地来讲是重性精神病,如精神分裂症、躁郁症等,它与一般的心理问题和轻度心理障碍有很大区别。绝大部分精神病人对自己的疾病没有自知力,更不会主动求医。此外,在中国人的传统观念中,表露出情感上的痛苦是软弱无能的表现,对男性来说尤其如此。以上种种原因,使得很多人宁愿饱受精神上的痛苦折磨,也不愿或不敢前来就诊。其实,每个人在成长的不同阶段及生活工作的不同方面,都会遇到各种问题,导致产生消极情绪。如能采取适当的方法解决这些问题,个体就能顺利健康地发展;若不能及时加以正确处理,则会产生持续的不良影响,甚至导致心理障碍。这样看来,心理问题是日常生活中经常会遇到的,就这些问题求助于心理咨询并不意味着有什么不正常或有见不得人的隐私。相反,这表明了个体具有较高的生活目标,希望通过心理咨询更好地完善自我。

2)心理学≠窥见内心

两个久未谋面的老同学在路上不期而遇,其中一个知道对方是心理咨询师,就让他猜一猜自己现在心中想些什么。许多来访者也有类似的心态,他们不愿或羞于吐露自己的心理活动,认为只要简单说几句,咨询师就应该能猜出他心中的想法,否则就表明咨询师水平不高。其实,心理咨询师也是人,他们没有特异功能去窥见他人的内心世界,他们只是应用心理学的理论和方法,与来访者进行讨论和分析,并进行咨询与治疗。因此,来访者需详尽地提供有关情况,才能帮助彼此共同找到问题的症结,咨询师才能作出正确的诊断并进行恰当的治疗。

3）心理咨询≠无所不能

许多来访者将心理咨询神化，似乎心理医生无所不会、无所不能，就像一个“开锁匠”，什么样的心结都能一下打开，所以常常就诊一两次，没有达到所希求的“豁然开明”的心境，就大失所望，再也不来了。实际上，心理咨询是一个连续的、艰难的改变过程。心理问题常与来访者的个性及生活经历有关，就像一座冰山，积封已久，没有强烈的求助、改变的动机，没有恒久的决心与之抗衡，是难以冰消雪融的，所以来访者需要有打“持久战”的心理准备。

4）心理医生≠救世主

一些来访者把心理医生当作“救世主”，将自己的所有心理包袱丢给医生，以为医生应该有能耐把它们一一解开，而自己无须思考、无须努力、无须承担责任。多年来，传统的生物医学模式就是，病人看病，医生诊断、开药、治疗，一切由医生说了算，病人要绝对服从、配合，因此来访者自然而然地把这种旧的医学模式带进心理咨询。然而，心理咨询与心理治疗是新的生理—心理—社会医学模式的产物，心理医生只能起到分析、引导、启发、支持、促进来访者改变和成长的作用，他无权把自己的价值观和愿望强加给来访者，更不能替来访者改变或作决定。来访者需要认识到，“救世主”只有一个，那就是自己。只有改变自己、战胜自己，才能超越自我，达到理想目标。倘若把自己完全交给医生，消极被动，推卸责任，只会一事无成。

5）心理咨询≠思想工作

来访者中还有另一种极端的认识，就是心理咨询没多大用处，无非是讲些道理，未意识到心理问题是需要治疗的。一女孩因强迫观念痛苦异常前来就诊，家人反对并干涉：“你就是死钻牛角尖，想开点儿就会好的。”亦不让患者服药。患者得不到家人的理解支持，内心很绝望，从而影响到治疗的连续性和效果。心理咨询作为医学中的一门学科，有着严谨的理论基础和诊疗程序，它与思想工作是有本质区别的。思想工作的目的是说服对方服从、遵循社会规范、道德标准及集体意志，而心理咨询则是运用专门的理论和技巧寻找心理障碍的症结，予以诊断治疗。咨询师持客观、中立的态度，而不是对来访者进行批评教育。另外，某些心理障碍同时具有神经生化改变的基础，需要结合药物治疗，这更是思想工作所不能取代的。希望心理障碍患者能通过上述几个“不等式”了解心理咨询的性质和工作方式，打消顾虑，敞开心扉，积极主动地配合心理医生，帮助自己解除痛苦，营造积极健康的生活。

（三）心理咨询与心理治疗

1. 含义

心理咨询是咨询师运用心理学的理论与方法，通过特殊的人际关系，帮助来访者解决心理问题、提高适应能力、促进人格发展的过程。

心理治疗是在良好的治疗关系基础上，由经过专业训练的治疗师运用心理治疗的有关理论和技术,对来访者进行帮助,以消除或缓解来访者的问题或障碍,促进其人格向健康、协调的方向发展的过程。

2. 二者的异同

1)心理咨询与心理治疗的不同点

(1)对象不同:心理咨询的对象是有心理困扰的正常人,而心理治疗的对象是心理异常的病人。

(2)内容不同:心理咨询主要解决正常人所遇到的各种心理问题,而心理治疗主要诊治某些病人的异常心理。

(3)目标不同:心理咨询的目标在于促进心理健康发展,而心理治疗的目标在于纠正异常心理,即通过心理治疗,消除或缓解病理症状,使病人恢复正常生活。

2)心理咨询与心理治疗的联系

(1)理论和方法一致:两者所采用的理论和方法是一样的。例如:心理咨询师采用的认知疗法与心理治疗师采用的认知疗法在理论和方法上完全相同。

(2)都重视关系:两者都注重建立帮助者与求助者之间良好的人际关系,认为这是使求助者改变和成长的必要条件,应贯穿咨询过程或治疗过程的始终。在实际工作中,心理咨询与心理治疗很难截然分开。例如:心理咨询师和心理治疗师可能都会面对因人际关系问题、情绪障碍而来寻求帮助的来访者。

二、心理咨询的对象与内容

(一)心理咨询的对象

心理咨询的对象,大体可以分为两类。

(1)以心理不适应为中心的行为障碍、心理障碍和身体障碍患者。

(2)有些心理不适应看上去好像是由其先天素质或身体原因造成的,但其发生或经过与心理原因有着密切的关系。心理咨询是在来访者基于心理不适应(或适应失败)而出现心理障碍、问题行为的情况下进行的工作。

这里所讲的适应,是指心理的安定和协调状态。因此,所谓心理适应的人,能够较好地处理人际关系并形成对人的基本的信赖感,不是主观地看待自己或他人,而是能客观地、现实地对待自己或他人。在现实生活中,即使自己遇到困难、受到挫折、有了失败的体验,或者自己没能得到别人的承认,无法获得他人的理解,自己仍能不丧失信心、不丧失自尊,或者即使气馁过,但有迅速恢复自信、提高自尊心的较强的心理能量。此外,自己的愿望、行动、生活方式等,都能与周围的人所期待的方向保持基本一致,因而能够安心地、满怀信心地面向社会、面向生活。

但是,这里必须明确一个问题,某些心理不适应或问题行为即使是由心理原因造成的,心理咨询也不一定予以解决。另外,从幼儿期潜移默化、慢性性格化了的某些心理障碍和问题行为，则需要相当长的时间来进行咨询治疗，甚至可能使用心理疗法来最终完成咨询工作。

(二)心理咨询的内容

大学生活的丰富多彩、纷繁复杂决定了大学生心理咨询内容的丰富性和复杂性。可以说，凡是大学生人生道路上遇到的各种心理问题，都属于心理咨询的范围。大学生心理咨询的内容主要是在学习、情绪、人际关系、恋爱、适应、求职择业等方面的问题，如学习焦虑、注意力不集中、考试紧张、情绪困扰、人格问题、人际关系失调、社交障碍以及一些神经症等。根据目前国内外高校心理咨询现状，其内容可以概括为4个方面：①发展性咨询，帮助来访者增强认知能力、社会适应能力，挖掘自身潜力，促进全面发展；②适应性咨询，对来访者在学习、工作、人际关系等方面的适应不良提供帮助；③障碍性咨询，帮助有心理障碍的来访者挖掘病源，寻找对策，消除痛苦，减轻症状，恢复健康；④心理危机干预。

1. 发展性咨询

发展性咨询主要针对希望开发自身潜能并能作出更好的选择的来访者。咨询师主要帮助来访者更好地认识自己和社会，充分开发心理潜能，增强适应能力，提高自我生活质量，促进全面发展。这类咨询的对象无明显心理冲突，基本适应环境，目的是更好地认识自己，扬长避短，开发潜能，提高学习与生活的质量，追求更完善的发展。最常见的是学业与择业咨询。学业咨询主要是帮助学生加深对大学教育的认识和开发对专业学习的兴趣，帮助学生提高时间管理能力和改进学习方法，帮助学生掌握学习技巧和解决学习过程中遇到的具体困难，帮助学生规划未来学业发展的可能性。择业咨询主要是帮助学生客观地评价自我，发现自身特点和优势，开发职业兴趣，学习求职方法，提高择业能力，规划未来职业发展道路等。

2. 适应性咨询

这类咨询的对象基本健康，但在生活方面有各种烦恼。咨询的目的是消除不良症状，调适不良情绪，调整不合理认知，排解心理忧难，减轻心理压力，提高适应能力，学习新的经验和思维模式，并开发自身的潜能。因学习成绩不如意而忧虑，陷入失恋痛苦而难以自拔，因人际关系不协调而苦恼，因环境改变而产生自我认知失调等，都属于适应性心理咨询中常见的问题。

3. 障碍性咨询

障碍性咨询的对象是存在程度不同的非精神病性心理障碍的来访者。目的在于宣泄来访者的消极情绪，改变来访者在认知上的错误观念，缓解心理压力并确立正确合理的思考方向和方法，指导来访者进行有效的自我调控，激发来访者的自愈机制与潜能，帮助来访者重新建立包括和谐的人际关系在内的良好的社会适应行为。这类咨询对象患有某种心理疾病，如强迫症、焦虑症等，为此苦不堪言，影响正常生活，咨询的目的是通过系统的心理治疗，克服障碍，缓解症状，恢复正常的心理状态。

4. 心理危机干预

心理危机干预指对处在心理危机状态下的个人和群体采取明确有效的措施，使之最终战胜危机，重新适应生活。高校心理危机干预包括预防危机、早期发现和及时处理。引发心理危机的原因可以是灾难性事件，如自然灾害、疾病暴发、恐怖袭击、校园暴力等；也可以是个人剧烈的内心冲突，如失学、失恋、失业等。预防大学生自杀是高校心理咨询机构进行心理危机干预工作的重要内容。大学生自杀的原因很复杂，考试不及格、失恋、经济困难、身体疾病、人际关系紧张等都可能导致自杀行为。此外，精神分裂症患者、抑郁症患者自杀的可能性较大。为了有效防止自杀行为，广大师生以及心理咨询专业人员需共同参与，并通过心理普查、建立热线电话等手段进行干预。

三、心理咨询的功能

一般来说，心理咨询的功能是为来访者提供全新的人生经验和体验，帮助来访者认识自己与社会，逐渐改变不适应的应对方式，学会与外界相适应的应对方式，更好地发挥个人的潜在能力，更好地面对现实生活。具体来说，心理咨询的功能有以下几个方面。

（一）体验良好的人际关系

心理咨询是一种彼此真诚的人际关系。在心理咨询过程中，咨询师以善意、真诚、尊重、接纳、无条件积极关注的态度，与来访者进行沟通。这种双向的人际互动过程，为来访者提供了一种体验良好人际关系的机会，充分体验被爱、被关注、被肯定的积极情感。来访者可以把这种人际关系经验逐步地应用于生活中，利用咨询中学到的方法，有效地处理现实中的人际关系。

（二）认识自我

促使人们接受心理咨询的问题，大多是由自身内部的原因引起的。但是，人们习惯从外部找原因，习惯从别人身上找原因。为了解决这些问题，咨询师将会协助来访者，看清自己的内心，认识到自己内部的心理冲突，理解自己的归因倾向和认知特点，学会接纳自己，慢慢地让心灵健康起来。

（三）促进自我反思

看清自己是不容易的，因为人们习惯蒙蔽自己的眼睛。本来是头脑里的一些错误观念导致了心理问题，却总认为自己对事物的观察和理解是正确的。通过心理咨询，咨询师有机会帮助来访者降低自我防御，认真反思自我，形成正确的观念，从而作出清醒明智的选择。

（四）深化自我认识

人们真正认识了自己，也就认识了自己的需要、价值、态度、动机以及长处和短处。一旦认识了自己，就可以减少自卑、自恋、自闭等不良心态带来的消极影响和破坏作用，接纳自我的限制和不完美，把握自己的人生，活出真我，并获得最大的快乐和幸福。

（五）获得心理自由

来访者的心理往往缺乏自由，生活中缺乏弹性。心理咨询为来访者提供了一个心理自由的机会。咨询师帮助来访者学会接纳不足，明白人生总是与缺憾相伴的，能够以更大的包容、更灵活的态度，面对生活中的挫折和困境，顺利度过人生不同阶段的种种危机，自由享受生活。

（六）学会面对现实

当人们逃避现实或用不坦率的态度对待现实时，就容易招来麻烦。心理咨询的过程，就是引导来访者回到现实中。一旦目光集中到现在，实实在在活在当下，感受此时此地的体验，逐渐地学会同“现在”打交道，学会面对现实，不适应的状况就会得到改善。

（七）付诸有效行动

心理咨询的最终目标是指向现实生活的，也就是帮助来访者更有效地处理现实生活中的问题，作出有效的行为改变。一旦有了新的积极有效的行动，就真正学会了自我救助，就将为自己创造新的生活。

（八）发现人生意义

人们若能找到人生的意义或价值，自然会有一种生命力从心底涌出。有些大学生因为学业的挫折、感情的创伤而患上抑郁性障碍。表面看来，是因为不良刺激而抑郁，但从心理上细加分析，就可以从认识上找到更深一层的原因，即当事人感到自己在社会上不再被人需要，不再被人肯定，是“无用的人”，觉得人生没有意义，从而产生了严重的抑郁心境。咨询师可以帮助来访者自己发现人生的意义，恢复适应能力。

第二节　心理咨询的设置、原则和应用

大学生心理咨询是根据大学生身心发展的特点和规律，运用心理学的理论、技术和方法，针对大学生成长中出现的困扰和发展课题，由经过专业训练的大学生心理咨询师提供专业的帮助，目的是协助大学生排解困扰、增进心理健康水平和提高社会适应能力，以促进大学生良好的心理品质和健全人格的发展。大学生心理咨询是大学生心理健康教育的重要途径和方法之一。

一、大学生心理咨询的特点

不同于医院的心理咨询，也不同于社会上的咨询服务机构，大学生心理咨询除了具有一般心理咨询活动的特点和作用外，在高校育人活动中具有其自身的特点。

一是就咨询模式而言，大学生心理咨询的最大特点之一是在关注心理问题治疗的同时，更强调适应性和发展性。

二是就咨询对象而言，高校心理咨询的对象主要是正处在青年期的大学生，无论是心理还是文化知识水平，都具有很强的特殊性，这一阶段最易产生心理上的诸多不适。

三是就咨询方法而言，大学生心理咨询以团体和个体咨询相结合为主，团体心理咨询有其最大的适用性。

二、大学生心理咨询的设置

作为大学生，了解心理咨询的设置，认识心理咨询的要求，对于充分利用心理咨询资源、提升心理健康水平、优化心理素质具有积极的作用。

（一）时间设置

咨询时间一般规定为每周一次，每次50分钟左右，初次来访时咨询时间可以适当延长，原则上不能随意改变咨询时间或间隔。对于咨询时间的设置，不仅可以使来访者更有安全感，而且能够使来访者充分珍惜并有效利用时间。每周一次可以让来访者在咨询间隔期间充分体会咨询时的感受，并在自己的生活中实践。当然，咨询时间的限定也不是绝对的。根据来访者的状态、心理发展程度以及年龄，可以适当调整时间和间隔。

（二）场所设置

心理咨询过程需在专业的场所完成，咨询师不得在咨询室以外的地方进行心理咨询。咨询室应安静、温馨，令人感到放松、安全等；要有挂钟，挂钟要放在来访者和咨询师都能看到的地方，以帮助双方把握时间；茶几上需要预备纸巾，方便来访者使用；沙发坐上去应感觉舒服，便于放松。咨询过程中在门外要放置“咨询中，请勿打扰”的标志，以免咨询过程被打扰、被打断。

（三）费用设置

心理咨询是一个专业的助人过程，是一个极其严肃、专业性很强的工作。我国心理咨询机构大多设置在医院、社区、学校，各个咨询机构的收费标准不一样，来访者有权在接受心理咨询服务前知道收费的标准。目前，高校内面对大学生的心理咨询服务通常是免费的。

（四）情感设置

咨询师在咨询过程中始终保持客观身份，尊重每一位来访者，不把个人的认识、判断强加给来访者，也不为来访者做决定。在咨询期间，原则上禁止咨询师与来访者进行咨询室以外的任何私人交往，咨询师不能在咨询中寻求个人情感和实际利益（接受来访者的请客、吃饭、送礼等）的满足与实现。

（五）转介设置

心理咨询能对相当大范围内的心理困难有所帮助，但并非所有存在心理障碍症状的人都适合咨询。为了对来访者个人负责，心理咨询中心对以下来访者需及时进行转介：①咨询师不擅长咨询此类问题；②咨询师在价值观念上、情感方式上对某些人、某些咨询内容持有某种程度的敏感、偏见、忌讳；③咨询师与来访者在某些方面存在着某种不协调、不匹配；④来访者患有较为严重的心理、精神疾病或其问题主要由生理原因引起；⑤其他原因，如咨询师工作调动等。在转介时，咨询师应本着负责的态度，为来访者介绍本校其他咨询师或其他校外专业机构，供来访者自行挑选。

三、心理咨询的原则

心理咨询是一项专业性很强的工作，工作人员需具备严格的职业操守和精熟的职业技能。在心理咨询过程中遵守基本的咨询原则是心理咨询的根本要求，是咨询师与来访者建立良好人际关系的重要条件，也是有效运用咨询方法和技术从而获得良好咨询效果的重要保证。不同学者从不同视角出发，总结出基本一致的可供遵循的原则。

（一）保密性原则

保密性原则要求在没有得到来访者的同意时，咨询师不得将在咨询场合下对方的言行或个人隐私随意泄露给任何人或机构。具体保密要求如下。

（1）当事人的资料不能作为茶余饭后的谈话资料。

（2）咨询师的记录不能视为公开记录，无关人员不能随意查阅，咨询师不能将记录档案带离咨询室。

（3）咨询师在教学、科研或案例中引用的有关案例资料，必须加以保密处理，避免涉及个人隐私。

（4）在学校咨询中，咨询师要审慎处理为学生保密及与家长和校方合作间的关系，首先要保护来访学生的利益。

保密性原则的必要性在于保密是对来访者的尊重，是对来访者负责的表现。无论有意还是无意泄露来访者的秘密，不但会对当事人造成伤害，还会贬损咨询者本人及行业的声誉，丧失职业信任度。然而有几种保密例外情况，需要在咨询开始前告知来访者:①来访者有明确的自杀想法、计划、行为;②来访者有伤害他人的企图;③来访者患有精神疾病;④来访者有违法乱纪的行为。

(二)"来者不拒、去者不追"的原则

"来者不拒",指对前来咨询的来访者,应一视同仁,积极向其提供可能的帮助;"去者不追",指在咨询服务过程中,若当事人要求退出或离开,应及时安排,做好"结束"工作,不必勉强当事人完成咨询过程。原则上讲,到心理咨询室求助的来访者必须出于完全自愿,这是确立咨访关系的先决条件。没有咨询愿望和要求的人,咨询者不会去主动找他(她)并为其做心理咨询。只有自己感到心理不适,为此而烦恼并愿意找咨询人员诉说烦恼以寻求咨询师的帮助,才能够获得问题的解决。迫于父母或老师的压力前来心理咨询的来访者也大有人在,这一类来访者往往自闭倾向较重,也有较强的抵抗情绪和自我防御,因此开始不愿意谈论实质性问题提供咨询。咨询师不能排斥这种迫于别人督促前来咨询的来访者群体,因此需要付出比为一般人提供咨询多许多倍的辛劳,才能够使来访者去掉被动态度,最终建立咨访关系并展开咨询活动。

(三)助人自助原则

助人是心理咨询与治疗的出发点,也是要达到的目的。心理咨询与治疗过程不是包办代替、我说你听,而是通过双方互动和咨询师或治疗师的引导,自己走出困境,找出解决问题的方法,自我调节认知,实现身心成长,挖掘个人潜能,达到人格完善。心理咨询与治疗的最高境界是授人以"渔",而非授人以"鱼"。

(四)限制性原则

限制性原则主要指咨询师在职责、时间、感情、目标等方面是有限度的,不能凭咨询师或来访者的意愿去发挥,必须要把握一定的度,做到恰到好处。比如咨询师的职责不是无限的,如果来访者表示和寝室同学关系不好,想找咨询师帮忙调换寝室,咨询师就不应"越俎代庖";又如咨询时间规定为每次 50 分钟,如果在规定时间里没有充分解决问题可以再预约时间,两次咨询的时间间隔为一周,不能随意改变或调整;再如共情要真切、投入,但避免反移情现象干扰工作,既要走进去,又能走出来。

(五)中立原则

咨询师或治疗师在心理咨询与治疗过程中应该保持不偏不倚的立场,确保客观和公正。做到不掺杂自己私人的情感、利益,保持头脑冷静、清晰,不轻易批评对方,不把自己的价值观强加于对方等。

(六)无条件关注原则

咨询师或治疗师以积极的态度看待来访者,对来访者的言语和行为的积极面、光明面或长处给予有选择的关注,利用其自身的积极因素促使来访者发生积极的变化。

以上原则既彼此独立，又相互联系、相互渗透，共同为实现咨询与治疗目的服务。总之，大学生心理咨询的基本原则是：为全体学生提供服务；强调每一个学生的尊严与价值；肯定每一个学生有平等机会发展个人潜能、成长和进取；重视和强调人的积极向上的一面；重视学生全面发展；配合教学、管理部门，协助学生在心理、情绪和性格上实现良好的发展。

四、大学生心理咨询的类型及应用

（一）心理咨询的类型

1. 根据咨询的内容划分

根据咨询的内容，心理咨询分为发展咨询和健康咨询。

1）发展咨询

随着人类物质生活水平的不断提高，人们渐渐关注如何提高精神生活质量，比如提高学习和工作能力、保持最佳工作状态、协调家庭成员和社会成员的人际关系。而发展心理咨询可以帮助人们调整内心世界，提高其生活质量。

发展心理咨询涉及以下内容：孕妇的心理状态、行为活动和生活环境对胎儿的影响，儿童早期智力开发，儿童发展中的心理问题，青少年身心发展的不平衡，社会适应问题，性心理知识，异性社交与早恋，青年独立性和依赖性的矛盾，友谊与恋爱，成就动机与自我实现问题，择偶与新婚，人际关系，择业、失业与再就业，中年及更年期人际冲突、情绪失调、工作及家庭负荷的适应，家庭结构调整，更年期综合征，老年社会角色再适应，夫妻、祖孙等家庭关系，身体衰老与心理衰老，老年性生活等。

2）健康咨询

那些自认为心理不够健康的人群，即由某些社会刺激引起心理紧张的人，都是心理健康咨询的对象。凡是生活、工作、学习、家庭、疾病、康复、婚姻、育儿等方面的问题，使来访者体验到不适或痛苦，都可属于健康心理咨询的工作范围。其内容具体如下。

（1）各种情绪障碍，如焦虑、恐惧、抑郁悲观等。

（2）各种不可控制的思维、意向、行为、动作。

（3）各类身体疾病，如冠心病、高血压、支气管哮喘、胃十二指肠溃疡以及性功能障碍等。

（4）慢性躯体疾病久治不愈，患者对治疗不满意且丧失信心，因而需进行心理上的指导。

（5）精神病康复期求助者的心理指导。

（6）对家庭问题的处理问题。

2. 根据咨询的规模划分

根据咨询的规模，心理咨询分为个体咨询与团体咨询。个体咨询与团体咨询相辅相成，根本目的都是帮助个体自我发现、自我指导，以适应社会生活。

1）个体咨询

咨询最初的形式是一对一的关系。在方式上，是咨询师与求助者两者发生的单一交往，而与求助者所处的那个社会、集体及家庭毫无关系。在内容上，着重帮助解决患者个人的心理问题。

一对一的个体咨询关系，提供了一个安全可靠的环境，可降低来访者的防御性，使其与咨询师建立彼此信任的关系。首先，求助者可以进行充分详尽的倾诉，将自己心中的烦恼、焦虑、不安或困惑直接告诉咨询人员，咨询人员在耐心倾听的基础上，可以与求助者进行面对面的讨论和分析。其次，个体咨询可以使咨询人员对求助者进行直接观察，有助于对求助者的个性、心理健康状况、心理问题的严重程度和当时的心态进行观察、了解和诊断。个体咨询在两人之间进行，不允许第三者在场旁听，在这种情境中，求助者易于消除顾虑，容易谈出自己内心深处的想法。

2）团体咨询

团体咨询是在团体情境中提供心理帮助与指导的一种心理咨询形式。在团体内人际交互作用下，个体通过观察、学习、体验，认识自我、探讨自我和接纳自我，调整和改善与他人的关系，学习新的态度与行为方式。

一般而言，团体咨询是由 1 至 2 名指导者主持，根据求助者问题的相似性，组成小组，通过共同探讨、训练、引导，解决成员共有的发展课题或心理问题。团体的规模因参加者的问题性质不同而不等，少则 3 至 5 人，多则十几人到几十人。团体咨询不是个别咨询的简单拓展，也不仅仅是为了节省时间和人力。团体咨询有独特之处，其作用可以概括为如下几点。

（1）团体为个人提供了一面镜子。

（2）成员可以从其他参加者和指导者的反馈中获益。

（3）成员接受其他参加者的协助，也给予协助。

（4）团体提供考验实际行动和尝试新行为的机会。

（5）团体情境鼓励成员作出承诺并用实际行动来改善生活。

（6）团体的互动行为可以帮助成员了解他们在工作和家庭中的功能，并为其演示如何追求其在社会上的地位。

（7）团体的结构方式可以使成员获得归属。

团体咨询通过团体来指导个人，通过团体活动协助参加者发展个人潜能，学习解决情绪和行为问题。心理学研究证明，人类的许多问题和冲突可以在社会活动中被确认，因此团体工作不仅可以反映人性的冲突和不适应，而且可以提供矫正的影响力。目前,团体咨询已在学校、家庭、医院、企业、军队等众多组织得到广泛的应用,成为心理咨询的一种新的发展趋势。团体心理咨询也有其局限性。有多数人在场的情况下,求助者容易产生顾虑,不愿暴露自己的想法。所以,团体咨询只能解决一些共同存在的表层心理问题,深层的问题则需要通过个体咨询加以解决。

3. 根据咨询的方式划分

按咨询的方式,心理咨询分为门诊咨询、电话咨询、信函咨询、专栏咨询、现场咨询、网络咨询。

1)门诊咨询

门诊咨询是在专门的心理咨询机构或医院的心理咨询门诊进行的。心理医生采取面对面的方式,详细了解、分析当事人的心理问题,帮助他们摆脱影响心身健康的不利因素,提高他们解决问题、适应环境的能力。对心理障碍者,则分析其病因和症状,制订完整的治疗计划。门诊咨询掌握情况全面,能够更深入地为当事人提供有效的帮助,是一种首选的心理咨询方法。

2)电话咨询

电话咨询利用电话通话的方式对当事人给予劝告、安慰、鼓励或指导。电话咨询由于具有方便性、快捷性,深受当事人的喜爱。这种形式在国外的主要功用是心理危机干预,故被称为“希望线”“生命线”。在我国大部分地区,由于人们对心理咨询还不能深入理解、公开接纳,电话咨询隐蔽性、保密性强的特点使其成为心理咨询的一种重要形式。

3)信函咨询

信函咨询是以通信的方式进行咨询,当事人来信提出自己要求咨询的问题,心理医生给予回信答复,其优点是不受居住条件的限制,对那些不善于口头表达或较为拘谨的当事人来说是一种较易接受的方法。但咨询效果会受当事人的书面表达能力、理解力和个性特点的影响。

4)专栏咨询

专栏咨询是咨询师在报纸、期刊、电台、电视台和互联网开辟心理咨询专栏,对读者、听众、观众提出的典型心理问题进行公开解答。其优点是受益面广,具有治疗与预防并重的功能,但是存在模糊、浅显、泛泛而论的缺陷。

5)现场咨询

现场咨询是心理咨询机构的专职人员深入到基层或当事人家中,为广大当事人提供多方面服务的一种咨询形式。例如重大考试前,咨询师深入学校进行考前心理辅导等。

6)网络咨询

网络以其极强的保密性、隐蔽性、快捷性及实时性,为心理咨询提供了无限发展的空间。通过网络,当事人能够真正毫无顾忌地倾诉自己的隐私,暴露自己的问题,从而使心理医生能够在尽可能短的时间内掌握当事人的基本情况,作出适时的分析判断,并可以通过实时交谈不断矫正其分析判断,作出切合实际的引导及处理。随着网络技术的不断发展和互联网的迅速普及,网络咨询将具有十分广阔的前景。

4. 根据治疗时间长短划分

(1)长程心理治疗:大于 3 个月,有时达十几年甚至终身。咨询频次平均每周 1~2 次,少则每月或每年一次,多则每天一次。常见于精神分析和分析性心理治疗。

(2)短程心理治疗:少于 3 个月,一般十几次,短则 5、6 次,有时可少至 1、2 次。

(3)限期心理治疗:常见于集体心理治疗、家庭治疗、个别治疗等。

(二)大学生心理咨询的应用

区别于医院心理门诊和专门的心理咨询机构,大学心理咨询服务面向全体学生,着眼于全体学生心理健康水平的普遍提高。较为严重的心理障碍和精神疾病患者,需要转介到专科医院接受治疗。目前,我国绝大多数高校都设立了心理咨询机构,并配备专业的心理咨询师提供咨询服务。绝大多数高校的心理咨询机构设在学生处或学工部,在学生处的指导下开展工作,但也有的设在校医院、心理系、教育研究所等机构。大部分高校的心理咨询机构名称是"大学生心理健康教育与发展中心""大学生心理咨询中心"或"大学生心理健康教育中心"。

高校心理咨询机构作为大学生心理健康教育的专业机构,具有多种职能,服务的内容和形式也是多样的,如图 9-1 所示。

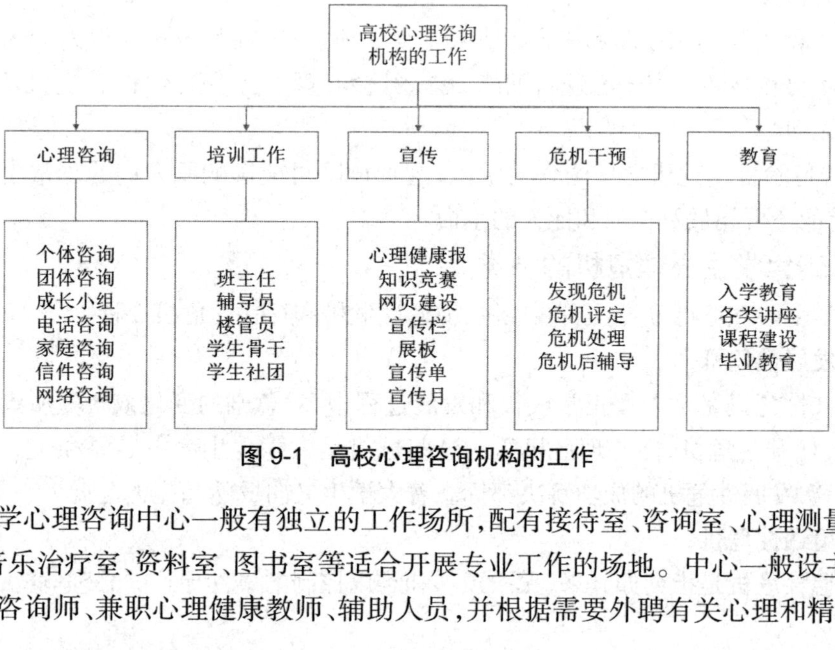

图 9-1　高校心理咨询机构的工作

大学心理咨询中心一般有独立的工作场所,配有接待室、咨询室、心理测量室、宣泄室、音乐治疗室、资料室、图书室等适合开展专业工作的场地。中心一般设主任、专职心理咨询师、兼职心理健康教师、辅助人员,并根据需要外聘有关心理和精神科专家参与心理咨询与心理治疗工作。

第三节　心理危机的应对

一、心理危机的含义其特征

（一）心理危机的含义

在日常生活中，我们经常听到“经济危机”“政治危机”等，对于“心理危机”则感到还很陌生。什么是心理危机呢？心理危机这一概念最初由美国心理学家卡普兰提出。他认为，心理危机是个体面临突然或重大生活事件（如亲人死亡、婚姻破裂或天灾人祸）时所出现的心理失衡状态。他认为，每个人都在努力保持一种内心的稳定状态，使自身与环境协调。当重大问题和剧烈变化使个体感到问题难以解决时，平衡就会打破，正常的生活受到干扰，内心的紧张不断积累，继而出现无所适从甚至思维和行为的紊乱，进入一种失衡状态，这就是心理危机的状态。

（二）心理危机的特征

（1）突发性。危机常常是出人意料、突如其来的，具有不可控制性。

（2）紧急性。危机的出现如同急性疾病的爆发一样具有紧急的特征，它需要人们去紧急应对。

（3）痛苦性。危机在事前、事后给人带来的体验都是痛苦的，而且还可能涉及人的尊严的丧失。

（4）无助性。危机的降临常常使人觉得无所适从，而且危机使得人们未来的计划受到威胁和破坏。由于心理自助能力差、社会心理支持系统不完善，危机常常使个体感到无助。

（5）危险性。危机之中隐含着危险，这种危险可能影响到人们的正常生活与交往，严重的还可能危及自己和他人的生命。

（三）大学生心理危机的种类

大学生心理危机分为发展性危机、境遇性危机和存在性危机 3 种。

1. 发展性危机

发展性危机是个人在正常成长和发展过程中，对急剧的变化或转变所产生的异常反应，如升学危机、性心理危机等。这些危机是大学生生命中必要和重大的转折点，每一次发展性危机的成功解决都标志着大学生又向成熟和完善近近了一步。

2. 境遇性危机

境遇性危机是指突如其来、无法预料和难以控制的事件导致的心理危机，如交通事故、人质事件、突然的绝症或死亡、被人强暴、自然灾害等。

3. 存在性危机

存在性危机是指一些人生中的重要事件出现问题，从而导致个人内心出现冲突和焦虑，是伴随重要的人生目的、人生责任和未来发展等内部压力的冲突和焦虑的危机。

二、大学生心理危机的诱因

社会竞争激烈，学习和就业压力增大，加上身心疾病、感情波折和经济困难等因素，大学生心理危机时有发生，甚至出现自杀和违法犯罪等恶性事件。大学生心理危机问题已经引起全社会的广泛关注。

按照心理社会转变模式来看，大学生的心理危机同样源自个体内部和环境两个方面。源于内部的危机，其实质是埃里克森指出的“自我同一性”危机。大学生在寻找和确立自我的过程中，常常由于自我期望与实际能力、自我评价与他人评价不一致而对自我的价值产生怀疑，对自我生命存在的意义产生怀疑，这是他们产生心理危机的深层次的“内部困难”。导致大学生产生心理危机的外部因素，主要涉及家庭、人际关系、学习压力、就业压力、社会变革等方面。内部因素是大学生心理危机的根源，外部因素是直接的诱因，危机通常是两方面因素共同作用的结果。

对于青年人来说，考上大学，既意味着人生前一阶段的“成功”，又意味着新的人生挑战的开始以及新的适应与发展任务的开始。他们面临着学习方法、生活环境、生活方式、原有社会关系与角色等方面的改变，任何一个方面的适应不良，都可能引起心理危机。

（一）学习方面

学习动力的缺失，选择专业时的盲目，应试学习模式训练导致的自主学习、创造性学习能力低等问题，都会造成大学生的学习困难。由学习困难发展为心理危机，主要在于一部分大学生在学业上缺乏成就感，或者个人的专业兴趣得不到满足，学业的自我形象降低，进而影响到整个自我评价。这与学校及社会对学生的评价体系中，学业仍然是最重要的依据不无关系。

（二）环境方面

当代大学生绝大多数是独生子女，他们普遍存在以自我为中心、独立生活能力差、社会经验少等问题，进入大学后面对新的学习和生活环境，不能根据环境的变化调整自己的生活，容易感到不适应。少数学生也会因为较长时间的不适应，对自己失去信心而出现心理危机。

（三）恋爱方面

大学生对待恋爱的态度及观念存在极大的偏差，容易产生问题。很多谈过恋爱的大学生都会经历失恋。有些大学生对于恋爱期间出现的矛盾不能正确对待,更不能承受失恋的打击。由恋爱挫折引起的心理危机甚至自杀,在大学生心理危机干预中占了相当大的比例。

(四)经济方面

一个已经引起各方面关注的事实是,我国贫困大学生的数量在逐年增多。由于正常的学习与生活费用得不到保证,贫困大学生容易产生失落感、自卑感和孤独感。物质生活的匮乏与心理方面的困惑交织在一起,使他们长期处于一种焦虑状态,进而产生心理危机。

(五)就业方面

每一个大学生都会走向社会,越来越严峻的就业形势必然对大学生形成压力,有的学生刚一进校就担心将来是否能顺利就业。就业压力成为大学生产生心理危机的重要因素之一。

(六)家庭因素

父母离异或父母关系破裂、丧失亲人、家庭发生其他重大变故等,都会使他们失去重要的社会支持,从而感到孤独、悲伤,缺乏安全感,给生活带来实际的困难。

二、大学生心理危机的应对

心理危机带给我们巨大压力。危机开始时,我们的全身心都会自动动员起来,全力应对挑战。但只要面对的是危机,我们的力量和身心资源就有可能是不足的。我们只能勉力应付,但结果不一定成功。不成功的应对,会导致身心系统的崩溃,或留下持久的心理创伤。因此,现代人的一个重要课题,就是要学习应对心理危机。

(一)“心理危机”的自我应对

心理和身体一样,都是有一定免疫力的。大学生应充分调动自身潜在的这股力量,有效应对可能发生在自己身上的心理危机。

1. 自我调适

智慧的本质就是适应,也可以说适应是一种智慧和能力。对于大学生来说,遇到心理危机时要能积极主动调适,否则对学习效率和生活质量都会产生影响。

1)审视自己的生命观

当前,许多大学生出现“生命的困顿”,表现为陷入严重的郁闷、无聊、纠结、“活得很累”,严重者则发展到自闭、斗殴、自残,再严重者陷入吸毒、自杀、伤害他人的种种险境之中。现代人尤其是青少年往往对生命的理解狭隘化,或仅仅视生命为实体性生理生命,于是沉溺在生活感官享乐之中,一旦满足不了,则认为整个生命无价值,人生无意义。当代中国大学生的生命困顿主要表现在生命价值的缺失与生活意义的迷惘上。

郑晓江提出的“生命二重性”原理告诉我们：人的生命不仅仅是它的物质性形态（实体生命），还有关系性形态（人文生命）。所以，人死亡后离开世界，实体性生命归于“无”，但并不是一切都结束了，人的血缘性亲缘生命、人际性社会生命、超越性精神生命仍然会存在下去。既然如此，我们的生命不仅存在于现在，还可以存在于未来。那么，我们就应该、也必须好好地把握生活，珍惜生命，创造价值，让人生精彩，使我们的关系性生命在实体性生命终结之后，还能得到更好的、永远的延续。这便是关于人的生命意义何在的答案，这也是我们的人生需要奋斗的根本理由之一。

2）审视情绪，找回理智，重新出发

心理危机的爆发会让我们情绪混乱，认知扭曲。当我们觉得不对劲时，可以先尝试以下三步自我调适法。

（1）审视情绪。心理危机中表现最突出的就是情绪反常和失控。进行情绪管理是转化危机的关键一步。有关情绪管理的具体内容在前面章节中已有具体叙述，在此仅特别提醒几个需要注意的问题。

首先，要努力察觉情绪，不管我们处在何种负性情绪中，先接受自己真正的情绪状态。例如，当我们因朋友约会迟到而对他冷言冷语时，问问自己：“我现在有什么感觉？”冷言冷语背后的情绪是生气。只有当我们认清自己的情绪，知道现在的感受时，才有机会掌握情绪，才能对自己的情绪负责，而不会被情绪左右。

其次，要尽力分化情绪。由于情绪本身具有复杂多变性，我们所直接感受或表现出来的可能是已经包装或伪装的情绪，如以生气的方式来掩藏内心受伤的感觉等，所以我们要学习分化并辨识我们真正的需求或感受。还以朋友约会迟到的例子来看，我们之所以生气是因为他让我们担心。有时，我们心中意念纷扰，情绪五味杂陈，整个人心烦意乱，这时觉察和辨识可以避免自己沉浸在持续恶化的情绪中，帮助我们将注意力集中在自己内心，有安定情绪、促进自我了解的作用。

最后，要认识“负面”情绪的价值和意义。在某种意义上情绪并无好坏之分，它只是告诉我们，在生命过程中有些事情出现了，需要我们去处理。每份情绪都有其意义和价值，负性情绪也是如此。例如，愤怒的情绪可以推动我们去改变一个不满的现状，痛苦则会指引我们离开威胁或伤害。明白了这一点，就不再盲目地抗拒内心的情绪，而可以运用这些情绪的价值和意义，去改变糟糕的“情况”和“威胁”。

（2）找回理智。首先要检查非理性信念，恢复理性思维。在情绪基本冷静下来能够思考时，我们紧接着要做的便是检查和反省自己在遭遇刺激事件后，在感到焦虑、抑郁或愤懑时，对自己“说”了些什么。理性行为疗法的创始人艾利斯告诉我们，在初期识别出那些与具体诱发事件或情境相联系的非理性信念就够了，进一步挖掘它们背后更一般化的生活哲学和人生信条可放在稍后一段时候进行。检查非理性信念的关键是把握它的“非理性”特征，比如“糟糕至极”“因此所有的……”“必须……

”“应该……”或“绝对不能……”等语句都是“非理性”的代表,即思想中是否包含倾向于把事物和自己看得绝对化、过分概况化的成分。

其次要重新认识自我。应该对自己的现有情况进行客观准确的评估,认清自己的实力、特长、薄弱环节和潜力所在,不要过高或过低评估自己,可以采用列清单的办法进行自我重新评估。在对自己进行客观准确的评估后,给自己一个合理的定位。自我是人格的核心,时刻保持清醒的自我认识和客观的自我评价将有助于人格的稳定和完善。当然我们还必须正确认识危机事件,对危机事件的理性认识,在前文我们已经述及“它意味着新的起点”“是对我们应对能力的检测”,因此要抓住时机积极应对、努力转化。

(3)重新出发。情绪稳定了,认识清楚了,最后就是要付诸行动。作为一名大学生,要做到自己的生活有计划、有目标。大学课余时间充裕,对于学生自学能力的要求非常高。所以,我们要把自己的学习和生活安排得充实一些,把每天、每周、每个阶段的任务和目标合理地安排好并付诸实施,避免过多的空想。

2. 积极求助

并不是每次心理危机都可以靠自己“搞定”。事实上,心理专家总是劝告人们,当遭遇危机时,要积极求助。许多人对求助他人解决心理问题顾虑重重,男生尤其如此。求助的顾虑各种各样,且表面上都合情合理。例如,担心别人帮不了自己,认为自己的问题应该自己“搞定”;觉得求助于人没有面子,怕暴露隐私;不愿承担专业求助的花费等。与心理危机造成的恶劣后果比较起来,这些风险或“成本”都不算什么。而且,现在多数大学都有心理咨询中心为同学提供免费、专业的心理服务,就更不必千思万虑、迈不开腿了。

(二)“心理危机”的朋辈互助

我们都生活在同学、朋友之中,有向别人求助的时候,也免不了有助人解困的时候。当朋友或同学满心烦乱或痛苦不堪地向我们伸出求助之手时,大多数同学会毫不吝啬地伸出援助之手。但愿意帮助是一回事,善于帮助则又是一回事。以下是一些朋辈互助的忠告。

1. 要学会倾听传爱心

常常会有这种情况,那就是我们仅凭良好的倾听便能很好地安抚求助者,让其充满烦乱、焦虑甚至恐惧的心灵归于平静。因为在求助者讲述自己的故事、叙述自己的经历和现在的体验过程中,他们能够构建自己的身份地位,并为自己的生活赋予意义和目的。当求助者的故事中包含了背后隐藏着的“苦难”或“羞耻”时,倾听的这种治疗作用就更加明显。虽然我们强调以助人为目的的倾听要尽量少说多听,但毕竟人是灵动的,不可能面对一个向我们倾吐苦水的来访者毫无反应,否则那又何异于对牛弹琴?所以,我们要有反应地倾听。为此,必须把握两点要领:其一,识别求助者所表达的关键信息(内隐的、感受性的、主要的、有助当事人自我了解的、促进探索的、促进对情境的理解的……）；其二，把这种了解尽可能清楚地、明白地、简明地、贴切地传达给求助者。

2. 要学会观察报危情

当人处于严重心理危机状态时，有可能产生类似于自杀或自伤这样的极端的想法和行为，这是最危险的情况。那些助人者就要特别注意观察发现这些危险因素。

1）要留心求助者的任何自杀征兆

对于绝大多数经受心理巨大痛苦而想自杀的人来说，自杀前常常会出现以下的一些迹象。

（1）言语上的直接或间接的征兆：直接向人说“我想死”“我不想活了”等，或间接向人说“我所有的问题马上就要结束了”“现在没有人可以帮助我”“没有我，他们会过得更好”“我再也受不了了”“我的生活毫无意义”等；也可能谈论与自杀有关的事或开自杀方面的玩笑，甚至是谈论自杀计划，包括自杀方法、日期和地点，计划的可行性越强，危险就越大。

（2）行为上的征兆：出现突然明显的行为改变（如中断与他人的交往或出现很危险的行为）；抑郁表现（对什么事都失去兴趣，学习成绩全面下降，懒散，赖床，个人卫生状况急剧下降）；将自己珍贵的东西送人；频繁出现意外事故；不遵守课堂规则，逃学或多次旷课；酗酒；生活安排一塌糊涂等。总之，不论他们用什么方式流露，不要害怕询问他们是否考虑自杀，这样不会使他们自杀，反而会挽救他们的生命。我们可以尝试这样问“你的心情是否如此糟糕，以致想结束自己的生命？”或“在你痛苦、绝望的时候想过要结束生命吗？”

2）及时转介

如果我们发现求助者自杀的危险性很高，不要让他们独处。要把他们送到能提供心理服务的诊所或医院。如果他们对寻求专业帮助感到恐惧或者担忧，应花时间倾听他们的担心，告诉他们大多数处于这种情况的人需要帮助，解释建议他们求助于专业人员不是因为对他们的事情不关心。对出现自杀行为（服毒、割腕等）的人，要立即将其送到最近的急诊室进行抢救。对于那些有明显精神病性障碍甚至精神分裂症的求助者，或者有较高的敌对性和攻击倾向者，特别是已有详细攻击或伤害他人计划的求助者，要及时转介到学校的心理健康教育中心，交由老师按相关程序处理。最后，要特别提醒注意的是，无论我们发现了哪种危险情况，都不要承诺我们会保密，应请其他人最好是老师一起承担帮助他们的责任。

（三）“心理危机”的专业帮助

心理危机的解决，需要自助，需要互助，更离不开专业帮助。了解专业人员如何帮助当事人应对心理危机，有助于我们学会配合专业人员，提高服务效能。专业人员一般会按照6个步骤进行心理援助。

1. 确定问题

首先,专职人员会认真、关注地倾听我们的陈述,帮我们了解和理解我们面对的困难。然后,他们会根据我们的言语和非言语信息,理解和确定我们所处的状态和存在的问题。最后,根据对我们的问题的评估确定接下来的援助流程。

2. 保证求助者安全

在心理危机援助过程中,保证我们的安全是首要目标,专职人员会尽其所能,作出适当的安排,把我们对自己和他人造成的身心危险性降低到最小。为了保证这一目标的稳妥实现,会不断对求助者进行自杀或他伤的危险性评估。同时,会预备一些替代冲动和针对自我毁灭行动的解决方法。

3. 给予支持

在与我们的交往过程中,专业人员不会去评价我们的经历与感受是否值得称赞,或者是否为心甘情愿的,而是始终提供这样一种机会,让我们相信"这里有一个人确实很关心我们"。我们也会在感受他们的言语和行动的过程中,认识到他们是以关心的、积极的、不偏不倚的和个人的态度在对待我们的事情,是能够真正给予我们以支持、接纳和肯定的人。

4. 探索可变通的解决方法

处于心理危机中的我们,在多数情况下思维是不灵活的,不能恰当判断什么是最佳选择,有时甚至会认为无路可走了。这时,专业人员会帮助我们认识到有许多变通的应对方式可供选择,帮助我们探索自己可以利用的解决方法。我们会因此搜索到可以获得的环境支持、可利用的应付方式,发掘出积极的思维方式。他们还会帮助我们回忆起有哪些人曾经关心过我们、帮助过我们,找到可以用来战胜目前危机的行为和资源。慢慢地,我们的应激焦虑水平会降低下来。

5. 制订计划

接下来,专业人员会在我们的主导之下,协助我们制订行动步骤来矫正我们情绪的失衡状态。计划的内容因人而异,但一般会涉及:①明确有哪些人、组织、团体或机构能够为自己提供支持和帮助;②明确我们现在能够理解和付诸行动的应对机制或步骤流程。在制订计划的过程中,也许我们会退缩,这时专业人员会鼓励我们勇敢地迈开走向新生的第一步;也许我们会依赖他们的帮助,这时他们会要求我们好好把握和行使自己权利;也许我们的计划会有许多奇思妙想,这时他们会由衷地欣赏和赞美我们。通过制订计划并开始实施,我们会感到不再那么依赖专家了,而且恢复了行动力和自制力。

6. 得到承诺

通过前面的努力,我们已经为自己制订了一个积极可行的行动计划,为了确保落实,专职老师会要求我们签订承诺。在结束心理危机援助工作前,与我们同甘共苦一路走过的老师,会要求从我们这里得到另外一个承诺,以避免再次发生危机或危机升级。你所在的大学校园里，就有这样一个专业机构，它的名称可能叫“心理咨询中心”“心理健康教育中心”。中心的老师们，就是这方面的专业人员。千万不要忘了，心里有“事”了，感觉迈不过这个坎了，拨通心理咨询中心的电话！

【心理互动】

一、心理测试——抑郁自评量表

（一）测试说明及题目

下面有20道题目，请仔细阅读每一条，然后在文字后的方格里面选择最符合你实际情况的选项。

序号	题目	A:没有或很少	B:小部分时间	C:相当多	D:绝大部分或全部时间
1	我觉得闷闷不乐，情绪低沉	1	2	3	4
2	我觉得一天之中早晨最好	4	3	2	1
3	我一阵阵地哭出来或是想哭	1	2	3	4
4	我晚上睡眠不好	1	2	3	4
5	我吃的和平时一样多	4	3	2	1
6	我与异性接触时和以往一样感到愉快	4	3	2	1
7	我发觉我的体重在下降	1	2	3	4
8	我有便秘的苦恼	1	2	3	4
9	我心跳比平时快	1	2	3	4
10	我无缘无故感到疲乏	1	2	3	4
11	我的头脑和平时一样清楚	4	3	2	1
12	我觉得经常做的事情并没有困难	4	3	2	1
13	我觉得不安而平静不下来	1	2	3	4
14	我对将来抱有希望	4	3	2	1
15	我比平常容易激动	1	2	3	4
16	我觉得作出决定是容易的	4	3	2	1
17	我觉得自己是个有用的人，有人需要我	4	3	2	1
18	我的生活过得很有意思	4	3	2	1
19	我认为如果我死了别人会生活得更好些	1	2	3	4
20	平常感兴趣的事我仍然照样感兴趣	4	3	2	1

（二）评分标准

正向计分题A、B、C、D按1、2、3、4分计，正向计分题目为1、3、4、7、8、9、10、13、15、19。

反向计分题按4、3、2、1计分，反向计分题号：2、5、6、11、12、14、16、17、18、20。

正向计分题目	1	3	4	7	8	9	10	13	15	19
得分（A、B、C、D按1、2、3、4分计）										
反向计分题目	2	5	6	11	12	14	16	17	18	20
得分（A、B、C、D按4、3、2、1分计）										

将20个项目的各个得分相加，即得总分。然后将总分乘以1.25后的整数部分就是标准分，标准分的分值越小越好。

（三）测试结果

标准分正常上限参考值为53分。标准总分53~62为轻度抑郁，63~72分为中度抑郁，72分以上为重度抑郁。

二、心理活动——我的人生五样

（一）活动目的

通过活动使学生清楚地意识到自己生命中最重要的东西是什么，要珍惜现在拥有的东西，珍惜生命。

（二）具体操作

请把你生命中最珍贵、最重要的五样东西找出来，然后把它写在纸上，你可以写你珍贵的事物，你挚爱的人，也可以写你精神方面的追求、兴趣爱好等。

（1）请写下你生命中最重要的五样。

（2）请你拿起笔，在你的人生五样中去掉一样。

（3）命运是残酷的，它又在向你发起挑战。你必须在剩下的四样中再划掉一样 。

（4）命运又在捉弄你，你又遇到了人生的重大变故，在剩下的三样中，还得去掉一样。

（5）最后从你仅剩的两个挚爱中再涂掉一样。

（6）你的纸上只剩下了一样，这就是你最珍贵的。

（7）按照涂掉的先后顺序给你的人生五样重新排序，好好记住这个顺序吧，它们就是你的人生优先排序。

（三）讨论

1. 当你删掉你生命中重要的一样时，你的感受如何？

2. 为什么最后选择留下这一样？

【心理拓展】

一、推荐影片：《美丽心灵》

《美丽心灵》影片讲述了一位患有精神分裂症但却在博弈论和微分几何学领域潜心研究，最终获得诺贝尔经济学奖的数学家约翰·福布斯·纳什的故事。同名传记由西尔维雅·娜萨儿撰写，于1998年出版，电影则于2001年上映。

影片中，英俊而又十分古怪的数学家小约翰·纳什念研究生时便发表了著名的博弈理论，短短26页的论文在经济、军事等领域产生深远的影响，他开始享有国际声誉。但纳什出众的直觉受到了精神分裂症的困扰，使他向学术上最高层次进军的辉煌历程发生了巨大改变。

面对这个曾经击毁了许多人的挑战，纳什在深爱着他的妻子艾丽西亚的帮助下，与被认为是只能好转、无法治愈的疾病作斗争。经过十几年的不懈努力，他完全通过意志的力量，一如既往地坚持工作，并于1994年获得诺贝尔经济学奖，他在博弈论方面颇具前瞻性的工作也使得博弈论成为20世纪最具影响力的理论。而纳什也成了一个不仅拥有美好情感并且具有美丽心灵的人。

二、推荐书目：《登天的感觉》

哈佛博士岳晓东的《登天的感觉》已经成为书林中的一朵奇葩，它的畅销证明了中国人对真正优秀的心理学图书的渴望。本书深入浅出地介绍了充满神秘色彩的热门学科——咨询心理学的基本理论与方法。“我恨我自己,我实在太愚蠢了”“我们的爱情还有救吗?”……这些日常生活中随处可见的不起眼问题,却妨碍着我们对幸福的追求。在处理这些心理案例的过程中,作者展现了心理咨询的神奇技巧——原来一个人的人生道路可能因为几句话而改变!日常生活中的大多数问题实际都是心理问题,人生的幸福来自内心的平静,天堂原本就存在于每个人的心中。本书将带给认真的读者飞翔在云端的美妙享受——登天的感觉。

《登天的感觉》是心理学专家岳晓东在心理咨询领域的一本经典之作。本书的写作特点是作者像讲故事一般娓娓道来,生动讲述了他在哈佛大学所做的10个心理咨询个案以及他对每个个案的深入分析和处理技巧。作者在书中还深入浅出地介绍了心理咨询方面的科学知识。

第十章　大学生职业生涯规划与发展

【学习目标】

1. 学会自我了解,自我认知。
2. 了解学习职业生涯规划与发展的意义。
3. 掌握合理地进行生涯规划的方法。

【心理课堂】

小美,女,21岁,某重点高校大四学生,人力资源管理专业,在校期间,学习刻苦认真,上进心强,学习成绩优秀。她对于是继续深造还是直接就业,心理犹豫不决。所以就一边考研,一边看工作机会。最后考上了某重点高校的研究生,同时也获得了一份国际知名公司的入职邀请函,在此情况下,她更加犹豫了。

小美遇到的问题,也是部分应届毕业生会面临的问题,是继续深造还是直接就业,直接就业意味着自己基本独立了,有自己的经济收入,如果继续深造则还要花费时间和金钱。大学生应该根据个人情况、家庭情况等各方面因素,确定适合自己的职业生涯规划道路。

第一节　职业生涯规划的内涵和意义

一、职业生涯规划的内涵

(一)职业生涯规划的定义

简单来说,生涯规划就是对未来的岁月做好构思与安排。而职业生涯规划,顾名思义,即对职业发展上的规划与设计。职业生涯规划,又称为职业生涯设计,是指个人结合自身情况及眼前机遇和制约因素,为自己确定最佳的职业奋斗目标,选择职业发展道路,确定教育、培训和发展的计划等,并为自己实现职业生涯目标而确定行动方向、行动时间和行动方案。

(二)职业生涯规划的类型

按照规划的时间维度,职业生涯规划可分为4种类型。

(1)短期规划,即两年以内的规划,主要是确定近期目标,规划近期所要完成的任务。

（2）中期规划，一般指2~5年内的职业规划，是最常见的一种职业生涯规划。

（3）长期规划，一般指5~20年内的职业规划，主要是设定一个较长远的职业目标以及为此制订具体的计划。

（4）人生规划，即整个职业生涯阶段的规划，时间长达几十年，主要是设定整个职业阶段的发展目标和行动规划。

（三）职业生涯规划的内容

职业生涯规划主要有3个方面的内容。

1. 个人特质的了解

个人特质包括个人的需要、兴趣、能力及价值观等。了解自己，是职业选择或生涯设计的最基础要求。如果个人能清楚地知道自己的优缺点，将有助于在职业生涯规划时，加重对自己最有利的选择筹码。

2. 教育与职业资讯的准备

教育与职业资讯的准备包括了解行业的特性、从业所需能力、工作内容、工作发展前景、从业待遇等信息，并积极做好职业发展所需的教育背景、经验和能力的准备。个人可以通过家人、亲戚、朋友、师长等人脉，书籍、视听材料及网络媒体等渠道获取这方面的资讯。如果缺乏对职业资讯的了解，职业选择时将会盲从、不切实际，个体的职业认定也更加容易受到刻板印象或他人观念的影响。

3. 个人与环境关系的协调

环境因素大多是指社会、经济、文化、组织、家庭和机会因素，这些往往是个人无法掌握或控制的，例如家庭重要成员的意见、社会重大事件的影响或区域的经济发展状况等。这些因素可能是助长因素，也可能是限制因素。提前了解和判断环境因素，将有助于个人顺应环境发展趋势，积极把握有利资源，避免作出与环境、现实条件相悖的选择。

二、职业生涯规划的意义

（一）对个人的意义

职业生涯规划是人生和事业成功的导航仪，对个体在人生各个阶段的成长和发展都有着非常重要的指导作用。高校大学生进行职业生涯规划更是有着重要的现实意义。首先，职业生涯规划有利于学生理性认知自我，更加深入地探索自我，能够正确地认识自身的性格特质，认清自身的优势和不足，重新对自己的价值进行定位，不断完善自己的人格，谋求自身更好的发展；其次，有助于学生增强学习的目的性和计划性，激发学习动力。职业生涯规划可以大地提高学生学习的目的性和计划性，使学习方向更加明确，学习效率更高，学生也可以从不断的自我实现中得到满足，更加积极主动地去学习和探索。最后,职业生涯规划有利于学生发掘自身潜能,提升综合竞争实力。通过职业生涯规划教育,学生可以了解社会现实和职业要求,确立职业发展目标,在日益激烈的社会竞争中找到适合自己发展的平台,并有针对性地学习和参加培训、各种实践活动,增强自身综合素质,提升竞争实力。

因而,对于未入职的大学生来说,其在高考之前就应当制订符合自身实际情况的职业生涯规划,选择满足社会发展需要和自己感兴趣的专业;进入大学以后,还要重新认识自我,调整自己的职业生涯规划。调整规划是一件很正常的事情,因为进入大学前的选择和进入大学后的现实认识肯定会有差距,所以适时调整职业生涯规划是非常必要的。对大学生而言,就是在满足自己兴趣、爱好的前提下以及认真分析个人性格特征的基础上,结合自己专业特长和知识结构,对将来从事的工作进行方向性的调整。大学生在走向社会前,将现实环境和长远规划相结合,给自己的职业生涯一个清晰的定位,是求职就业乃至将来职业升迁的关键一环。

(二)对社会的意义

1. 有利于缓解我国大学生就业压力

众所周知,近年来我国大学生一直面临巨大的就业压力。虽然大学生就业难是多方面的因素造成的,如国际经济的不景气,我国正处于经济体制的转型时期以及高校的专业设置不能适应市场的需求等,但其中还有一个非常重要的问题,那就是大学毕业生自身的问题。现在的高校毕业生中,有相当一部分学生临近毕业时都不知道自己该干什么、能干什么,更不知道自己适合哪些岗位、职业,因此在就业时存在着盲目择业的问题。这就更进一步激化了我国的就业难问题,对社会的稳定也有很大的负面影响。如果高校能够有效地实施大学生职业生涯规划教育,就能在很大程度上缓解我国大学生的就业压力,最终促进社会的和谐与安定。

2. 有利于高校的生存与进一步发展

近几年各地放弃参加高考的人数逐年上升,尤其是 2010 年,媒体报道弃考人数已突破百万。虽然弃考的原因是多方面的,但主要原因是认为上大学性价比不高,因为在高校高额学费的背后,是毕业时的就业难。家长看到这种现象自然会考虑孩子是否有必要上大学的问题。因此,大学生的就业问题也是影响高校进一步生存与发展的至关重要的问题。

三、职业生涯规划的理论

(一)过程取向理论

1. 舒伯的生涯发展理论

从 20 世纪 50 年代初开始,许多学者开始研究职业生涯发展问题,形成了一系列理论学说，其中舒伯的生涯发展理论是最有代表性的理论之一。他的职业生涯发展阶段理论是一种纵向职业指导理论，重在对个人的职业倾向和职业选择过程本身进行研究。

舒伯把“生涯”定义为生活中各种事件的演进方向和历程，它综合了人一生中的各种职业和生活角色，由此表现出个人独特的自我发展形态；生涯也是人生自青春期至退休后所有有酬和无酬的职位的总和，除了职位以外还包括与工作有关的各种角色。

基于布尔赫勒的生命周期论和列文基斯特的发展阶段论，舒伯提出了一个新的诠释职业和生涯的发展概念模式。他在 1953 年提出了 10 个基本主张，在其之后出版的《职业发展：研究的架构》和他与巴克拉奇合著的《科学的生涯和职业发展》中，又进一步发展为 12 个基本主张。

舒伯认为，人的每一个年龄阶段都与职业发展有着相互配合的关系，人的生涯发展会伴随着年龄的增长而递进，每个年龄阶段各有其生涯发展的任务。他将人的生涯发展分为成长（Growth，儿童期）、探索（Exploration，青春期）、建立（Establishment，成年前期）、维持（Maintenance，中年期）、衰退（Decline，老年期）5 个阶段，每一阶段又分别包含几个子阶段。

1）成长阶段（0~14 岁）

此阶段主要任务：经由家庭、学校中重要人物的认同，而发展出自我概念。此阶段的重点之一是身体与心理的成长。透过经验可以了解周围环境，尤其是工作世界，并以此作为试探选择的依据。成长阶段的 3 个子阶段如下。

（1）幻想（Fantasy，0~10 岁）：以需求为主，角色扮演在此阶段很重要。

（2）兴趣（Interest，11~12 岁）：喜欢是期望从事某活动的主因。

（3）能力（Capacity，13~14 岁）：能力占的比重较大，也会考虑工作要求的条件。

2）探索阶段（15~24 岁）

此阶段主要任务：自我概念与职业概念的形成，自我检视，角色尝试，学校中的职业探索、休闲活动与兼职工作。探索阶段的 3 个子阶段如下。

1）试探（Tentative，15~17 岁）：会考虑自己的需求、兴趣、能力、价值与机会，并会通过幻想、讨论、课程、工作等尝试做试探性的选择。此时的选择会缩小范围，但因仍对自己的能力、未来的学习与就业机会不是很确定，所以以后并不会采用现在的一些选择。

2）过渡（Transition，18~21 岁）：更加考虑现实的状况，并试图实施自我概念。

3）尝试（Trial，22~24 岁）：已确定了一个似乎较适当的领域，找到一份入门的工作，并尝试将它作为维持生活的工作。此阶段所选择的工作范围会更缩小，只选择可能提供重要机会的工作。

3）建立阶段（25~44 岁）

此阶段主要任务：凭借尝试错误以确定前一阶段的职业选择与决定是否正确。若自觉决定正确，就会努力经营，打算在此领域久留。但也有一些专业的领域，还未尝试就已开始了建立阶段。建立阶段的两个子阶段如下。

（1）尝试（Trial，25~30 岁）：原本以为适合的工作，后来可能发现不太令人满意，于是会有一些改变，此阶段的尝试是定向后的尝试，不同于探索阶段的尝试。

（2）稳定（Stabilization，31~44 岁）：当职业的形态都很明确后，便力图稳定，努力在工作中谋取一个安定的位子。

4）维持阶段（45~64 岁）

此阶段主要任务：守住这份工作，继续将它做好，并为退休做计划。

5）衰退阶段（65 岁至死亡）

此阶段主要任务：在体力与心智逐渐衰退时，工作活动将改变，必须发展出新的角色，先是变成选择性的参与者，然后成为完全的观察者。衰退阶段的两个子阶段如下。

（1）减速（Deceleration，60~70 岁）：工作速度变慢，工作责任或性质亦改变，以适应逐渐衰退的体力与心智。许多人也会找份代替全职的兼职工作。

（2）退休（Retirement，71 岁至死亡）：有些人能很愉快地适应完全停止工作，有些人适应困难、郁郁寡欢，有些人则是老迈而死。

在以上这些不同的阶段，人所扮演的角色也不同，且通常要同时扮演几个角色，如子女、学生、工作者、配偶、家长等，舒伯设计了生涯彩虹图来表示不同角色在人生各个阶段的地位，如图 10-1 所示。

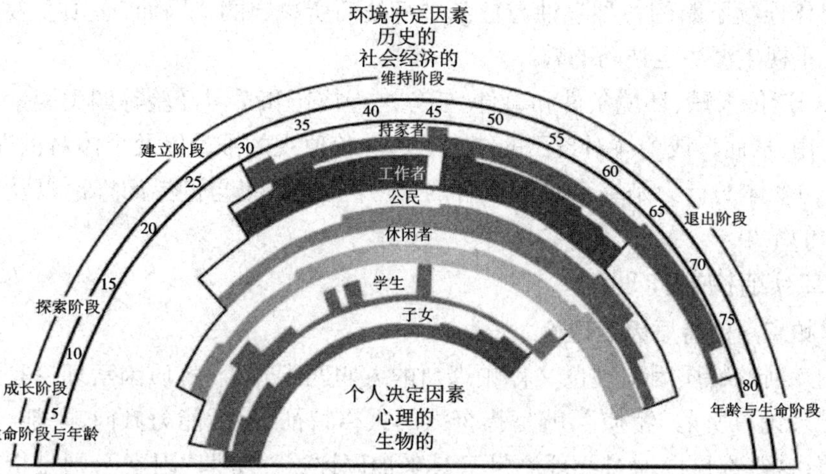

图 10-1　舒伯的生涯彩虹图

综合阶段理论和角色理论，舒伯把人生发展分为 3 个层面：①时间层面，即每个人从生到死的整个生命过程；②广度层面，即每个人一生中在不同阶段所扮演的各种不同角色；③深度层面，即每个人在扮演各个角色上的投入程度，比如有的人在工作角色上投入程度多一些,有的人则在家庭角色上投入更多一些等。

2. 克鲁姆伯尔茨的社会学习理论

社会学习理论是以社会学习的观点来解释人类生涯选择的行为,强调遗传天赋、学习经验等四类因素对生涯选择的影响,如图 10-2 所示。

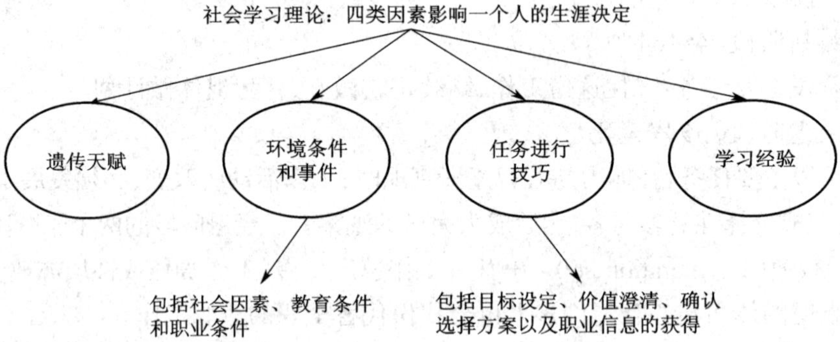

图 10-2　影响生涯决定的四类因素

社会学习理论的核心观点如下。

(1)生涯的选择,不仅反映个人自主的选择结果,也反映社会所提供的就业机会与要求。

(2)生涯决定是人生长期的历程,不只是发生在一生中的某一阶段,而是由从出生到退休连续不断的各种事件与任务进行技巧所决定的。因而,必须在教育与生涯辅导中重视生涯决定技巧的教导。

(3)遗传天赋、环境条件和事件、任务进行技巧和学习经验等四类因素在不断地相互作用,从而形成个体对自己的能力、兴趣、价值观的推论以及个体对世界的推论。

(4)个体的行为是综合以前所有的学习经验、自我与世界的推论以及具备的各种能力的结果。

(二)结构取向理论

1. 帕森斯的特质因素理论

帕森斯的特质因素理论又称帕森斯的人职匹配理论,特质因素理论是最早的职业辅导理论。所谓"特质",就是指个人的人格特征,包括能力倾向、兴趣、价值观和人格等,这些都可以通过心理测量工具来加以评量。所谓"因素",则是指在工作上要取得成功所必须具备的条件或资格,这可以通过对工作的分析而了解。

1909 年,美国波士顿大学教授弗兰克·帕森斯在其《选择一个职业》的著作中提出了人与职业相匹配是职业选择的焦点的观点,并被誉为"职业辅导之父"。特质因素理论的核心观点如下。

(1)个人有自己独特的人格模式,每种人格模式都有其相适应的职业类型。

（2）在选择职业时，首先需通过心理测量工具评估个人的能力，并对自己的态度、能力、兴趣等有一定了解；其次要了解各行各业达到成功的需要和条件、优缺点、酬劳、机会及未来展望等；最后要以个人和职业的互相配合作为职业辅导的最终目标。

（3）测量工具的使用和有关职业资料的提供是职业辅导的重心。

特质因素理论的一个突出特点是它着重于个人倾向、成就、兴趣、价值观、人格与职业条件的匹配，而没有关注到个人的特质与工作环境都是在变化的，即忽视了职业生涯的发展性。该理论假设每个人只有唯一的生涯目标及生涯决策，这样的观点缺乏动态性，缩小了个人职业选择的范围，与人们扩展生涯选择范围的期待相反，这也成为特质因素理论的局限所在，因而逐渐为后来的生涯发展理论所取代。

2. 霍兰德的人格类型理论

霍兰德是美国约翰·霍普金斯大学的心理学教授，长期从事职业咨询工作并成为该领域的里程碑式人物。他的个性职业匹配理论，又称为职业人格类型理论、人业互择理论等，主要体现在《职业选择》一书中。他认为，一个人之所以选择某职业领域，基本上是受到其兴趣和人格的影响，生涯选择是个人在对特定职业类型进行认同后，个人人格在工作世界中的表露或延伸。自我和职业认知的比较及后续的接纳或排斥是生涯选择中主要的决定因素。

人格类型理论的核心观点如下。

（1）职业选择是个人人格的延伸和表现，个人的兴趣类型即是人格类型。

（2）同一职业团体内的人有相似的人格，因此他们对很多的情境与问题会有相类似的反应方式，从而产生类似的人际环境。

（3）人可以区分为 6 种人格类型：现实型、研究型、艺术型、社会型、企业型和常规型。个人的人格属于其中的一种，人所处的环境也可以分为这 6 种类型。个人的人格与环境之间的适配和对应，是职业满意度、职业稳定性与职业成就的基础。

个人可以通过自我测定来发现自己的个性类型，并依据个性类型来选择相应的职业。霍兰德编制了自我职业倾向测定量表作为人格类型和职业倾向测定的工具，具有较强的实用性。霍兰德的个性类型分类和测定量表可以作为职业咨询和职业选择的初步依据。

3. 明尼苏达的工作适应理论

工作适应理论起源于一项旨在探索如何帮助残障人士适应工作的研究，由罗圭斯特与戴维斯于 1964 年提出，是对帕森斯特质因素理论的进一步修正和改进，后发展为强调人境符合的心理学理论，该理论强调就业后的适应问题。工作适应理论除了和传统的特质因素理论一样，强调对工作者的能力、价值观、人格和兴趣的评定以及这些因素和职业的相互关系以外，还强调一种工作的调适，即工作者不断寻求并完成和维持与工作环境之间的调和性。工作适应理论的核心观点如下。

(1)人与工作之间存在着互动的关系,适合与否是互动过程的产物,个人需求会变,工作的要求也会随时间或经济形势而调整,如个人能努力维持其与工作环境间符合一致的关系,则个人工作满意度愈高,在这个工作领域也愈能持久。

(2)个人对自身工作的满意度以及雇主所认为的员工工作的适合度是评估人职是否匹配的两个重要因素。

第二节　职业生涯规划中的心理误区

尽管大学生们对职业生涯规划的理论有了诸多的了解,但是在大学学业规划及职业规划中还是会走入一些心理误区,这些误区产生的原因是大学生对就业观念、职业观念、自我管理等的曲解。

一、计划不如变化,没有必要做生涯规划

有人认为,世界变化快,人们无法预料未来,故不需要做规划。试想一下,如果世界不存在变化,什么都是既定的、一成不变的,也就没有必要做职业生涯规划。所以,正是因为要应对当今多变的世界和环境,才更需要积极地做各种规划,包括我们的职业生涯规划。

美国哈佛大学30年前曾对当时在校学生做过一项调查,发现没有目标的人占27%,目标模糊的人占60%,短期目标清晰的人占10%,长期目标清晰的人只占3%。30年后追踪结果表明,第一类人基本上生活在社会的最底层,长期在失败的阴影里挣扎;第二类人基本生活在社会的中下层,他们没有多大的理想和抱负,整日只为生存疲于奔命;第三类人大多进入了白领阶层,他们生活在社会的中上层;只有第四类人,他们为了实现既定的目标,几十年如一日努力拼搏、积极进取、百折不挠,最终成了行业领袖或精英人物。

制订职业生涯规划可以把人生有限的时间和精力集中起来,用在最该需要的地方,从而获得事业的成功和实现人生目标,因此应该谋定而后动。

二、职业生涯规划等到即将毕业时再做也不迟

对职业进行规划,说明有了对职业的成熟理解。但有些大学生认为职业规划等到即将毕业时再做也不迟。其实这是一种误区,国外有句格言说:“人生只有三天:昨天、今天和明天。”昨天是幸福或无奈的回忆,今天是人生的“核心”,只有抓紧今天,明天才能生活得更好。

从走进大学的第一天开始,大学生就应接受有关职业规划的理念,并且能在老师

的指导下，逐渐形成自己的职业发展规划。这样，当迈进社会的时候，就可以避免不知所措的尴尬。事实上，不容乐观的就业形势也已经让一些学生意识到，职业规划从大一起就应该作为重点工作来做。一方面，通过职业规划可选择适合自己发展的职业，确定符合自己兴趣与特长的生涯路线；另一方面，还可拓展职业修养、价值观等“内在”的素质培养。

三、职业规划等同于职业目标或学习计划

职业规划的核心是达到职业目标的步骤、方法、实践安排。从小学到大学，人们确立的很多目标都失败了。其中一个关键因素就是没有制订达成目标的计划。因此，职业规划不仅要有职业目标，还得将目标分解、细化到每年、每月甚至每周，不仅有长期计划，还得有阶段计划、短期计划。

同时，需要注意的是，职业规划不是学习计划。达成职业目标往往不仅需要知识，更需要能力，所以职业规划的重点是工作能力提升的规划。从长期的角度出发来寻找真正适合自己的岗位，这是今后的一种趋势。

四、制订职业规划急功近利

职业规划被很多人认为是“瞬间成功和急速暴富”的钥匙。这事实上是片面夸大了规划的作用。一项针对数百名大学生所做的调查显示，95% 的同学表示自己两年之内要做主管，5 年后成为部门总监；77% 的同学表示 35 岁之前要成为年薪 50 万 ~100 万元的职业经理人，还有 20% 的同学表示毕业后 10 年之内上《福布斯》等知名杂志的富豪排行榜，做一名“金领”。

有专家指出，许多人在大学时代就已经形成了对未来职业的一种预期，然而他们往往忽视了对个体年龄和发展的考虑，就业目标定位过高和过于理想化。为自己制订职业规划是件好事，但不宜急功近利、追求速成，这样会导致择业过程中的眼高手低。

五、缺乏对自身的全面了解

许多人没有做好自身的职业规划，首要的原因是对自己认识不清，不知自己想干什么、适合干什么，想进行职业规划，但不知如何下手。

在制订自己的职业规划时，最好面对现实，先做一个全面的自我分析，做好定向、定点、定位、定心等“四定”：“定向”，就是确定自己的职业方向；“定点”，就是确定自己职业发展的地点；“定位”，就是确定自己在社会上的位置；“定心”，就是做到心平气和。这些实际上就是解决职业生涯规划中的“干什么”“何处干”“怎么干”和“以什么样的心态去干”这四个最基本的问题。这样，既可以防止“低价出售”了自己，也

可以防止期望过高而一无所获。

六、把心锚等同于职业锚

在我们周围有许多东西,我们一看见它们,便会产生各种不同的心情。这种能刺激我们产生特别感觉的东西,不管它是好是坏,我们称之为“心锚”。心锚有的深奥,有的浅显,它可能是一句话、几个字、一个动作或一个东西,让我们或看、或听、或想、或嗅、或尝,在一眨眼间改变我们内心的感觉。这也就是为何一看见国旗,我们便迅速感受到强烈的国家民族情感,因为它上面的颜色及图案跟这种情感紧密地联系在一起。

每个人都有许多心锚,心锚是思想、观念、感受、心境的综合情结。许多人想改变自己的一些不良行为,但总感到力不从心。其实若能知道这种改变需要透过下意识的行为,便可通过新心锚的建立,消除或取代旧的心锚,使自己重新具备所喜欢的习惯。

职业锚的概念是由美国施恩教授提出的,他认为职业规划实际上是一个持续不断的探索过程。在这一过程中,每个人都在根据自己的天资、能力、动机、需要、态度和价值观等慢慢地形成较为清晰的与职业有关的自我概念。随着一个人对自己越来越了解,这个人就会越来越明显地形成一个占主要地位的职业锚。正如“职业锚”这一名词中的“锚”的含义一样,职业锚实际上就是人们选择和发展自己的职业时所围绕的中心。

施恩基于大量跟踪调查研究总结了 5 种职业锚类型:技术型或功能型职业锚、管理型职业锚、创造型职业锚、自主与独立型职业锚、安全型职业锚。这 5 种职业锚之间可能存在着交叉,但是每一种都有一个最突出的、最强烈的、最易识别的特性。可见,心锚推动着自己的就业激情,而职业锚是人们选择和发展自己的职业时所围绕的中心。

七、专业就是职业

一般来说,80% 的专业决定不了职业。专业是学习阶段的任务,在某种程度上是一种被动的接受,而职业则是毕业后的任务,是一种主动的谋生手段。二者唯一的关联恐怕只是一些知识背景。谁都希望自己选择的专业就是今后的职业,但需要转行时才发现所付出的代价恐怕也仅止于“知识背景”而已。大学的专业学习,很大程度上是被动接受知识;而为理想、为事业甚至为生存去从事一项工作时,你得主动去学习充电,培养职业要求所需要的专业精神。

八、高文凭者有高技能

“唯学历”的时代已经过去了。虽然大学毕业拿了文凭,但专业知识如果没有更新，去找工作便很有可能碰壁。当凭借大学文凭难以找到工作的时候，将何去何从？

高学历不等于好人才，知识不等于就业能力，高学历不等于高就业能力。有一首歌的歌词写道：“如果你不能改变世界，你就改变自己；如果你不能改变自己，你就去改变世界。”工作也是一样，要么你改变自己，适应工作；要么你自己去创业，改变别人对你的看法。就业能力和知识是两回事。你既然进入了某个领域，就必须注意塑造适合这一领域的自己的个人魅力，发展自己的人际交往能力。这种能力包括让别人愿意对你讲话的能力，让别人愿意听你讲话的能力，让别人觉得你喜欢他们、尊重他们的能力，让别人喜欢你并尊重你的能力，这些并不仅仅是学历能够表明的。

九、就业、职业、事业混为一谈

新东方教育集团董事长俞敏洪把工作分为 3 个步骤，即就业、职业和事业。但只有一个不能做，那就是千万不能失业。

什么是就业？俞敏洪有一个定义，就是找一份工作，不管你喜欢不喜欢干，你能干上这份工作，有了一份业，就可以自己赚钱，不至于再花父母的钱，这就是就业。他认为，22 岁以前父母给你经济资助来帮助你大学毕业，如果说这是父母的应尽之职的话，那么到了 22 岁以后，大学毕业了，不管你是继续读书，还是工作，如果再多花父母一分钱都是令人鄙视的。人就像动物一样，到了一定的时候，必须出去养活自己，从来没有听说哪一对老动物带着小动物过一辈子的，一定有这样一个过程，到了那个点上必须出去。老鹰看到小鹰会飞的一瞬间就再也不会去理睬那只小鹰，一定要让它飞出去。

就业是临时工作，它和你的未来发展方向可以相关也可以不相关。职业则是你选择了这个行业，你打算从事一辈子。当年，俞敏洪下定决心自己一辈子不离开老师这个职业，下定决心以后就从来没有变过，包括现在做新东方，他依然是以一个老师的身份出现，依然在给学生上课。很多时候有很多机会做别的行业，但是他从来没想过别的，就是因为他觉得做那些事与自己做老师没有关系，可以说俞敏洪的整个事业都围绕着教育展开的。事业则是职业的更高境界，是职业的对外扩展和延伸。它的前提是，就算你的事业做失败了，你依然能够回到你的职业上去。

十、职业生涯规划是大学生涯规划

有的大学生往往下意识地把职业生涯规划等同于大学生涯规划，其实二者是不一样的。大学生涯规划是整个人生生涯规划中的一部分，是职业生涯规划的铺垫或者说是职业生涯规划的阶段性设计，它对职业生涯规划起到至关重要的影响，因为大学生涯对人生观、价值观影响极大。大学生职业生涯规划的实现依赖于大学生涯规划。

职业生涯规划对于当代大学生的人生道路来说具有战略意义，规划正确，则一帆风顺、事业有成，反之则弯路多多。但在做切实可行的职业生涯规划时，一定要走出一些思想上的误区，这些误区可能导致职业生涯规划的失败

第三节　职业生涯规划的流程和方法

一、职业生涯规划的方法

规划职业生涯和行者初次上路一样，需要认真思考自己要去的方向，拟订一个行动计划，步步为营；如果且走且战，则很容易陷入职业发展的泥潭，疲惫不堪。听从内心需要，挖掘自身潜能，需要遵循一套客观、科学、实际的规划方法和流程。系统的职业生涯规划方法如图 10-3 所示。

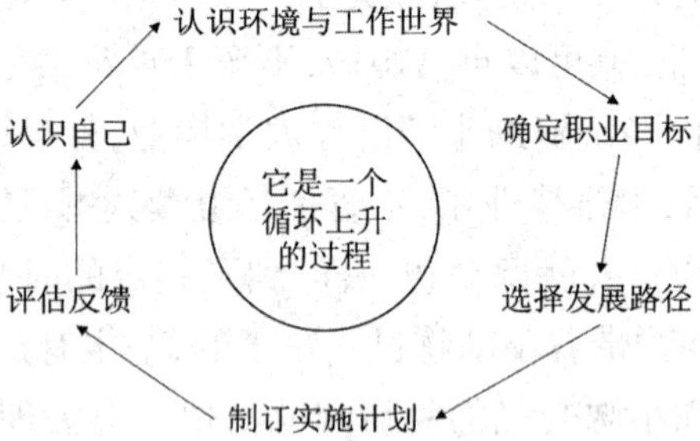

图 10-3　系统的职业生涯规划方法

二、职业生涯规划的流程

（一）自我评估

自我评估就是对自己作全面分析，认识自己、了解自己，这是实施职业生涯规划的重要一步。理想的职业要靠科学的规划，科学规划的基础是准确的评估。

1. 自我评估的内容

自我评估的内容包括个人的兴趣、特长、性格、学识、技能、智商、情商、逆商、财商、健商以及组织管理、协调、活动能力等。

2. 自我评估的方法

（1）自评法：自我反省、自我分析。

（2）他评法：请家长、同学、朋友对自己进行分析评价。

（3）测试法：利用职业测评软件对自己进行测评。

在自我评估时，往往是几种方法共同使用，最终得出交集。

（二）环境分析

环境因素对个人职业生涯发展的影响是巨大的，它为每个人提供了活动空间、发展条件和成功的机遇。环境分析的内容包括对社会环境、组织环境和家庭环境的分析。社会环境包括政治、经济、文化、社会价值观。组织环境包括组织状况和特色、发展战略、管理制度、领导者风格等。家庭环境包括家庭的经济地位、家族期望、传统文化等。

在进行职业生涯设计时，要通过分析各种环境因素，特别是对组织发展战略、人力资源需求、晋升机会以及对社会政治环境、经济环境等有关问题的分析和探讨，了解环境的特点、环境的变化趋势、个人与环境的关系、个人在环境中的地位、环境对个人的要求，明白环境对职业发展的作用和影响，以便更好地进行职业目标的设计和职业路线的选择。

（三）确定目标

行为科学认为，目标是一种刺激，合适的目标能够激发人的动机，规定行为的方向。行为科学家佛隆认为，人们把目标的价值看得越大、估计实现的概率越高，这个目标的激发力量也就越大。理想的职业生涯目标，对个人的发展有着重要的激励作用。由于知识、经验、阅历、态度、各自利益的不同，每个人对于自己预期的职业生涯目标也各不相同，应根据自己不同的需要确定自己的职业生涯目标。

人生的职业目标有短期目标、中期目标和长期目标之分，在一定的时期内，要依据社会环境等客观实际情况的变化进行一些必要的调整，使职业目标更贴近实际。要善于将职业生涯远期目标分解为有时间规定的长、中、短期分目标，目标分解的过程就是职业生涯不断清晰化、具体化的过程。另外，在目标设定上，应根据主客观条件来设计，要保证目标适中，不可过高或过低。

（四）选择路线

通过自我评估、认识自己、分析环境确定未来职业目标之后，就要从自己的价值观、理想、成就动机等方面对自己以后从事的职业作出选择。通常有“纵向”“横向”“网络”“双重”这 4 种职业路径可供选择，具体选择因人而异。职业生涯路线也可能出现交叉与转换，个人可依据自身特点和外界环境，选择职业发展路径。

（1）纵向职业路径：传统路径，在变换工作的同时提升在组织中的层级。

（2）横向职业路径：选择能积累阅历、扩大知识技能面的跨职能边界进行工作变换。

（3）网络职业路径：纵向、横向相结合。

（4）双重职业路径：选择凭自己能力的提高为组织作出贡献，从而赢得更好的待遇、应有的承认,即不必成为管理者而只做技术、管理专家的双重职业路径。

(五)制订计划并实施

一种性格决定一种命运,一种习惯决定一种性格,一种行为决定一种习惯,一种思想决定一种行为。当思想上确定了目标,行动便成了关键的环节。行动计划是指落实目标的具体措施,主要包括工作、训练、教育、学习等多方面的措施。行动计划由长期和短期两部分组成。长期计划有点像人生目标,它的实现有众多不确定因素,我们有必要根据自身实际和社会发展趋势,不断地设定新的短期可操作的目标。

当生涯计划的策划部分完成后,便要采取行动。空有计划,而无行动,则一切都如梦幻泡影。以工作生涯的发展为例,付诸行动时要考虑的因素包括:自己现有的教育与训练是否足够应付工作所需;如果答案是否定的,哪些机构可以提供这些服务,质量如何,价钱如何;是否需要取得一些工作经验,短期的还是长期的,业余的还是全职的,义务性的还是要求报酬的。总之,在行动中积累自己的资源,是此步骤中的重点。

(六)及时评估、反馈并调整

常言道,计划赶不上变化。事物都是处于运动变化中的,由于自身及外部环境条件的变化,职业生涯设计也要随之变化。种种不确定因素可能会使得原本制订好的规划设计与实际情况产生偏差。但是我们不必过于担心这个问题,只需不断地用反馈的信息修正"航道"。即使能从事自己喜欢的工作,仍然会不时地被杂事缠身,从而偏离或失去方向。因此,需要对原来的设计作出及时而准确的修订。

以上步骤是一个动态且闭合的系统,可用图 10-4 来示意。

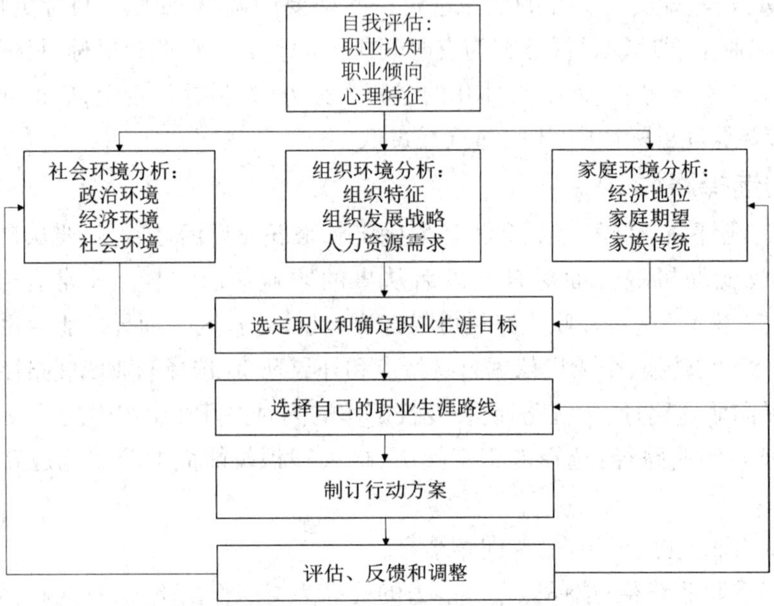

图 10-4 职业生涯规划流程

【心理训练营】

一、心理测试——了解自己适合什么阶段的企业

（一）测试说明及题目

探索职业世界的一个重要环节，就是要了解企业（未来雇主）的发展阶段，从而作出针对性的选择。下面有一个简单的测试，帮助你了解自己适合进入什么阶段的企业。

（1）我希望进入一家薪水普通但稳定性高的企业。

（2）我希望进入一家能重用年轻人的企业。

（3）我希望进入一家以实力决定待遇的企业。

（4）为了自己将来创业方便，我希望进入一家能充分学习的企业。

（5）我希望进入一家环境安定，能从事新事业开发工作的企业。

（6）我希望做自己喜欢而且待遇又高的工作。

（二）测试结果

选择“1”的人，适合进入“成熟期”的企业。

选择“2”的人，这个愿望恐怕很难在企业中实现，但可以尝试“开发期”或“成长前期”的企业。

选择“3”的人，“成长前期”的企业最适合你。

选择“4”的人，适合进入“开发期”或“成长前期”的企业，这样才有机会学到所有工作的实务。

选择“5”的人，可以考虑“成熟期”企业的企划或开发部门。

选择“6”的人，只有一条路——自行创业当老板。

【心理拓展】

一、推荐电影：《中国合伙人》

《中国合伙人》是由香港导演陈可辛执导，黄晓明、邓超、佟大为主演的一部商业励志片，讲述在20世纪80年代至21世纪初大时代背景下三个年轻人从学生年代相遇、相识，拥有同样的梦想并一起打拼事业，共同创办英语培训学校，最后功成名就、实现梦想的励志故事。该片浓缩了一代创业者的成长历程，具有一定的时代意义。

二、推荐书籍:《你的降落伞是什么颜色》

本书由理查德·尼尔森·鲍利斯所著,鲍利斯是全球最受认可的职业指导大师,美国最顶尖的职业专家,职业规划师的开山鼻祖。这是一本非常经典的求职和职业规划书籍。与其他同类书籍的不同之处是,本书让你先认识自己,再根据兴趣、价值观、人生目标、能力等多方面因素来选择一个自己喜欢并擅长的职位。如果你想做好自己的职业生涯规划,找到一份理想的工作,这是一本你无论如何不应错过的著作。

参考文献

[1] 王剑，王和平. 大学生心理健康教育：呵护心灵　健康成长 [M]. 长春：吉林大学出版社，2011.

[2] 汪海燕，马奇柯. 高职高专学生心理健康指导 [M].2 版. 北京：高等教育出版社，2012.

[3] 沈德立. 大学生心理健康 [M]. 北京：高等教育出版社，2013.

[4] 闫华，张澜，欧阳辉. 当代大学生心理健康教育 [M]. 长春：吉林人民出版社，2012.

[5] 陈晓蕾，单常艳，田云平. 当代大学生身心发展特点和规律 [J]. 科教导刊，2011（4）：15，17.

[6] 雷静辉. 浅析亲子关系与大学生心理健康 [J]. 长沙铁道学院学报（社会科学版），2010，11（3）：274-276.

[7] 蔺桂瑞，杨芷英. 大学生心理健康与人生发展：成长，从关爱心灵开始 [M]. 北京：高等教育出版社，2010.

[8] 崔晓星，刘霞. 大学生心理健康教育：开启心门的金钥匙 [M]. 长春：吉林大学出版社，2012.

[9] 欧阳辉，闫华，林征. 大学生心理健康应用教程 [M]. 沈阳：辽宁教育出版社，2010.

[10] 方平，杨伊生，王润平. 自助与成长：大学生心理健康教育 [M]. 北京：教育科学出版社，2010.

[11] 赵川林，吴兆方. 大学生心理健康 [M]. 北京：经济科学出版社，2010.

[12] 戚昕. 大学生心理健康 [M]. 北京：人民邮电出版社，2010.

[13] 岳学友，赵雅丽. 大学生心理健康教育 [M]. 西安：西北工业大学出版社，2011.

[14] 周家华，王金凤. 大学生心理健康教育 [M]. 北京：清华大学出版社，2010.

[15] 肖兆飞，潘广容. 大学生心理健康辅导教程 [M]. 成都：西南财经大学出版社，2009.

[16] 朱艳，肖淑梅，许雅滨. 高职大学生心理健康教育 [M]. 北京：中国铁道出版社，2012.

[17] 汪元宏. 大学生心理健康教育新编 [M]. 南京：南京大学出版社，2012.

[18] 李小薇，潘亚妹，朱丽芬. 大学生心理健康教育 [M]. 北京：北京师范大学出版社，

2017.
[19] 李斌. 高职大学生心理健康教育 [M]. 北京:高等教育出版社,2014.
[20] 朱育红,潘力军,王爱丽. 高职大学生心理健康教育 [M]. 上海:华东理工大学出版社,2015.
[21] 刘远我. 情绪类型测试 [J]. 职业教育,2016(8):55,57
[22] 李艳. 大学生心理健康教育 [M]. 北京:北京邮电大学出版社,2017.
[23] 郑日昌. 大学生心理诊断 [M]. 济南:山东教育出版社,1999.
[24] 张雷. 高职学生职业发展与就业指导 [M]. 北京:现代教育出版社,2012.